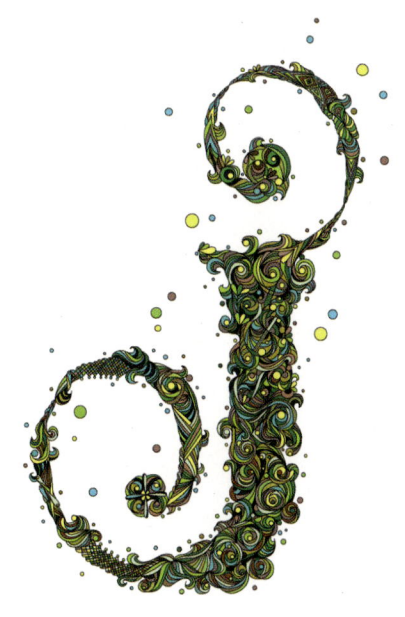

바로바로 할 수 있는
jQuery 입문

바로바로 할 수 있는
jQuery 입문

초판 1쇄 2012년 10월 15일
초판 4쇄 2015년 9월 1일

지은이 유광열 **펴낸이** 서인석 **펴낸곳** (주)제우미디어 **출판등록** 제 3-429호 **등록일자** 1992년 8월 17일
주소 서울시 마포구 상수동 324-1 한주빌딩 5층 **전화** 02-3142-6845 **팩스** 02-3142-0075
홈페이지 www.jeumedia.com **페이스북** www.facebook.com/jeumedia
ISBN 978 89-5952-267-5 13000

값은 뒤표지에 있습니다. 파본은 본사나 구입하신 서점에서 교환해 드립니다.

Copyright ⓒ 2012 by jeumedia Co.,LTD. ALL right reserved.
First edition Printed 2012. Print in Korea.

이 책은 (주) 제우미디어와 저작권자와의 계약에 따라 발행한 것이므로
이 책을 무단 복사, 복제, 전재하는 것은 저작권법에 저촉됩니다. 이 책에 언급된 프로그램은 각 회사의 등록상표입니다.

만든 사람들 | 출판사업부총괄 손대현 **책임총괄** 한혜영 **기획편집** 한혜영 **교정교열** 안종군 **기획팀** 신소연, 홍지영
영업 김응현, 김소영, 김영욱, 신한길 **제작** 김금남 **디자인** 이용희 **표지일러스트** 서혜 **인쇄 · 제본** (주)신우디피케이, 정민제본

바로 바로 할 수 있는

jQuery 입문

유광열 지음

제우미디어

머리말

웹 표준은 이제 수년 동안에 걸친 웹 브라우저의 큰 변화 속에서 웹 제작의 핵심 개념으로 자리 잡았습니다. 이 밖에도 웹은 HTML5, CSS3와 같은 새로운 버전의 신기술이 등장하면서 사용자들에게 많은 경험을 제공하고 있습니다. jQuery 또한 이러한 신기술의 요구와 흐름 속에서 만들어진 javaScript 라이브러리로서 동적인 웹과 상호작용을 통해 사용자에게 웹의 다양성과 N-Screen에 효과적으로 대응할 수 있는 많은 기능을 제공하고 있습니다.

jQuery는 javaScript 기술로 만들어진 것이기 때문에 컴퓨터 프로그래밍 언어에 대한 사전 지식이 필요합니다. 하지만 이 책은 웹 디자이너 또는 퍼블리셔가 jQuery를 사용하여 동적인 웹을 제작할 수 있도록 기초부터 쉽게 설명하였습니다. 이 책을 처음부터 꼼꼼히 읽고 학습하신다면 빠른 시간 내에 jQuery를 이해할 수 있게 될 것입니다.

이 책은 HTML/CSS에 대한 기초적인 지식이 있는 독자들을 대상으로 기술하였지만, 설사 기초 지식이 부족하더라도 CSS 코드와 함께 설명하였기 때문에 내용을 이해하는 데는 큰 어려움이 없을 것입니다.

이 책에서 소개하는 CSS의 여러 가지 기술 중에서는 position에 대한 개념이 중요합니다. position에 대한 개념은 시중의 CSS 서적을 참조하시기 바랍니다.

이 책의 코드에서는 console.log( ) 함수를 종종 접하게 될 것입니다. 이 함수는 javaScript 또는 jQuery로 개발할 때에 자주 사용하는 함수로, 메모리에 담겨 있는 값을 실시간으로 볼 수 있는 함수이며, IE 8, IE 9, 사파리, 파이어폭스, 크롬 등에서 지원됩니다. 이 함수에 대한 설명은 동영상 강좌를 참조하시기 바랍니다.

참고로 이 책의 예제는 최신 웹 브라우저에서 작동하지만, IE 6, 7, 8에서는 작동하지 않는 경우도 있으므로 다양한 웹 브라우저에서 실습해보시기 바랍니다.

이 책에서 다루지 못한 이야기 또는 질문과 답변은 http://cafe.naver.com/jqueryfordesigner 를 참조하시기 바랍니다.

책이 나오기까지 많은 분들의 도움을 받았습니다. 이 책을 기획하시고 전체 진행을 해주신 제우미디어 한혜영 팀장님, 집필 기간 동안 물심양면으로 지원해주신 아카데미 정글 신웅수 대표님, 멋진 사진을 제공해주신 이상용 선생님께 감사드립니다. 그리고 원고 검토를 통해 많은 조언을 해주신 나인환 팀장님과 그리고 베타테스터 분들께도 감사를 드립니다. 또한 멋진 표지를 만들어주신 일러스트레이터 서혜님께도 감사드립니다. 마지막으로 책을 집필하느라 여름휴가도 함께 가지 못한 가족들에게 미안함을 전합니다.

2012. 10.
저자 유광열

이 책을 보는 방법

예제 전체 설명
전체적인 개념 및 현재 활용되고 있는 웹 사이트 등을 소개합니다.

아이디어 구상 및 HTML 구조
예제를 구현하기 위한 핵심 아이디어를 설명하고 이에 따른 HTML 구조를 설계합니다.

미리 보기
제작할 예제를 미리 살펴봄으로써 어떤 예제를 만들 것인지에 대한 목표를 정하고, 만드는 과정을 예측할 수 있습니다.

CSS/jQuery Code 작성하기
CSS와 jQuery로 예제가 만들어지는 과정을 살펴보면서 함께 구현해봅니다.

예제 구현을 위한 핵심 jQuery
예제에 사용되는 핵심적인 jQuery 함수 학습을 통해 명확하게 예제를 이해할 수 있습니다.

핵심 포인트
전체 예제의 핵심을 다시 한 번 정리합니다.

이 책의 구성

이 책은 아래와 같이 세 가지로 구성되어 있습니다.

PART 01 | jQuery 입문에 필요한 기본 요소
jQuery를 학습하기 전에 반드시 알아야 할 기본적인 사항(DOM, javaScript)들에 대해 다루었습니다. jQuery는 javaScript로 만들어진 라이브러리기 때문에 javaScript에 대한 기초적인 사항도 함께 정리하였습니다.

PART 02 | jQuery 기초
jQuery에 대한 전체적인 흐름을 알 수 있는 파트입니다. 실렉터를 비롯한 다양한 조작 함수에 대해 학습합니다.

PART 03 | 실전 예제
현업에서 많이 사용되는 예제들을 선정하였습니다. jQuery의 플러그인 사용에 대한 예제도 많이 포함되어 있습니다.

이 책은 jQuery의 비주얼적인 부분을 중심으로 기술하였기 때문에 FORM, AjAX 등과 같은 데이터 전송 및 조작에 대해서는 다루지 못했음을 밝힙니다.

예제 파일 및 묻고 답하기(네이버 카페)

- 본문의 예제 파일, 동영상 강좌 다운로드와 이 책에 대한 궁금증은 네이버 카페(http://cafe.naver.com/jqueryfordesigner)로 문의바랍니다.
- 동영상 강의 | 동영상 강좌를 먼저 수강한 후에 책을 보면, 책의 내용을 이해하는 데에 많은 도움이 될 것입니다.
  ① console.log 사용 방법.avi(본문 31쪽 참조)
  ② 함수의 이해.avi(본문 39쪽 참조)
  ③ 문자열 처리.avi(본문 52쪽 참조)
  ④ jQuery 시작.avi(본문 75쪽 참조)
  ⑤ $(this)의 의미.avi(본문 77쪽 참조)
  ⑥ toolTip 제작.avi(본문 349쪽 참조)

| 미리 보기 |

DOM의 이해

DOM을 이해함으로써 문서 구조에서 jQuery가 어떻게 HTML을 조작하는지를 이해할 수 있습니다.

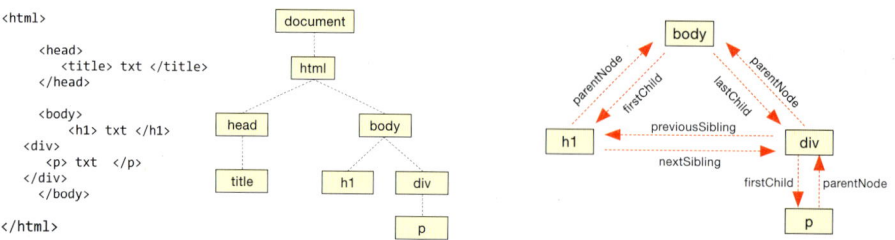

단순한 요소 노드를 능력자로 만들어주는 jQuery( ) 함수

jQuery( ) 함수는 jQuery의 전부라고 해도 지나치지 않을 정도로 막강한 함수입니다. 이 함수는 어떠한 어려운 일도 척척 해냅니다.

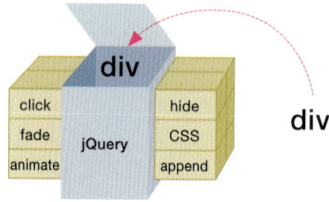

요소 노드를 추가할 수 있는 append( ) 활용하기

append( ) 메서드는 동적으로 요소 노드를 추가할 수 있습니다. jQuery 예제 전반에 걸쳐 많이 사용되는 메서드입니다.

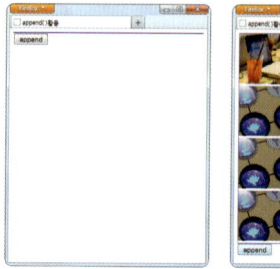 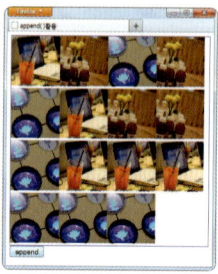

prepend( )를 사용하여 동적으로 사진 회전하기

prepend( ) 역시 동적으로 요소 노드를 추가할 수 있으며, 부모 노드의 맨 첫 번째 자식 요소로 추가되는 메서드입니다. 이를 사용하여 이미지를 동적으로 순환할 수 있습니다.

 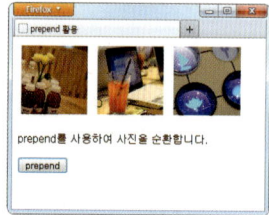 

이벤트의 흐름

jQuery는 javaScript로 만들어진 라이브러리기 때문에 이벤트 모델도 javaScript 이벤트 모델을 기반으로 하고 있습니다.

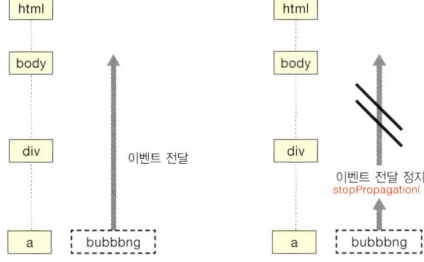

기본적인 effect-show( )와 hide( )

jQuery 기본 효과 중에서 show와 hide를 활용해봅니다.

   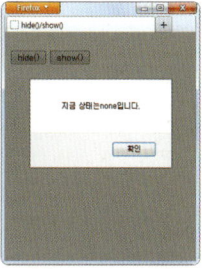

 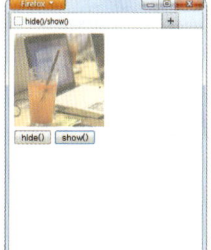  

기본적인 effect-fadeIn( )과 fadeOut( )

jQuery 기본 효과 중에서 fadeIn( )과 fadeOut( )을 활용해봅니다. 요소의 불투명도를 조절하면 부드럽게 사라졌다가 나타납니다.

 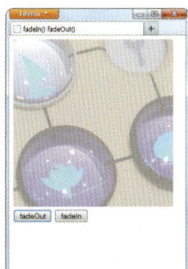 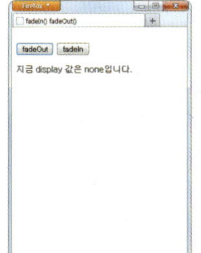 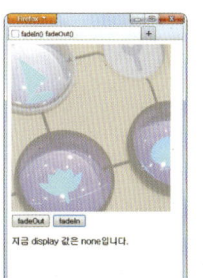 

| 미리 보기 |

기본적인 effect–slideDown( )과 slideUp( )

jQuery 기본 효과 중에서 slideDown( )과 slideUp( )을 활용하면 요소가 상하로 접혔다 펴졌다 하는 방식으로 표현됩니다.

animate( )를 사용하면 모션도 내 맘대로

animate( ) 함수를 사용하면 모션을 커스터마이징하여 사용할 수 있습니다. 기본적으로 왼쪽에서 오른쪽으로 펼쳐지는 애니메이션이 없기 때문에 animate( ) 함수로 만들었습니다.

30가지가 넘는 easing 처리

jQuery UI를 사용하면 30가지가 넘는 다양한 가·감속 효과를 사용할 수 있습니다.

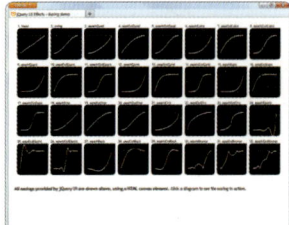 

썸네일 포토 갤러리

왼쪽의 썸네일 사진을 클릭하면 오른쪽의 큰 사진이 변경됩니다.

 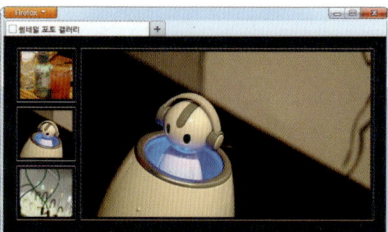

동적으로 자막을 만들어 제공해주는 갤러리

선택된 사진의 자막에 해당하는 텍스트를 읽어와 동적으로 자막을 생성해줍니다.

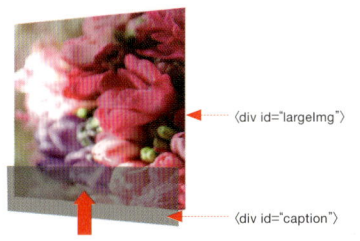 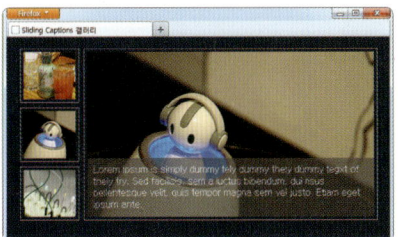

부드러운(FadeIn-Out) 장면 전환 갤러리

Layer 간의 이동과 animate( )를 사용해 이미지가 겹치면서 장면이 전환되도록 한 갤러리입니다.

 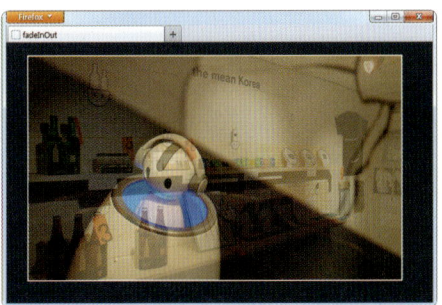

lightBox PlugIn 사용하기

lightBox PlugIn을 사용하여 이미지를 클릭하면 주변이 어두워지면서 선택된 사진이 나타납니다.

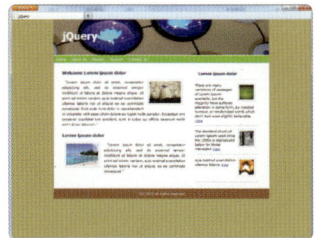  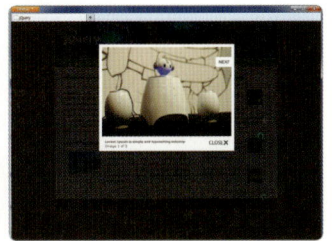

| 미리 보기 |

skitter plugIn 갤러리 사용

다양한 갤러리 기능을 가지고 있는 skitter plugIn 갤러리입니다. 썸네일, 미리 보기, auto slide 등과 같은 다양한 기능을 가지고 있습니다.

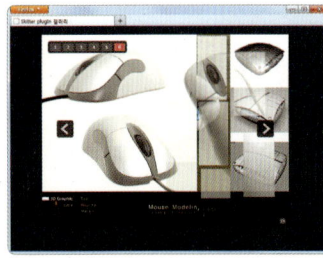 

Tree형 내비게이션

메인 메뉴와 서브 메뉴가 있는 환경에서 메인 메뉴를 클릭하면 서브 메뉴가 열리는 형식의 Tree형 내비게이션입니다.

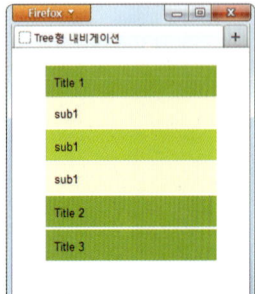 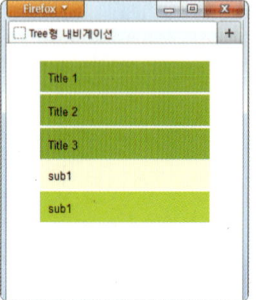

언제 어디서나 펼쳐지는 내비게이션

서브 항목이 감춰진 상태의 메뉴가 마우스를 따라 상하로 움직이다가 메뉴를 클릭하면 내비게이션이 오른쪽으로 길게 펼쳐집니다.

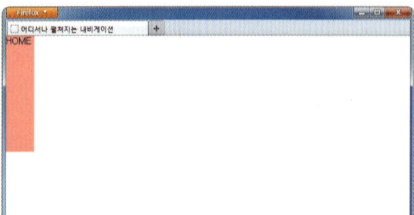 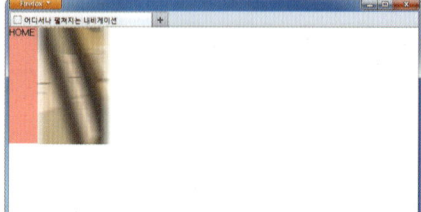

슬라이딩 내비게이션(바네이 메뉴)

바네이 메뉴라고 할 만큼 인기 있는 슬라이딩 내비게이션으로, 사용자가 어떤 이미지를 보았는지도 알 수 있습니다.

배경 이미지를 활용한 오버 효과

배경 이미지와 animate( )를 사용하면 동적으로 메뉴가 펼쳐집니다. 이때 배경 이미지를 적절하게 사용하면 세련된 메뉴를 만들 수 있습니다.

연속된 이미지를 사용한 애니메이션 제어하기

플래시에서 무비클립의 타임라인을 제어하는 방법과 비슷하게 웹 표준에서 jQuery를 사용하여 연속된 이미지를 제어할 수 있습니다.

  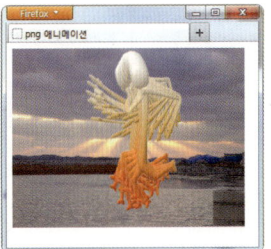

이미지 이동을 사용한 pan 효과

이미지를 한정된 영역 범위보다 크게 한 후에 상하좌우로 이동시키면 pan 효과를 연출할 수 있습니다.

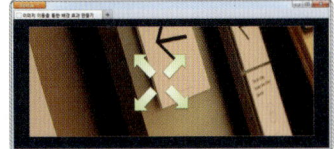 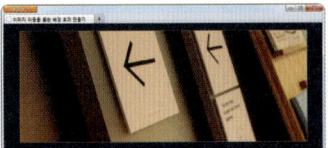 

| 미리 보기 |

색상을 부드럽게 애니메이션시키는 효과

jQuery UI의 라이브러리를 사용하면 색상을 부드럽게 애니메이션시키는 효과를 구현할 수 있습니다. 아래는 배경 색상을 부드럽게 변화시키는 예제입니다.

 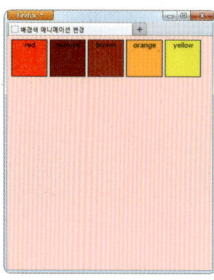 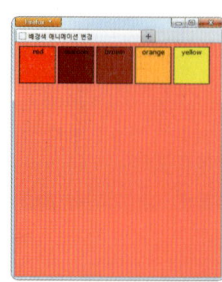 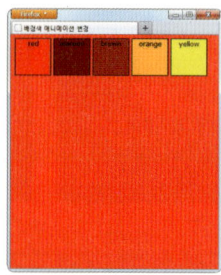

내가 만드는 이미지 hover 효과

배경 이미지와 이미지를 사용하여 하나의 공간에 2개의 내용을 포함하면서 공간적인 상황을 처리하는 방법입니다.

 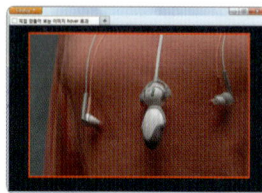 

실시간으로 이미지를 처리할 수 있는 Pixastic 라이브러리

Pixastic Image Processing과 jQuery를 사용하면 포토샵의 다양한 필터를 실시간으로 만들 수 있습니다.

Prezi 스타일의 이미지 줌

Zoomooz PlugIn을 사용하면 prezi 스타일의 이미지 줌 효과를 구현할 수 있습니다.

 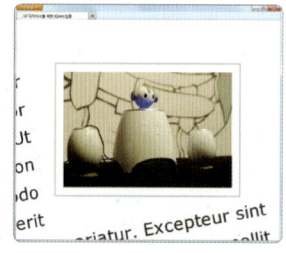

내가 만드는 toolTip

링크에 마우스 오버가 되면 동적으로 추가적인 텍스트나 설명을 돕는 이미지를 원하는 위치에 나타나게 할 수 있습니다.

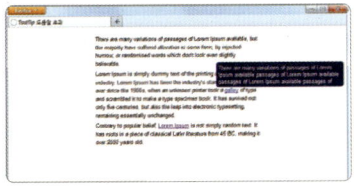
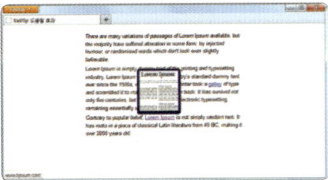

drag와 drop을 구현

웹 표준에서도 드래드 앤 드롭 기능을 구현할 수 있습니다. 플래시와 같은 방명록이나 게시판도 만들 수 있습니다. 이에는 jQuery UI 기능을 사용합니다.

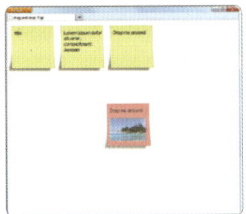
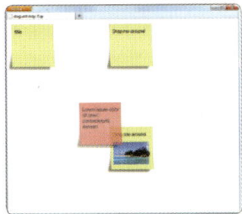
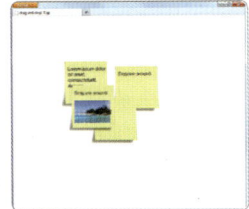

슬라이더 바를 사용하여 콘텐츠 보기

웹 표준에서도 커스텀 슬라이더를 만들어 사용할 수 있습니다. 슬라이더의 위치에 따라 콘텐츠의 내용이 변경됩니다.

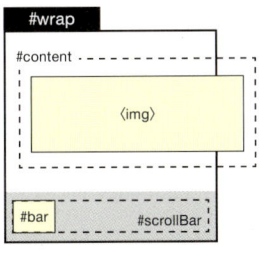
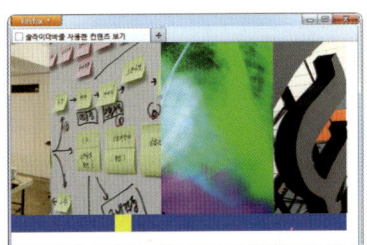

One Page Scrolling

모바일 디바이스의 영향으로 한 페이지 내에서 페이지 이동을 하면서 콘텐츠를 보여주는 스타일을 구현하였습니다.

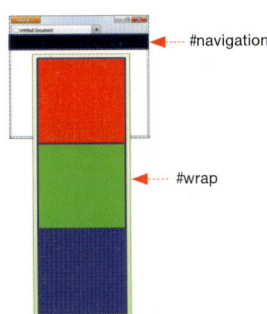

목차

PART 01
jQuery 입문에 필요한 기본 요소 22

CHAPTER 01 jQuery란? · 24
01 | jQuery 준비 • 25
   1) jQuery 설치 • 27
   2) jQuery 자습서 • 28
   3) jQuery가 적용된 웹 사이트 사례 • 29

CHAPTER 02 jQuery를 공부하기 위한 선수 학습 · · · · · · · · 31
01 | javaScript • 31
   1) javaScript의 탄생 • 32
   2) 주석(Comment) • 33
   3) 변수 • 33
   4) 데이터 타입 • 35
   5) 배열 • 35
   6) 객체 • 37
   7) 함수 • 39
   8) 이벤트 • 46
   9) 조건문 • 47
   10) 반복문 • 48
   11) 연산자(Operator) • 51
   12) 타이머 메서드 • 54
   13) 랜덤 함수 • 56
   14) 숫자 타입 변환 함수 • 58
   15) javaScript vs. java • 59
02 | DOM 문서 객체 모델 • 60
   1) DOM • 60
   2) 노드의 형태 • 60
   3) DOM Tree • 62
   4) DOM을 제어하는 javaScript 명령어(속성/메서드) • 63
   5) DOM 노드에 접근하는 방법(javaScript vs. jQuery) • 64
03 | HTML/CSS • 66

CHAPTER 03 jQuery 기본 개념 · · · · · · · · · · · · · · · · 68
01 | jQuery 기능 카테고리 • 68
   1) Core(핵심 개념) • 68
   2) Selector(실렉터) • 70
   3) Attributes/CSS(속성) • 71
   4) Manipulation(조작) • 71
   5) Traversing(탐색) • 71
   6) Events • 72

7) Effects • 72
8) UI • 72
9) Ajax • 73

02 | 워밍업 – Hello World! • 75
1) 전체 코드 • 75
2) 코드 설명 • 76
3) $( )의 의미 • 77
4) $(this)의 의미 • 77
5) 문서 준비 이벤트 • 77
6) 따옴표 • 78

PART 02

jQuery 기초
80

CHAPTER 01 선택자(Selector) · · · · · · · · · · · · · · · · · · 82

01 | 기본 선택자(Basic) • 82
1) $('h2') • 83
2) $('.group') • 83
3) $('#main') • 83
4) $('p, div, #nav') • 83
5) $(' * ') • 84

02 | 계층 선택자(Hierarchy) • 84
1) $("div#container li") • 84
2) $("div > p") • 84
3) $("#first + li") • 85
4) $("#second ~ li") • 85

03 | 속성 선택자(Attribute) • 86
1) $("li a[href='#page2']") • 86
2) $("li a[href^='http']") • 86
3) $("li a[href$='.com']") • 86
4) $("[href * ='2']") • 87
5) $("img[src !='sample1.png']") • 87
6) $("[src][alt]") • 87

04 | 기본 필터 선택자(Basic Filter) • 87
1) $("li:eq(6)") • 89
2) $("li:gt(5)") • 89
3) $("li:lt(3)") • 90
4) $("li:first, li:last") • 90
5) $("li:even") • 91
6) $("li:odd") • 91
7) $("li:not(:eq(7))") • 91

목차

05 | 내용 필터 선택자(content Filter) • 92
    1) $("li:contains('ap')") • 93
    2) $("ul:has('li')") • 93
    3) $("li:empty").text("Hello") • 93
    4) $("li:parent") • 93

06 | 보임 필터 선택자(Visibility Filter) • 94

07 | 자식 요소 필터 선택자(Child Filter) • 94
    1) $("li::first-child") • 95
    2) $("li:last-child") • 96
    3) nth-child(index/even/odd/equation) • 97
    4) $("div p:only-child") • 98

08 | 폼 선택자(Forms) • 98

CHAPTER 02 | 탐색(Traversing) · · · · · · · · · · · · · 99

01 | 트리 구조 탐색(Tree Traversal) • 99
    1) $('div#container').children('p') • 100
    2) $('div#container').find('p') • 100
    3) $('p#part1').prev( ) • 101
    4) $('p#part1').next( ) • 101
    5) $('p#part1').siblings( ) • 102
    6) $('p#part1').parent( ) • 102

02 | 필터링(Filtering) • 103
    1) $('div#main p').first( ) • 103
    2) $('div#main p').last( ) • 103
    3) $('div#main p').eq(1) • 103
    4) $('div').filter(".middle") • 103
    5) $('div').not('.middle') • 104
    6) $('li').has('ul') • 104

CHAPTER 03 | DOM 변경(Dom Manipulation) · · · · · · · · · · · · · 105

01 | append( ) • 106
    1) 매개 변수 : content • 106
    2) 미리 보기 • 107

02 | prepend( ) • 109
    1) 매개 변수 : content • 109
    2) 미리 보기 • 110

03 | html( )/html(htmlString) • 112
    1) html( ) • 112

2) html(htmlString) • 112
04 | text( ) / text(textString) • 113
　　1) text( ) • 113
　　2) text(textString) • 114
05 | remove( ) • 115
06 | empty( ) • 116
07 | detach( ) • 117

CHAPTER 04　CSS Styling and jQuery · 118
01 | css(propertyName) • 118
02 | css(propertyName, value) • 119
03 | addClass(className) • 120
04 | removeClass([className]) • 120
05 | addClass( )와 removeClass( ) 활용 예제 • 121
　　1) 미리 보기 • 121
　　2) HTML • 122
　　3) CSS • 122
　　4) jQuery • 122
　　5) 실행 • 123

CHAPTER 05　Events · 125
01 | 이벤트 처리 방식 • 125
　　1) javaScript 이벤트 처리 방식 • 125
　　2) jQuery 이벤트 처리 방식 • 127
02 | jQuery 이벤트 주제별 구분 • 128
　　1) 마우스 이벤트 • 128
　　2) hover 이벤트 • 128
　　3) 문서 로딩 이벤트 • 129
　　4) 폼 이벤트 • 129
　　5) 키보드 이벤트 • 129
　　6) 웹 브라우저 이벤트 • 129
03 | 이벤트 흐름 및 차단 • 130
　　1) 이벤트 흐름 • 130
　　2) 이벤트 차단 • 131

CHAPTER 06　Effects and Custom Animations · · · · · · · · · · · 133
01 | Basics • 134

목차

        1) hide( ) • 134
        2) show( ) • 135
        3) toggle( ) • 138
  02 | Fading • 139
        1) fadeIn( ) • 139
        2) fadeOut( ) • 140
        3) fadeToggle( ) • 142
        4) fadeTo( ) • 143
  03 | Sliding Effects • 145
        1) slideDown( ) • 145
        2) slideUp( ) • 145
        3) slideToggle( ) • 149
  04 | Custom Animations • 149
        1) properties • 149
        2) 애니메이션의 다양한 표현 방법 • 151
        3) 애니메이션 큐 • 154
        4) 애니메이션 정지(Stopping Animations) • 155
        5) 애니메이션 연기(지연) • 158

CHAPTER 07   jQuery UI · 160

  01 | 다운로드 및 설정 • 161
        1) 첫 번째 방법 • 161
        2) 두 번째 방법 • 162
  02 | 컬러 애니메이션 • 163
        1) 미션 : 내비게이션의 글씨와 배경색을 애니메이션을 사용하여 변경해보기 • 163
        2) 미리 보기 • 163
  03 | 다양한 easing 효과 • 166
        1) 미션 : 다양한 easing 경험하기 • 166
        2) 미리 보기 • 167

CHAPTER 08   jQuery PlugIn · · · · · · · · · · · · · · · · · · · 170

  01 | jQuery PlugIn • 170
  02 | jQuery PlugIn 사용 방법 • 171
  03 | 내가 만드는 PlugIn 제작법 • 171
        1) 기본 형식 • 172
        2) 코드 사례 • 172
        3) 파일 저장 • 172

4) 사용법 • 173
04 | 라이선스(저작권) 확인 • 174
    1) MIT 라이선스 • 175
    2) BSD 라이선스 • 175
    3) GPL 라이선스 • 175

PART 03
jQuery 실전 예제
176

CHAPTER 01 Gallery · · · · · · · · · · · · · · · 178
01 | 썸네일 포토 갤러리 • 178
02 | 설명(자막)을 제공하는 갤러리 • 186
03 | 부드러운(FadeIn-Out) 장면 전환 갤러리 • 197
04 | lightBox PlugIn • 207
05 | Gallery PlugIn – skitter • 219

CHAPTER 02 내비게이션 · · · · · · · · · · · · · · · 229
01 | Tree형 내비게이션 • 229
02 | 어디서나 펼쳐지는 내비게이션 • 239
03 | 슬라이딩 내비게이션(바네이 메뉴) • 249

CHAPTER 03 다양한 이미지 효과 · · · · · · · · · · · · · · · 261
01 | 배경 이미지를 활용한 역동적 오버 효과 • 261
02 | 연속 이미지를 사용하여 애니메이션 제어하기 • 269
03 | 이미지 이동을 사용한 pan 효과 • 279
04 | 색상 애니메이션을 활용하여 배경 컬러 바꾸기 • 287
05 | 직접 만들어 보는 이미지 hover 효과 • 293
06 | Pixastic Image Processing Library • 300
07 | Zoomooz PlugIn • 310

CHAPTER 04 유용한 기능 · · · · · · · · · · · · · · · 320
01 | drag and drop 기능 • 320
02 | 슬라이더 바를 사용한 콘텐츠 보기 • 330
03 | One Page Scroll • 339
04 | toolTip 도움말 효과 만들기 • 349

PART 01

jQuery 입문에 필요한 기본 요소

1부에서는 jQuery를 배우는 데에 필요한 기본적인 학습 내용을 정리하였습니다. jQuery가 아무리 쉽고 강력하다고 하더라도 javaScript로 만들어진 라이브러리기 때문에 프로그래밍에 필요한 기본적인 문법, 변수, 함수, 이벤트, Math.random( ) 등과 같은 기본적인 유틸리티에 대해 알고 있어야 합니다. 또한 jQuery는 문서 구조를 직접 조작할 수 있기 때문에 DOM에 대한 정리도 필요합니다. 1부의 내용은 jQuery를 배우는 데에 있어서 가장 기본적인 개념들입니다. 따라서 틈나는 대로 숙지하여 자신의 것으로 만드시기 바랍니다.

CHAPTER 01　jQuery란?
CHAPTER 02　jQuery를 공부하기 위한 선수 학습
CHAPTER 03　jQuery 기본 개념

CHAPTER 01
jQuery란?

jQuery 창시자인 존 레식(John Resig)이 2006년에 첫 번째 버전을 배포한 지 벌써 5년이라는 세월이 흘렀습니다. 존 레식은 javaScript를 개발할 당시, javaScript를 어떻게 하면 쉽게 이용할 수 있을 것인지에 대해 많은 고민을 했다고 합니다. jQuery는 여러 개의 자바스크립트 라이브러리(javaScript library) 중 하나로 출발했지만, 지금은 웹상에서 플래시를 대체하고 RIA(Rich Internet Application)를 구현해주는 기술로 자리 잡았습니다.

> jQuery는 HTML에 포함되어 있는 클라이언트 사이드 스크립트 언어를 단순화하도록 설계된, 웹 브라우저 호환성을 가진 자바스크립트 라이브러리다. jQuery는 존 레식에 의해 2006년 뉴욕 시 바캠프(Barcamp NYC)에서 공식적으로 소개되었다. jQuery는 오늘날 가장 인기 있는 자바스크립트 라이브러리 중 하나다.
>
> 출처 : 위키백과 사전 http://ko.wikipedia.org/wiki/JQuery

jQuery가 비교적 빠른 시간에 대중적인 인기를 얻을 수 있었던 이유는 웹 브라우저에 따라 일부 다르게 작동하는 javascipt가 jQuery 라이브러리를 이용하여 동일하게 작동하도록 크로스 브라우징을 구현하면서도 쉽고 빠르게 작성할 수 있었기 때문입니다.

jQuery는 'Write Less, Do more'라는 철학을 가지고 있습니다. 이 말은 작은 코드로 많은 일을 할 수 있다는 의미를 함축적으로 표현한 것입니다. 앞으로 jQuery를 직접 제작해보면 이 말의 의미를 좀 더 실감할 수 있게 될 것입니다.

 Q & A

라이브러리는 뭔가요?
프로그래밍 경험이 없는 독자들은 '라이브러리'를 '도서관'이라고 생각할 것입니다. 하지만 프로그래밍 언어에서의 '라이브러리'란, 자주 사용되는 기능 또는 구현하기 어려운 기능들을 하나로 묶어서 만들어 놓은 코드 창고를 말합니다. 따라서 라이브러리를 사용하면 세부적인 코드를 모르더라도 여러 가지 기능을 쉽게 사용할 수 있습니다. 앞으로 함수를 만들어 보면 이 말이 무슨 뜻인지 이해할 수 있게 될 것입니다.

가장 먼저 google trends를 통해 jQuery의 대중적 인지도가 어떠한지를 간단하게나마 살펴보겠습니다. google trends는 '구글 검색어 사용도'에 관련된 도표화 서비스입니다. http://www.google.com/trends에 접속하여 검색 창에 'jQuery'를 입력해보면 jQuery의 인기를 실감할 수 있습니다.

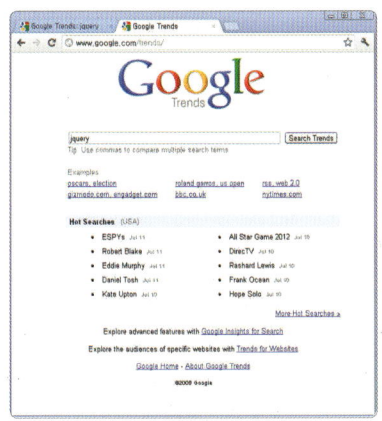 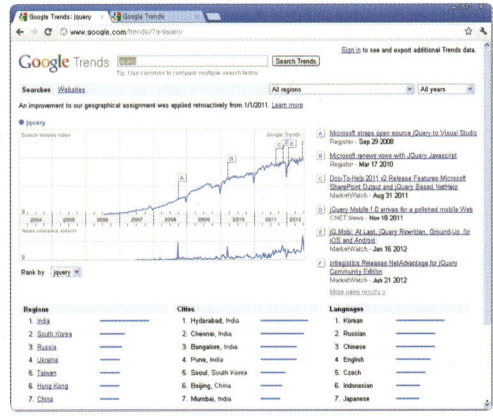

▲ http://www.google.com/trends

01 | jQuery 준비

http://jquery.com에 접속한 후 메인 페이지에서 ![Download jQuery] 버튼을 클릭하여 최신 버전의 파일을 다운로드합니다. 이렇게 다운로드한 라이브러리는 네트워크를 사용할 수 없는 상황에서도 jQuery를 테스트할 수 있습니다.

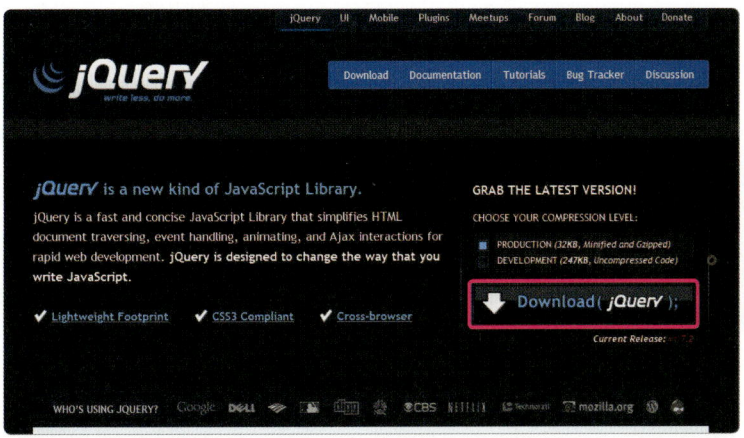

또 한 가지 방법은 CDN을 이용하는 것입니다. CDN은 'Content Delivery Network'의 약자로, 라이브러리 등과 같은 중요 콘텐츠를 특정 서버에 올려놓은 상태에서 사용하는 것을 말합니다. 다시 말해서 여러분의 웹 서버가 아니라 외부의 특정 서버에서 jQuery 라이브러리를 가져와 사용하는 것을 말합니다. jQuery는 구글과 마이크로소프트 사에서 제공하고 있습니다. CDN을 사용하면 최신 버전의 라이브러리를 사용할 수 있다는 장점이 있는 반면, 항상 네트워크에 연결되어 있어야 한다는 단점이 있습니다. jQuery가 서비스하는 웹 주소는 http://docs.jquery.com/Downloading_jQuery를 통해 알 수 있습니다.

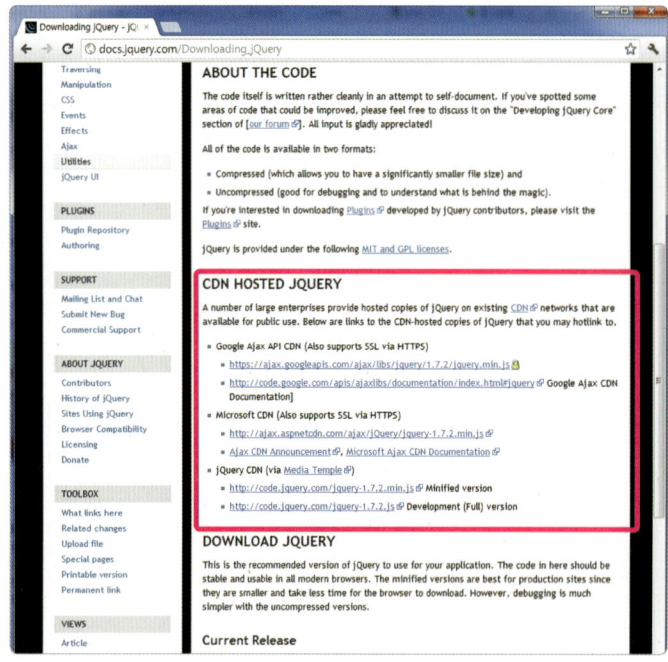

▲ http://docs.jquery.com/Downloading_jQuery

Q & A

다운로드할 때 나타나는 DEVELOPMENT 버전과 PRODUCTION 버전은 어떤 차이가 있나요?

DEVELOPMENT 버전은 jQuery API 소스를 분석 또는 해석하고자 하는 사람들을 위해 제공하는 버전으로, 일반적인 프로그래밍 스타일로 되어 있습니다. 이에 반해 PRODUCTION 버전은 불필요한 공백이나 줄 바꿈 등을 모두 삭제하여 파일 크기가 작고(32kb) 로딩 속도도 빠르지만 코드를 해석하거나 이해하기가 어렵습니다.

jQuery 설치

jQuery는 설치하기가 매우 쉽습니다. 다운로드한 jQuery를 여러분의 HTML 페이지에 연결해준다고 생각하면 됩니다. 경로에 접근하여 다운로드를 한 후 HTML 코드상의 〈script〉〈/script〉 사이에 경로를 연결해주면 됩니다.

	HTML
1	`<html>`
2	`<head>` ← 사용자가 다운받은 파일의 경로
3	`<script type="text/javascript" src="jquery.js"></script>`
4	`<script type="text/javascript" src="https://ajax.googleapis.com/ajax/libs/jquery/1.7.2/jquery.min.js"></script>` ← 네트워크상의 jQuery 라이브러리가 있는 경로
5	
6	`<script type="text/javascript">`
7	// 사용자가 코딩할 javaScript/jQuery 공간
8	`</script>`
9	`</head>`
10	
11	`<body>`
12	`</body>`
13	`</html>`

line 3이나 line 4 중에 하나만 사용하면 됩니다. 단, line 4는 인터넷에 연결되어 있어야 합니다. line 7은 javaScript 공간으로, 이곳에 javaScript와 jQuery 코드를 작성하면 됩니다. 즉, jQuery 코드는 이 공간에 코딩하는 것입니다.

javaScript / jQuery
`<script>`
// 사용자가 코딩할 javaScript/jQuery 공간
`</script>`

jQuery는 javaScript로 만들어진 코드이므로, 당연히 같은 공간에 코딩할 수 있습니다.

여기서 잠깐

이 책에서는 학습의 편리를 위해 모든 jQuery를 html의 내부에 기술하는 임베디드(embedded) 형식으로 설명하고 있지만, 여러분이 작성한 js 코드를 js 파일로 저장한 후 외부에서 link 방식으로 사용할 수도 있습니다.

jQuery 자습서

이 책에서 jQuery의 명령어들을 모두 다룰 수는 없습니다. 하지만 웹에는 훌륭한 자습서들이 많이 있습니다. 즐겨찾기를 한 후에 항상 곁에 두고 공부하시기 바랍니다.

jQuery에서 제공하는 공식 자습서 웹 사이트입니다.

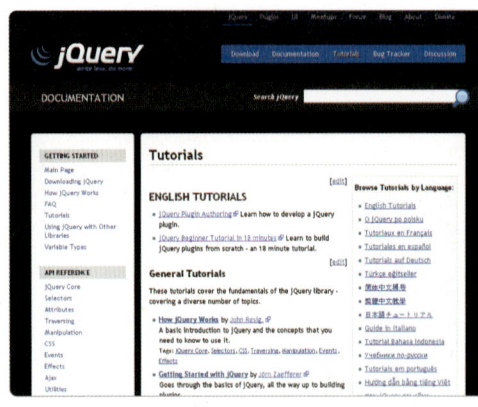

◀ http://docs.jquery.com/Tutorials

jQuery 웹 사이트의 한글판입니다.

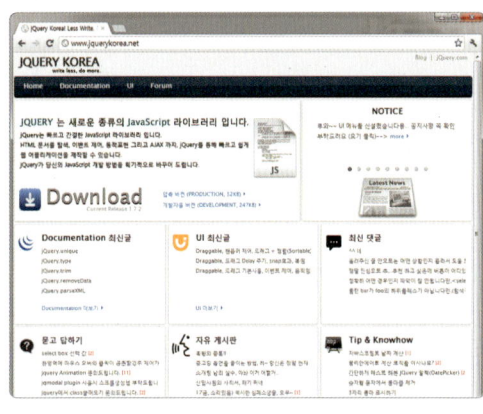

◀ http://www.jquerykorea.net

jQuery의 기능이 카테고리별로 잘 정리되어 있고, 예제도 함께 구성되어 있는 웹 사이트입니다.

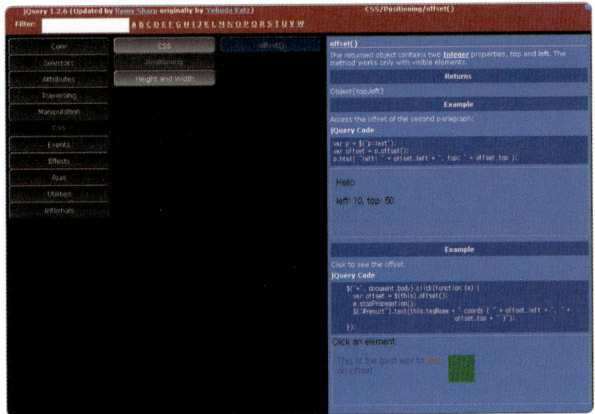

▲ http://visualjquery.com

jQuery뿐만 아니라 최신 웹 기술에 대한 정보도 제공하고 있는 웹 사이트입니다.

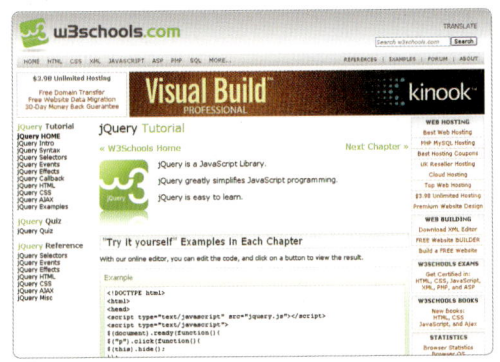 

▲ http://www.w3schools.com/jquery/default.asp   ▲ http://www.w3schools.com

jQuery가 적용된 웹 사이트 사례

최근에 런칭되는 웹 사이트에서는 jQuery 기술을 도입하여 다양한 인터랙션과 사용자 편의를 위한 UI/UX를 많이 볼 수 있습니다. 하지만 IE(Internet Explorer) 계열은 가끔 예상하지 못한 결과가 초래될 수 있으므로 여러분의 웹 페이지를 IE 구버전에 서비스하려면 항상 테스트를 하셔야 합니다.

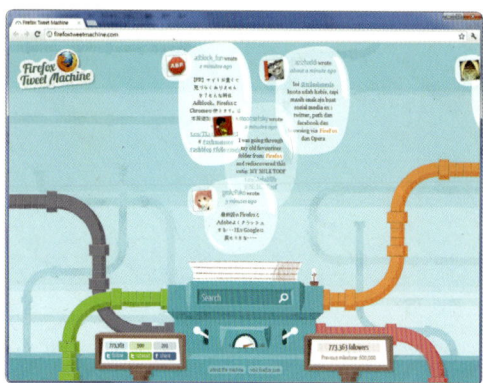
▲ tweet 메시지를 비눗방울에 담아 둥둥 떠다니게 하는 모습이 재미를 더해줍니다(http://firefoxtweetmachine.com).

▲ 화려하지는 않지만 jQuery를 사용한 인터랙션으로 다양성을 보여줍니다(http://rdio.com).

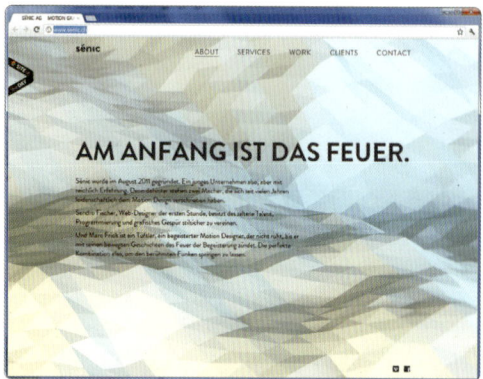
▲ 최신 유행인 패럴랙스 스크롤링(parallax scrolling) 기법을 적용한 웹 사이트입니다(http://www.senic.ch).

▲ 서브 페이지를 클릭했을 때 서브 페이지로 이동하지 않고 메인 페이지에서 Ajax 같은 기술을 사용하여 불러오고 있습니다 (http://www.goodnesspopup.com).

CHAPTER 02
jQuery를 공부하기 위한 선수 학습

지금이라도 당장 jQuery를 사용하여 동적이고 상호 작용되는 기술들에 대해 설명하고 싶지만, 이보다 먼저 짚고 넘어가야 할 부분이 있습니다. 그것은 바로 아래 항목들입니다. jQuery가 아무리 쉽다고 하더라도 아래 사항들에 대한 기본적인 이해가 있어야만 그 능력을 발휘할 수 있습니다. 하나하나 자세히 살펴보겠습니다.

- javaScript
- DOM(Document Object Model)
- HTML/CSS

 동영상 강좌

console.log( ) 활용법

이 책의 코드 중에는 console.log( ) 함수가 많이 나옵니다. 이 함수는 웹 브라우저의 메모리에 있는 변수 및 다양한 정보들을 확인할 수 있는 매우 중요한 함수입니다. console.log( ) 함수는 IE(Internet Explorer) 8.x 이상에서 지원되고, IE 이외의 웹 브라우저는 최신 버전에서 지원됩니다. 동영상을 통해 반드시 이해하시기 바랍니다.
(◎ 동영상 강좌/①console.log 사용 방법.avi)

01 | javaScript

jQuery는 javaScript라는 언어로 만들어진 라이브러리입니다. 따라서 javaScript에 대한 최소한의 이해가 필요하고, javaScript를 이해하기 위해서는 프로그래밍에 대한 기초 지식이 있어야 합니다. jQuery가 아무리 뛰어나다고 하더라도 javaScript가 할 수 있는 모든 일을 다 할 수는 없습니다. 이 책에서는 jQuery를 이해하는 데에 필수적이고 기초적인 내용들만 다루도록 하겠습니다. 따라서 독자 여러분이 Query를 좀 더 잘하고 싶다면 javaScript에 많은 관심을 가지고 공부하셔야 합니다.

▲ 다양한 자바스크립트 강좌와 레퍼런스가 있는 웹 사이트(http://www.javascript.co.kr)

javaScript의 탄생

javaScripts는 1995년 웹 브라우저 시장 점유율 1위인 넷스케이프(Netscape) 사를 통해 최초로 소개되었습니다. javaScripts는 웹 사이트를 좀 더 동적으로 보이도록 하기 위해 웹 브라우저에 추가된 것입니다. 이에 자극을 받은 마이크로소프트 사는 자사의 웹 브라우저인 인터넷 익스플로러에 동적 기능을 추가할 수 있는 독자적인 스크립트 언어(VB Script)를 만들어 탑재했습니다. 넷스케이프 사 또한 이에 대응하기 위해 ECMA(유럽컴퓨터제조협회)에 표준안을 제안함으로써 ECMA 스크립트가 만들어졌고, 결국 1996년경에 이르러 넷스케이프와 인터넷 익스플로러에서 자바스크립트 1.1 표준안을 지원하게 되었습니다. 그 후에도 두 회사는 계속 독자적인 요소들을 만들어 다시 경쟁하기 시작했습니다. 이것이 바로 한때 이슈가 되었던 DHTML(Dynamic HTML)입니다.

이로 인해 웹 브라우저들 간에 호환성 문제가 발생하게 되었고, 웹 개발자들은 웹 브라우저마다 테스트를 해야 하는 불편을 감수해야만 했습니다. 이후 '표준의 중요성'이 대두되기에 이르렀고, W3C는 이 문제를 해결하기 위해 DOM이라는 문서 객체 모델을 표준으로 만들었습니다. 이후 DOM은 여러 가지 다른 프로그램 언어로도 같은 HTML에 접근할 수 있는 표준으로 자리 잡게 되었습니다(DOM은 60쪽을 참조하세요).

 Q & A

javaScript 코드는 보안이 되나요?
javaScript 코드는 클라이언트 사이드 언어이기 때문에 소스를 감출 수 없습니다. 다시 말해서, 웹 브라우저 자체가 javaScript 코드를 해석한 후에 처리하는 주체입니다. 서버에 웹 페이지를 요청하면 서버에서 HTML 콘텐츠가 제공될 때 javaScript 파일 역시 소스 코드를 모두 제공하게 되고, 그 코드를 웹 브라우저가 해석하여 사용자에게 보여주게 되는 것입니다.

주석(Comment)

주석은 프로그램 작성 시 코드를 설명하거나 기타 개발자의 참조 사항을 기록하기 위해 사용합니다. 한 줄 코딩의 주석은 '//'입니다. 여러 줄을 한 번에 주석 처리하기 위해서는 '/*주석*/'으로 처리합니다. 주석에 해당되는 코드나 설명은 웹 브라우저가 인식하지 않습니다.

HTML과 CSS 주석은 아래와 같이 사용합니다.
- HTML 주석은 〈!--주석문--〉
- CSS 주석은 /*주석문*/

변수

프로그래밍을 하다 보면 어떤 값을 지속적으로 저장하여 필요할 때마다 사용할 수 있어야 하는데, 변수는 이때 그 값을 담는 그릇인 저장소라고 생각하면 됩니다. 변수명에 포함된 값은 언제든지 변경할 수 있습니다.

```
var 변수명 = 값;
```

```
1  var a = 10;
2  //변수 a에 10을 저장합니다.
3  var name = "홍길동";
4  // 변수 name에 문자열 "홍길동"을 저장합니다.
```

● 변수 이름 생성 시 주의할 점

javaScript 내부적으로 미리 사용하는 키워드나 예약어는 사용할 수 없습니다. 또한 변수 이름 앞에 숫자 또는 특수 기호/문자는 제외해야 합니다. 단, _(underscore)는 가능합니다.

 3tot = 45　　(X) //첫 글자에 숫자는 올 수 없음.
-count = 32 (X) // 특수 기호는 올 수 없음.
var = 3　　 (X) // 키워드 예약어는 변수명으로 올 수 없음.

> **여기서 잠깐**
>
> **javaScript 예약어**
>
> abstract, boolean, break, byte, case, catch, char, class, const, continue, default, do, double, else, extends, final, finally, float, for, function, goto, if, implements, import, in, instanceof, int, interface, long, native, new, null, package, private, protected, public, return, short, static, super, switch, synchronized, this, throw, transient, try, var, void, while, with, FALSE, TRUE

● 변수의 범위

javaScript는 데이터 타입은 선언하지 않더라도 변수는 만들 수 있습니다. 하지만 변수의 범위를 명확히 하려면 var 선언하여 변수를 만드는 것이 좋습니다. 특정 함수 안에서 var를 통해 선언된 변수는 지역 변수로 인식되지만, 함수 안에서 var을 사용하지 않는 변수는 전역 변수로 인식됩니다(함수에 대한 자세한 설명은 39쪽을 참조하세요).

```
<script>
var myAge = 10;
function myFun( ) {
    var temp = 10;
    total = temp + 20;
}
function myFun2( ) {
    var temp = 20;
}
</script>
```

- myAge 변수는 변수 선언(var)이 〈script〉 main 공간에 선언되었기 때문에 전역 변수로서 전체 영역에 영향을 미칩니다.
- total 변수는 함수 내부에 존재하지만 var 선언이 되어 있지 않기 때문에 자동으로 전역 변수가 되어 전체 영역에 영향을 미칩니다.
- temp 변수는 function( ) 내부에 변수가 선언되었기 때문에 지역 변수로서 함수 내부에만 영향을 미칩니다.

데이터 타입

데이터 타입(Data Type)이란, 변수에 담길 수 있는 값의 형태를 의미하며 아래와 같이 크게 두 가지로 나누어 볼 수 있습니다.

○ 기본 데이터 타입(primitive type)

- 숫자(Number) : 정수와 실수를 의미합니다.
  예) 4, -23, 213.213 -221.3
- 문자열(String) : 따옴표나 쌍따옴표를 사용해 문자열을 만듭니다.
  예) "hi", "age", 'my'
- 불린(Boolean) : 참(1) 또는 거짓(0)을 나타내는 용도
  예) true, false

○ 복합 데이터 타입(composite type)

| 객체 |

변수는 기본 데이터 타입을 제외한 모든 것을 복합 데이터로 인식합니다. 객체는 사용자가 직접 만들 수도 있고, 내장되어 있는 것도 있습니다. 객체는 객체마다 고유의 기능이 있는데, 이를 '속성' 또는 '메서드'라고 합니다.

```
var myDate = new Date( );  // Date 객체를 생성하여 myDate 변수에 저장한다.
myDate.getHours( );  // Date 객체에서 현재 로컬에 있는 시간을 알아온다.
```

배열

배열은 하나의 변수에 여러 개의 데이터를 담을 수 있는 그릇이라고 보면 됩니다. 배열은 여러 개의 변수를 인덱스 번호로 관리하며, [ ](사각 괄호)를 사용해 표현합니다.

○ 배열 생성 방법

배열을 만들고 값을 추가하는 방법에는 아래의 세 가지가 있습니다.

- new 생성자 사용

    예) var my_array = new Array( ) // 배열 객체 생성
    my_array[0] = 데이터 1 // 데이터 요소 추가
    my_array[1] = 데이터 1
    my_array[2] = 데이터 2

- 배열 객체를 생성하면서 요소 추가

    예) var my_array = new Array(4,7,3)
    // 배열 객체를 생성하면서 요소 추가

- [ ] 연산자를 사용하여 직접 생성

    예) var my_array = ["orange","apple", 56]

Array 객체에는 원소 간의 정렬, 삽입, 삭제 등과 같이 배열을 조작할 수 있는 다양한 메서드(함수)들이 존재합니다. 위에서 소개한 웹 사이트에 접속하여 틈틈이 찾아보시기 바랍니다.

◉ jQuery 함수의 결과 값(1부/jQuery 확장 집합.html)

jQuery의 도움말을 보면 jQuery 함수에서 return 값의 데이터 타입은 jQuery라고 명시하고 있습니다. 이는 배열 구조의 jQuery 집합을 의미합니다(return의 의미는 42쪽을 참조하세요). 예를 들어 보면 아래의 HTML 문서에는 서로 다른 클래스 속성을 가진 4개의 〈div〉 요소가 있습니다. 이 중에서 jQuery( ) 함수로 클래스 속성이 "mark"인 것만 추출하여 변수 arr에 저장해봅니다. 이때 변수 arr의 데이터 타입은 배열로서 jQuery 집합을 관리하게 됩니다. 이 예제는 jQuery( ) 함수를 공부한 후에 다시 보시기 바랍니다.

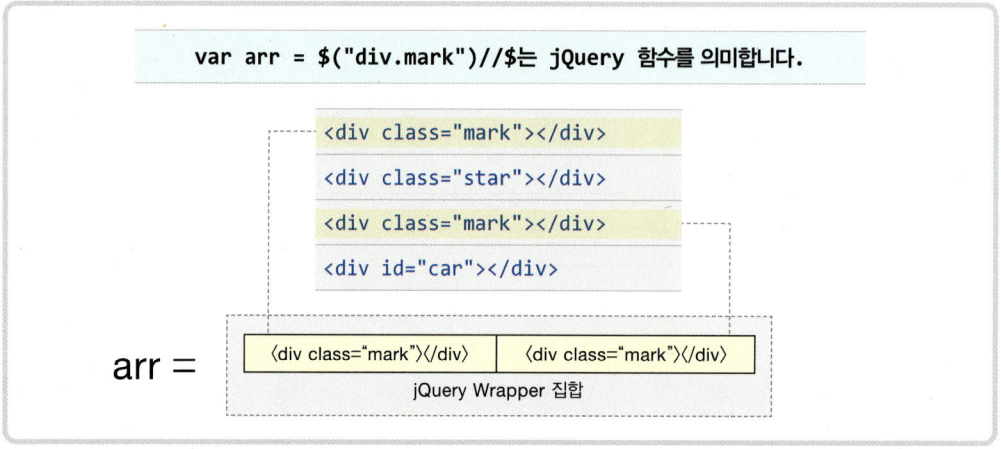

아래 그림은 파이어버그(Firebug) 또는 크롬(chrome) 웹 브라우저의 콘솔 창을 통해 arr 데이터를 살펴본 것으로, 결과가 배열의 형태로 저장되어 있다는 것을 알 수 있습니다. 예제 파일을 열어 확인해보세요(콘솔 사용법은 31쪽을 참조하세요).

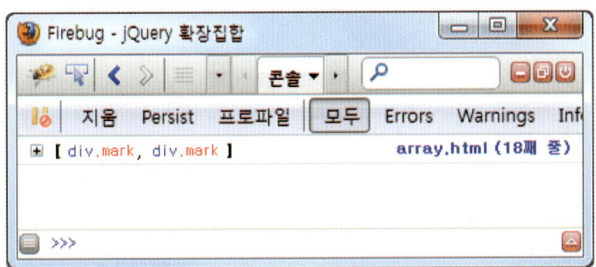

객체

객체(Object)란 데이터와 연산 작업을 함께 담고 있는 덩어리라고 생각하시면 됩니다. 객체는 배열과 매우 비슷하지만, 훨씬 구체적이고 상세합니다. 객체 지향 언어의 모든 최상위는 바로 여기서부터 시작되고, 여기에 살을 붙이거나 뼈대를 만들며, 상속 등을 통해 독립된 역할을 하는 객체로 확장됩니다. javaScript는 HTML의 모든 노드들을 객체로 인식하여 접근합니다.

● 객체 생성 방법

객체를 만들고 값을 추가하는 방법에는 세 가지가 있습니다.

- new 생성자 사용
    - 예) var obj : Array = new Object( ) // 빈 객체 생성
      obj.a = 10;
      obj.name = "홍길동";
      obj.fn = function( ){ };

- 객체를 생성하면서 요소 추가
    - 예) var my_array = new Object({a:10, name:"홍길동", fn:function( ){ } });
      // 배열 객체를 생성하면서 요소 추가

- 중괄호({ })를 사용하여 직접 생성
    - 예) var my_array = {a:10, name:"홍길동", fn:function( ){ } };

다음 예제를 통해 웹 브라우저가 Object를 어떻게 이해하고 있는지 살펴보시기 바랍니다.

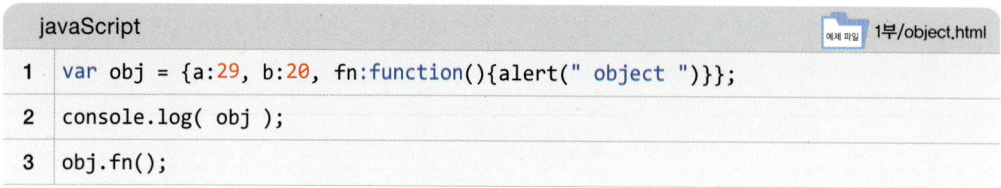

```
1  var obj = {a:29, b:20, fn:function(){alert(" object ")}};
2  console.log( obj );
3  obj.fn();
```

line 1 : obj 변수에 Object를 생성합니다.

line 2 : 콘솔 창으로 obj 변수에 어떻게 담겨 있는지를 확인합니다.

line 3 : Object에 있는 fn 함수를 호출해보았습니다. 경고 창에 Object가 나타납니다.

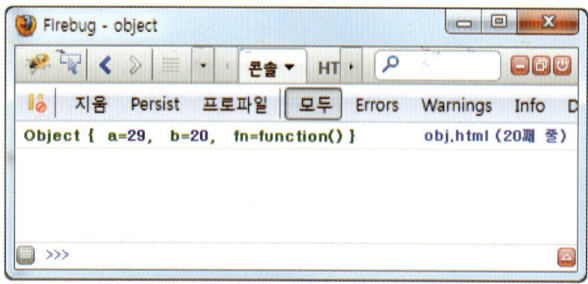

● jQuery에서 Object 객체 사용

jQuery는 1개 이상의 값을 전달할 때 Object 형태로 값을 담아 처리하는 경우가 많습니다. 예를 들어 jQuery의 CSS( ) 함수에서 HTML 객체의 다양한 속성들을 한 번에 설정할 때에는 아래와 같이 Object 객체를 사용합니다.

```
$("div").css({'backgroundColor': '#C2F5BF', 'borderColor': 'yellow',
'marginBottom': '10px'});
```

```
$("div").css({
    'backgroundColor':   '#C2F5BF',
    'borderColor':       'yellow',
    'marginBottom':      '10px'
});
```

```
var obj = {
    'backgroundColor':  '#C2F5BF',
    'borderColor':      'yellow',
    'marginBottom':     '10px'
        };
$("div").css(obj);
```

animate, ajax 함수들도 데이터를 전달할 때 { }를 사용하여 처리합니다.

함수

함수는 어떤 목적을 위해 만들어진 코드를 하나로 묶어 반복되는 작업을 효율적으로 관리하는 것이라고 보면 됩니다. 이 함수를 이해해야만 javaScript 또는 jQuery를 잘 활용할 수 있습니다. 함수를 아래와 같은 순서대로 살펴보겠습니다(⊙ 동영상 강좌/②함수의 이해.avi).

- 함수 정의
- 함수 호출(invocation)
- 함수 인자(arguments and parameters)를 활용한 함수 확장
- 함수 종료 및 리턴 값

○ 함수 정의

함수는 'function'이라는 키워드를 사용하여 만듭니다. 함수 이름은 사용자가 직접 정의하여 만들면 되는데, 이때 주의할 점은 변수 이름 작성 시와 같습니다. 함수를 작성하는 데에는 두 가지 방법이 있습니다.

| 선언적 함수 |

함수 이름을 선언하는 방식을 '선언적 함수'라고도 합니다.

```
function 함수이름 ( ) {
    // 실행할 코드들
}
```

예
```
function sum ( ){
    var a = 10;
    var b = 20;
    var c = a + b;
}
```

| 익명 함수(anonymous function) |

이름 없는 함수를 변수에 대입하는 방식을 '익명 함수'라고 합니다.

```
var 변수 = function ( ) {
    // 실행할 코드들
}
```

예
```
var sum = function ( ){
    var a = 10;
    var b = 20;
    var c = a + b;
}
```

jQuery에서는 이렇게 이름 없는 함수를 직접 사용하는 경우가 많습니다. 이는 매개 변수로 함수를 사용하는 경우입니다. 아래는 jQuery 객체를 감추는 명령인데, 두 번째 매개 변수로 이름 없는 익명 함수를 직접 대입하여 사용합니다[hide( ) 함수는 134쪽에서 자세히 설명합니다].

예
```
$("div").hide(1000, function( ) { //code}  );
// 1초 동안 객체를 감추고 나서 실행할 함수를 호출합니다.
```

| 선언적 함수와 익명 함수 방식의 차이 |

함수의 기능적인 부분은 전혀 차이가 없습니다. 중요한 것은 함수를 작성하는 위치입니다. 익명 함수는 반드시 함수를 호출하는 코드보다 먼저 작성되어야 합니다.

```
1   sum();
2     var sum = function() { .... }
```

sum이라는 함수가 익명 함수 형식으로 작성된 상태에서 함수 작성보다 먼저 sum( ) 함수를 호출하게 되는 경우에는 함수가 작동되지 않습니다. 함수가 작동되게 하려면 아래와 같이 순서를 바꾸어야 합니다.

```
1  var sum = function() { .... }
2  sum();
```

선언적 함수 방식은 함수 선언이 뒤에 있고, 호출하는 코드가 앞에 있더라도 상관없이 실행됩니다.

● 함수 호출(invocation)

함수는 정의만 해서는 절대로 수행되지 않습니다. 다시 말해서, 함수가 정의되어 메모리에 담겨 있을 뿐, 실제로 실행되는 것이 아닙니다. 정의된 함수를 수행하려면 반드시 함수를 호출해야 합니다. 함수를 호출하려면 이름을 불러주어야 하는데, 이름을 불러줄 때에는 함수 이름 뒤에 ( )를 붙입니다.

예 sum( ); // sum( ) 함수를 호출

● 함수 인자(arguments and parameters)를 활용한 함수 확장

함수를 사용하는 이유는 반복적인 작업을 편하게 하기 위해서만이 아닙니다. 앞에서 작성한 sum( ) 함수는 단순히 10과 20을 더하는 함수입니다. 이렇게 10 더하기 20만을 구하는 함수는 함수로서 잘 활용된 것이 아닙니다. 고정된 두 수만을 더하는 것이 아니라 동적(프로그램 실행 중)으로 변하는 두 수를 더해 결과를 나타내준다면 함수를 확장하여 사용하는 것이라고 할 수 있습니다. 이렇게 함수를 확장하여 사용하려면 인자와 매개 변수(arguments and parameters)를 활용해야 합니다. 함수를 선언할 때 ( ) 안에 들어가는 여러 가지 변수를 재료라고 생각하면 되는 것입니다.

```
function sum(a, b) {
  var c = a + b;
  console.log(c);
}
```

이렇게 함수의 (a, b) 안에 넣을 변수를 '매개 변수(parameters)'라고 합니다. 호출하는 쪽에서 실제 값(arguments)을 넣어줍니다.

```
function sum(a, b) {
  var c = a + b;
  console.log(c);

}
sum(10,20);
```

함수는 하나인데 값을 다르게 전달하면, 그 값에 따라 처리를 합니다.

예 sum(10,20); //30 출력
   sum(15,30); //45 출력
   sum(50,40); //90 출력

매개 변수를 활용하면 함수를 쉽게 확장할 수 있습니다. 아래 그림을 보면 좀 더 이해하기 쉬울 것입니다.

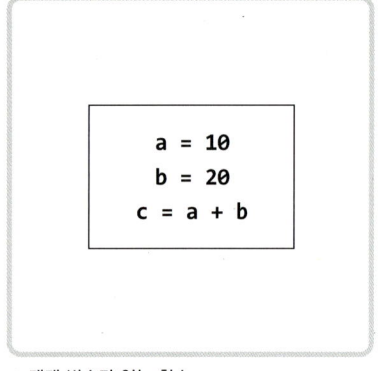

▲ 매개 변수가 없는 함수

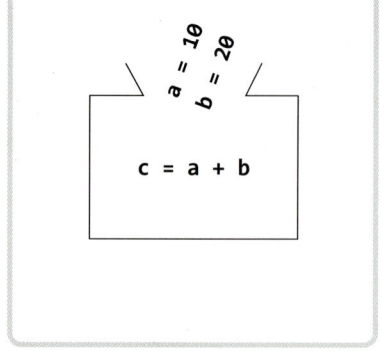

▲ 매개 변수를 활용한 함수

● 함수 종료 및 리턴 값

함수를 실행하고 난 후에 함수의 결과를 얻어 사용하려면, return을 사용하여 결과 값을 전달합니다.

return 변수; // 함수를 호출한 곳으로 보내고 싶은 값을 전송하고 함수를 종료합니다.
return;   // 함수를 종료합니다. return false로도 표현합니다.

| 리턴 값이 없는 함수 |

```
function sum(a, b) {
 var c = a + b;
 return;
}
```

| 리턴 값이 있는 함수 |

```
function sum(a, b) {
 var c = a + b;
 return c;
}
```

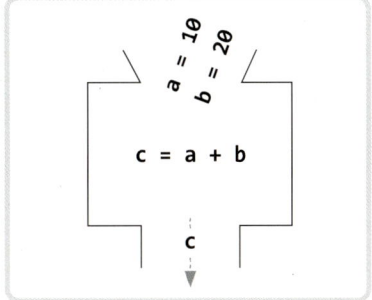

위의 두 함수의 차이는 함수를 수행하고 난 후, 함수를 호출한 곳에 어떤 값을 반환하느냐, 반환하지 않느냐입니다.

▲ return이 없기 때문에 total 변수에는 정의되지 않은 값(undefined)이 저장됩니다.

```
                                    sum 함수에 10, 20 값을 전달         function sum(a,b) {
            var total = sum(10,20)                                      var c = a + b;
                                                                           return c;
                                          함수 호출한 곳으로            }
                                        return c 값 30을 전달
```

▲ return을 사용해 c 값을 다시 함수를 호출한 곳으로 전달하기 때문에 total 변수에는 '30'이 저장됩니다.

함수를 사용한 후 어떤 값을 반환하려고 할 때는 return을 사용하여 보내고, 보낼 값이 없다면 return만을 사용하여 함수의 종료를 알립니다. 참고로 return이 사용된 지점 이후의 코드는 작동되지 않습니다.

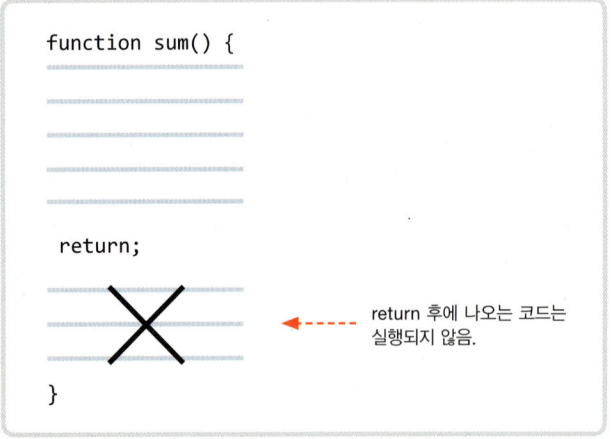

다시 한 번 말하지만, jQuery는 javaScript로 만든 '함수 덩어리'입니다. 따라서 jQuery 함수를 사용하면 그 처리 결과를 돌려주는 함수들이 많기 때문에 어떤 값을 돌려주는지 항상 관심을 가지고 살펴보아야 합니다.

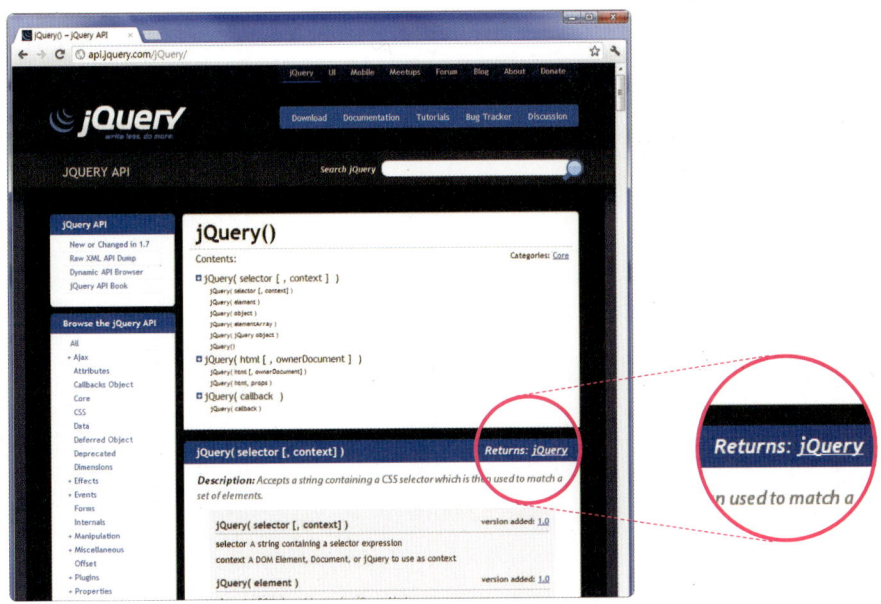

jQuery( ) 함수를 사용하면 결과 값으로 jQuery 형식의 값을 돌려받습니다. jQuery 형식의 값은 일반적으로 jQuery의 객체 집합을 의미하는데, 이는 'jQuery 명령어를 다시 사용할 수 있는 형태의 값'이라는 뜻입니다.

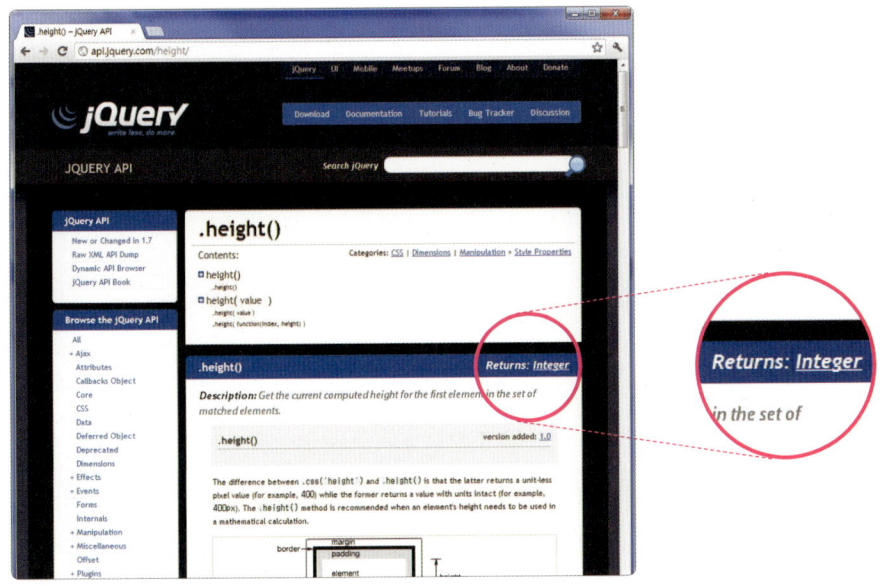

.height( ) 함수를 사용하면 결과 값으로 Integer(정수형) 형식의 값을 돌려받습니다.

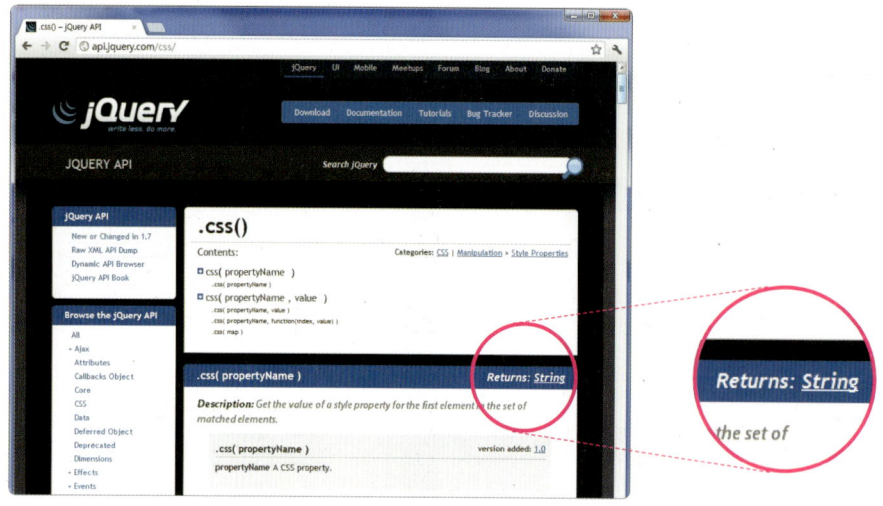

.css( ) 함수를 사용하면 결과 값으로 String(문자열) 형식의 값을 돌려받습니다.

이벤트

프로그래밍에는 반드시 이벤트가 있습니다. 이벤트는 말 그대로 '어떤 사건'입니다. javaScript 에서 사건(event)이라는 말의 의미는 아래와 같습니다.

- 사용자가 버튼이나 태그를 클릭하는 사건
- 웹 브라우저의 창이 줄어드는 사건
- 텍스트를 입력하기 위해 텍스트 필드를 클릭하는 사건
- 마우스를 클릭하는 사건
- 마우스를 움직이는 사건
- 키보드를 입력하는 사건

이러한 event(사건)이 감지되면 그 event와 연결된 함수를 작동시킵니다. event를 감지하는 상황을 설정하는 것을 '이벤트 리스너(event Listener)'라 하고, event와 연결된 함수를 작동시키는 것을 '이벤트 트리거(event Trigger)'라고 합니다. 그리고 이벤트가 호출되면서 작동되는 함수를 '이벤트 핸들러(event handler)'라고 합니다. 이러한 용어는 자주 등장하므로 잘 기억해두시기 바랍니다(jQuery이벤트에 대한 자세한 내용은 125쪽을 참조하세요.)

조건문

조건문은 프로그래밍의 흐름을 제어하는 것으로, 대표적인 예로는 if문, switch문을 들 수 있습니다. 여기서는 if문에 대해 알아보겠습니다.

○ if문

if문은 조건이 참(true)이냐, 거짓(false)이냐에 따라 문장을 실행하거나 실행하지 않을 수도 있습니다.

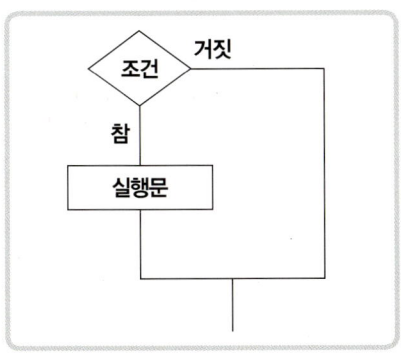

```
if (조건) {
    // 실행문
}
```

[예]
```
if( 4 < 5 ) {
    alert ("참"); // if 조건이 참이므로 코드가 실행됩니다.
}
```

○ if..else문

if문의 조건이 참일 때와 거짓일 때 수행할 문장을 각각 따로 정할 수 있으며, 2개의 실행문은 절대로 함께 수행될 수 없습니다.

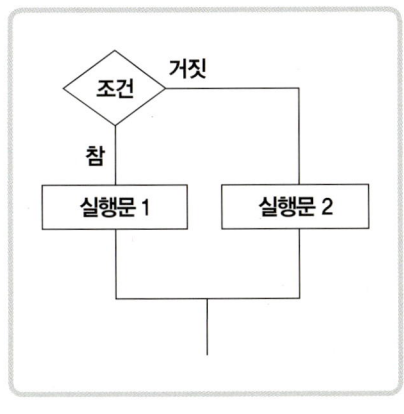

```
if (조건) {
    // 실행문 1;
} else {
    // 실행문 2;
}
```

[예]
```
if( 2 > 9 ) {
    alert ("참"); // if 조건이 거짓이므로 코드가 실행되지 않습니다.
} else {
    alert("거짓");// if 조건이 거짓이므로 else 코드가 실행됩니다.
}
```

if..else if문

복수 조건을 검사할 경우에 사용합니다. 계속해서 else if로 사용할 수 있습니다.

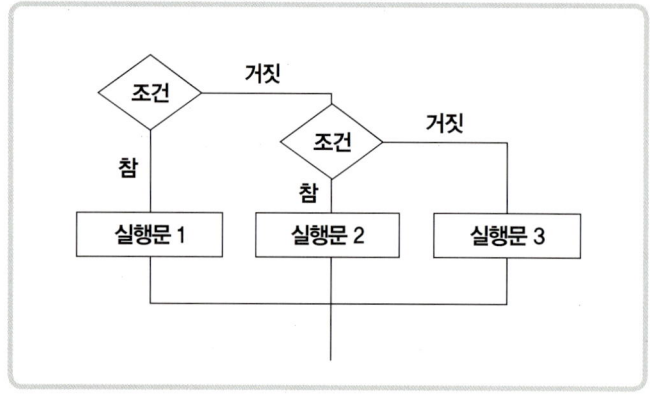

```
if(조건) {
    // 실행문 1;
} else if (조건) {
    // 실행문 2;
} else {
    // 실행문 3;
}
```

[예]
```
var a = 74; // a 변수에 74를 저장합니다.
if(a > 90) {
    alert ("수"); // if 조건이 거짓이므로 코드가 실행되지 않습니다.
} else if(a > 80)  {
    alert("우"); //else if 조건이 거짓이므로 코드가 실행되지 않습니다.
} else{
    alert("낙제"); // else if 조건이 거짓이므로 코드가 실행됩니다.
}
```

 여기서 잠깐

삼항 연산자

if문을 아래와 같이 간단하게 표현할 수 있는데, 이를 '삼항 연산자'라고 합니다. 조건식이 참이면 식 1을 실행하고, 조건문이 거짓이면 식 2를 실행합니다.

조건식 ? 식 1 : 식 2

[예] (3>5) ? console.log("true") : console.log("false")

반복문

반복문은 아주 짧은 시간에 같은 명령을 반복하는 것으로, 대표적인 예로는 for문과 while문을 들 수 있습니다. 여기서는 for문에 대해 알아보겠습니다.

◎ for문

for문은 변수에 저장된 초기값이 조건식을 만족하는 동안 { } 안의 명령을 반복 실행합니다. for 루프를 사용하면 특정한 값 범위 내에서 변수를 반복할 수 있습니다. for문에 초기값으로 설정 되는 변수, 루핑 종료 시점을 결정하는 조건문, 각 루프의 변수 값을 변경하는 표현식과 같은 3개의 표현식을 제공해야 합니다.

초기값 : for문을 시작할 때 선언하는 변수이며, 1개 이상 가능합니다.
조건식 : 조건이 거짓이면 반복을 멈춥니다.
표현식 : 초기값에 선언된 변수 값을 다양한 수식으로 변경할 수 있습니다.

```
for (초기값; 조건식; 표현식) {
    // 실행문;
}
```

예를 들어, 다음 for문 안에 있는 문장은 5번 반복됩니다.

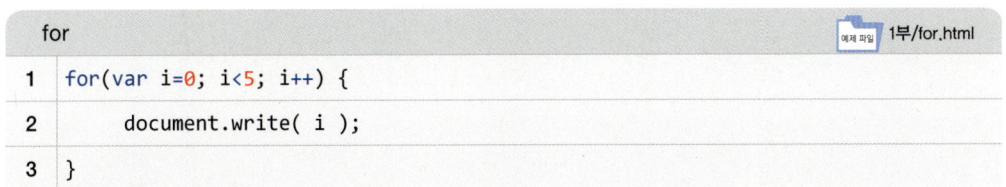

```
for                                          예제 파일  1부/for.html
1  for(var i=0; i<5; i++) {
2      document.write( i );
3  }
```

for문의 반복 순서는 아래와 같습니다.

① 초기값을 처리합니다.
② 조건식을 비교하여 참이면 문장을 실행하고, 거짓이면 for 반복문을 종료합니다.
③ 조건식이 참이 되어 문장을 실행하면 표현식을 실행합니다.
④ 종료될 때까지 ②와 ③을 반복합니다.

참고로 document.write( ) 함수는 HTML상의 〈body〉에 출력하는 함수입니다.

○ 반복문 탈출

반복문을 실행하다가 더 이상 반복하지 않아도 될 상황이 발생하여 반복문을 탈출할 때에는 break문과 continue문을 사용합니다.

| break |

반복문 안에서 break문을 만나면 반복문을 탈출합니다.

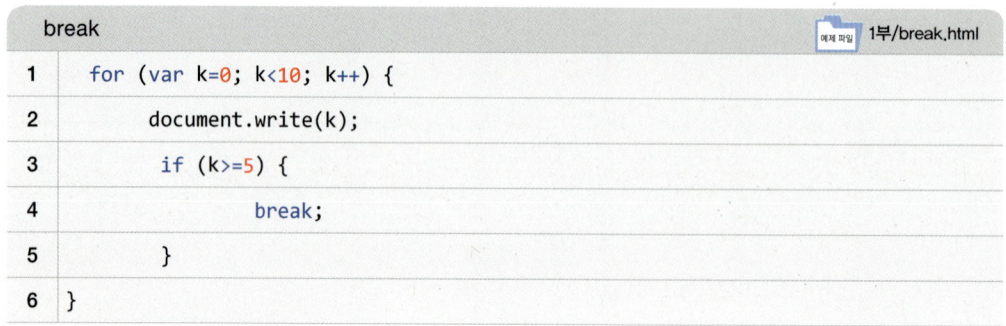

예제 파일 1부/break.html

```
1   for (var k=0; k<10; k++) {
2       document.write(k);
3       if (k>=5) {
4           break;
5       }
6   }
```

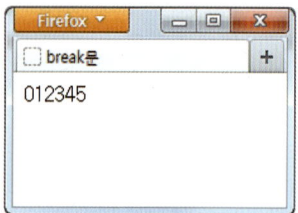

위의 for문은 10회를 반복해야 하는데, k가 5보다 클 경우에는 break문을 실행하여 for문을 빠져 나가므로 출력은 0, 1, 2, 3, 4, 5가 됩니다.

| continue(1부/continue.html) |

continue문이 수행되는 반복문만 빠져 나갑니다. 전체 반복문이 빠져 나가는 것은 아닙니다.

```
continue                                                    1부/continue.html
1  for (var k=0; k<10; k++) {
2      if (k==5) {
3          continue;
4      }
5      document.write(k);
6  }
```

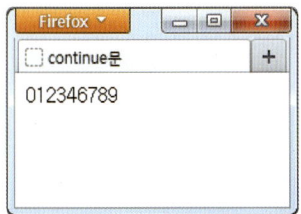

5가 출력되지 않는 이유는 5가 되었을 때에만 continue문이 수행되어 빠져 나가기 때문입니다. 5 이후에도 반복문은 계속 수행됩니다.

연산자(Operator)

연산자는 프로그래밍 언어에서 다양한 계산을 하기 위해 제공되는 기호를 말합니다.

● 산술 연산

가장 대표적인 연산자로는 +(더하기), -(빼기), *(곱하기), /(나누기), 나머지 연산자(%)를 들 수 있습니다.

● 문자열 연산(+)

문자열 연산은 + 연산자의 피연산자 2개(문자와 문자, 문자와 숫자)를 연결하고 결과를 문자로 반환합니다.

> 예 문자와 문자 "good" + "time"의 결과는 "goodtime"입니다.
>   문자와 숫자 "good" + 3 의 결과는 "good3"입니다.

동영상 강좌

문자열 연산

더하기 연산은 더해지는 각 항의 변수 형태에 따라 다르게 작동합니다. 더해지는 각 항이 숫자일 경우에는 일반적인 숫자와 같이 계산되지만, 더해지는 각 항이 문자열일 경우에는 두 문자열을 결합합니다. 변수형에 따라 숫자로 표시할 수 있는 경우에는 숫자로 변환되어 계산됩니다. 자세한 사항은 동영상을 참조하세요(● 동영상 강좌/③문자열 처리.avi).

◯ 비교 연산

비교 연산은 표현식의 값을 비교하여 참과 거짓을 반환하며, 조건문에 많이 사용됩니다.

연산자	뜻
<	보다 작음
>	보다 큼
<=	보다 작거나 같음
>=	보다 크거나 같음
==	좌변과 우변이 같으면 참(true)
!=	좌변과 우변이 다르면 참(true)

◯ 대입 연산(=)

대입 연산은 (식별자) 변수 등에 값을 할당하는 데에 사용됩니다.

예) var x = 12
    var arr = [1,2,4]

대입 연산자의 좌변에는 항상 1개의 변수가 있어야 합니다.

예) a + b = 3 (X)

한 번에 여러 개의 값을 대입하려면 아래와 같이 표현해야 합니다.

예) a = b = c = 10

| 복합 대입 연산 |

계산한 후 한 번에 대입하는 방식으로, 어떤 변수에 연산을 한 후 다시 그 변수에 값을 할당합니다. 변수의 값을 상대적으로 처리할 때에 많이 사용합니다.

연산자	뜻
=	대입
*=	곱하기 대입
/=	나누기 대입
%=	나머지 대입
+=	더하기 대입
-=	빼기 대입

특정 변수에 값을 연산(+, -, *, /)하여 다시 그 변수에 대입하려면 아래와 같이 줄여 쓸 수 있습니다.

예) a = a + 5는 a += 5라고 줄여 쓸 수 있습니다.
　　a = a * 5는 a *= 5라고 줄여 쓸 수 있습니다.
　　a = a / 5는 a /= 5라고 줄여 쓸 수 있습니다.
　　a = a % 5는 a %= 5라고 줄여 쓸 수 있습니다.

이 연산자는 노드의 위치를 상대적인 의미로 이동시킬 때에 많이 사용합니다. jQuery에서는 복합 대입 연산자를 많이 사용합니다.

```
$('#book').animate({left:'+=50', 5000);
```

이 코드는 id 속성이 book인 노드를 현재 위치에서 오른쪽으로 50px 만큼, 5초 동안 부드럽게 이동하는 코드입니다. 이 코드의 left:'+=50'은 left=left+50을 복합 대입 연산자를 사용하여 줄여 쓴 표현입니다(노드에 대한 자세한 설명은 60쪽을 참조하세요).

기타 연산자

기타 연산자에는 아래와 같은 것들이 있습니다.

- 논리 연산자 : &&, ||
- 증감 연산자 : ++, --
- 삼항 연산자 : (조건) ? 식 1 : 식 2(조건이 참일 때 식 1, 거짓일 때 식 2를 실행)

| 연산자 우선순위 |

연산자들이 1개 이상일 때에는 아래의 우선순위를 가지게 됩니다.

순위	연산자	뜻
1	[ ], ( )	괄호//대괄호
2	!, ++, --	부정//증감
3	*, /, %, +, -	산술
4	〈〈, 〉〉, 〉〉〉	비트식
5	〈, 〉, 〈=, 〉= ==, !=	관계
6	&, ^, |	비트식
7	&& ,||, ? :	논리
8	=, +=, -=, *=, 〉〉=, ^=	대입/할당

타이머 메서드

javaScript에는 일종의 타이머와 같이 지정된 시간마다 함수를 호출할 수 있는 메서드가 있습니다. 이는 윈도우 객체에서 제공해주는 전역 함수로, jQuery에서는 따로 제공하지 않습니다.

● 작동

- setTimeout("실행할 함수", 대기 시간) // 대기 시간이 지난 후 코드 실행(1번)
- setInterval("실행할 함수", 대기 시간) // 대기 시간이 지난 후 코드 반복 실행

참고로 대기 시간의 단위는 'millisecond(밀리세컨드)'입니다.

● 해제

- clearTimeout( ) // setTimeout을 중지
- clearInterval( ) // setInterval을 중지

● 사용 방법

| setTimeout |

대기 시간이 지난 후 지정된 함수가 한 번만 호출됩니다.

setTimeout		1부/setimeout.html
1	`function gallery(){`	
2	`    console.log("다음 사진");`	
3	`}`	
4	`setTimeout("gallery()",1000);`	

line 4 : gallery 함수를 1초(1000millisecond) 후에 1회만 실행하도록 합니다.

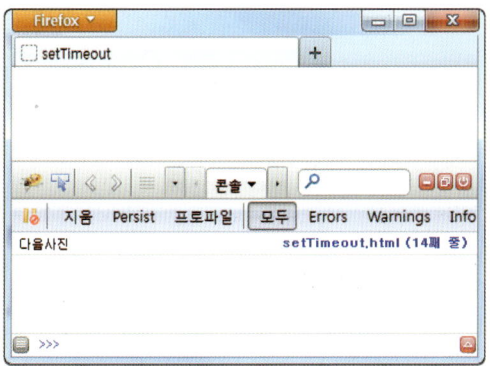

line 2의 console.log( ) 함수가 실행되기 때문에 웹 브라우저의 콘솔 창으로 확인해야 합니다.

| setInterval |

대기 시간이 지난 후 지정된 함수가 지속적으로 수행됩니다. 중지하려면 clearInterval( )을 사용해야 합니다.

setInterval
예제 파일 1부/setInterval.htm

```
1   var count = 1;
2   function gallery(){
3       console.log("다음 사진");
4       if(count==5){
5           clearInterval(clearId);
6       }
7       count = count + 1;
8   }
9   var clearId = setInterval ("gallery();",1000);
```

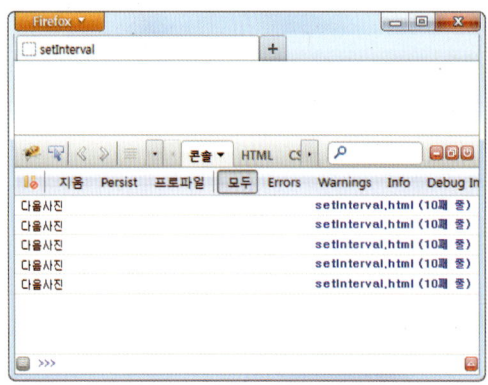

line 3 : 결과를 console.log( ) 함수로 나타냅니다. 이는 웹 브라우저의 콘솔 창으로 확인해야 합니다.

line 4~6 : count 변수가 5가 되면 clearInterval을 사용하여 더 이상 gallery 함수를 호출하지 않도록 합니다.

line 9 : setInterval을 사용하여 gallery 함수를 1초마다 반복합니다. 그리고 clearInterval( )을 사용할 수 있도록 clearId 변수에 setInterval의 고유 식별자 번호를 대입합니다. clearInterval( )은 이 식별자 번호를 사용하여 해당 setInterval을 정지시킵니다.

 여기서 잠깐

setInterval 함수 사용 시 주의할 점

setInterval 함수를 사용할 때에는 반드시 clearInterval 설정을 해주어야 합니다. 그렇지 않으면 웹 브라우저 창이 닫힐 때까지 계속 반복되기 때문에 웹 브라우저가 멈출 수도 있습니다.

랜덤 함수

임의의 수를 생성해주는 함수를 '랜덤(random) 함수'라고 합니다. javaScript에서 제공하는 랜덤 함수는 Math.random( )입니다. 뒤의 예제를 만들다 보면 이 함수의 용도가 매우 많다는 것을 알 수 있습니다.

Math.random( ) 이 생성해주는 값은 0~1까지의 모든 실수(단, 1은 포함되지 않음)입니다. 아래 예제를 실행해보면 아래와 같은 값을 확인할 수 있습니다.

Math.random( )   예제 파일 1부/random.html

```
1  function rand() {
2      console.log( Math.random() );
3  }
4  var clearId = setInterval("rand()", 1000);
```

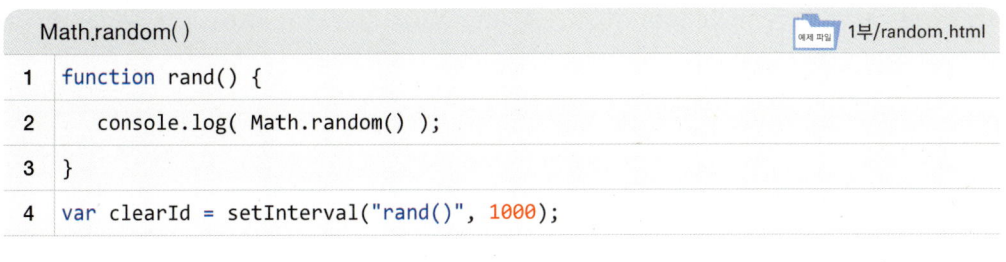

0~5까지의 모든 수를 얻고 싶다면 Math.random( )에 곱하기 5를 하면 됩니다.

Math.random( ) * 5

5~15까지의 모든 수를 얻고 싶다면 아래와 같이 할 수 있습니다.

Math.random( ) * 10 + 5;

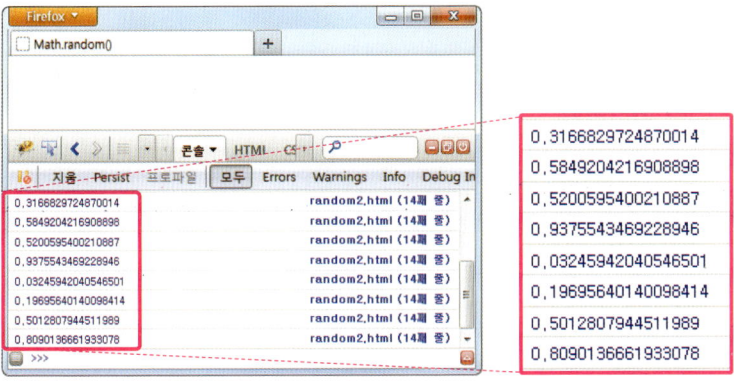

CHAPTER 02 jQuery를 공부하기 위한 선수 학습 **57**

소수점 처리를 하려면 Math.floor( )(내림), Math.round( )(반올림), Math.ceil( )(올림) 메서드 등과 함께 사용해야 합니다.

예) Math.floor(1.2) // 1
Math.floor(1.9) // 1
Math.round(1.2) // 1
Math.round(1.9) // 2
Math.ceil(1.2) // 2
Math.ceil(1.9) // 2

● 특정 범위에서 임의의 정수를 반환하기

다음은 (최소, 최대) 값을 매개 변수로 전달했을 때 최소, 최대 범위 안에서 임의의 정수를 돌려주는 함수입니다. 예제 파일을 열어 결과를 확인해보세요.

Math.random( )　　　　　　　　　　　　　　　　　　　예제 파일　1부/random2.html

```
1  function myRandom(min, max){
2      return Math.floor(Math.random()*(max-min)) + min;
3  }
```

숫자 타입 변환 함수

jQuery 프로그램 작업을 하다 보면 문자열을 숫자로 변환하여 처리해야 하는 경우가 많습니다. 예를 들어 jQuery를 사용하여 크기가 100px인 〈div〉 태그의 가로 길이를 알고 싶을 때에는 아래와 같이 코딩할 수 있는데, 이때 반환되는 값은 100이 아니라 문자열 "100px"입니다.

```
$("div").css("width");   // "100px" 반환
```

이 경우에는 문자열 "100px"을 숫자 100으로 바꾸어야 연산할 수 있기 때문에 문자를 숫자로 변환해주는 함수가 필요합니다. 참고로 jQuery의 width( ) 함수는 숫자로 반환해줍니다.

문자 타입을 숫자 타입으로 변환하는 데에는 아래와 같은 두 가지 방법이 있습니다.

● Number( ) 함수 이용

Number( ) 함수는 문자열로 되어 있는 숫자를 실제 숫자로 변환시켜주는 함수입니다. 단, 문자

열이 숫자로만 되어 있어야 합니다. 만약 문자열 안에 숫자와 문자가 섞여 있으면 NaN(Not a Number) 값을 반환하게 됩니다.

Number("10"); // 숫자 10 반환
Number("10A5") // NaN

ParseInt( ) 및 ParseFloat( ) 전역 함수 이용

ParseInt( )는 문자열을 정수로 변환합니다.

parseInt("33.2f") //33
parseInt("a323") // NaN
parseInt("-3a3.4") //-3

ParseFloat( )는 문자열을 소수점으로 변환합니다.

parseFloat("33.2f") //33.2
parseFloat("a323") //NaN
parseFloat("-3a3.4") //-3

지정된 문자열을 숫자로 변환할 수 없는 경우에는 NaN을 반환합니다.

javaScript vs. java

프로그램 언어를 처음 접하시는 분들은 javaScript와 java를 같은 언어로 이해하는 경우가 많습니다. 두 가지 언어가 구문(syntax)이 비슷한 이유는 이들이 모두 C 언어의 기본 구문을 바탕으로 하기 때문입니다. 하지만 이 두 가지 언어는 구현하는 방법뿐만 아니라 활용되는 목적도 많이 다릅니다.

javaScript	java
• 넷스케이프 사에서 개발한 스크립트 언어	• 선마이크로시스템 사에서 개발한 컴파일 언어
• 웹 브라우저가 해석하여 보여줌.	• 자바 가상 머신에서 실행
• 웹 브라우저 및 HTML 요소들을 제어하기 위한 용도	• 서버/클라이언트 등과 같은 애플리케이션용

02 | DOM 문서 객체 모델

jQuery를 배울 때에 문서 객체 모델은 왜 알아야 할까요? jQuery를 배워보려고 했는데 사전 준비가 참 많이 필요하네요. 하지만 이 DOM 개념 역시 핵심 이해 사항이기 때문에 다루고 가는 것이므로 조금만 더 참고 따라와주세요.

"DOM은 HTML 문서의 요소를 제어하기 위해 웹 브라우저에서 처음 지원되었다. DOM은 동적으로 문서의 내용, 구조, 스타일에 접근하거나 변경하는 수단이다. 웹 브라우저 사이에 DOM 구현이 호환되지 않음에 따라, W3C에서 DOM 표준 규격을 작성하게 되었다."

출처 : 위키백과사전(http://ko.wikipedia.org/wiki/문서_객체_모델)

위의 말은 'DOM을 사용하면 HTML 구성 요소들을 언제든지 변경할 수 있다'는 의미입니다. 웹 브라우저에 내장된 javaScript가 웹 브라우저 제조사마다 조금씩 다르게 되어 있더라도 DOM이라는 표준을 준수하면 어떤 웹 브라우저 환경에서도 동일하게 실행될 것입니다. 이러한 이유 때문에 W3C는 DOM 표준을 발표하게 된 것입니다. 이는 javaScript에만 국한된 것이 아니라 어떤 프로그램 언어라도 DOM 표준을 준수한다면 같은 결과를 얻을 수 있다는 것을 의미합니다.

DOM

DOM의 약자를 하나씩 살펴보면 문서(Document), 객체(Object), 모델(Model)입니다. 여기서 문서는 바로 HTML 전체를 의미하고, 객체는 javaScript가 HTML의 모든 구성 요소(노드, 텍스트, 속성 등)들을 한 개 한 개의 독립된 것으로 인식하는 것을 의미합니다. 그리고 모델은 javaScript가 문서를 해석하는 방식의 형태를 의미합니다.

노드의 형태

DOM에서 노드(Node)란, 개별적인 단위를 말합니다. 노드의 집합이 결국 DOM을 만들게 되는 것이지요. 모든 HTML은 노드로 구성되어 있습니다. 그리고 노드는 아래와 같이 세 가지 타입으로 나눌 수 있습니다.

- 요소 노드(element node)
- 텍스트 노드(text node)
- 속성 노드(attribute node)

요소 노드

요소(element)란, HTML 문서를 이루고 있는 태그들을 의미합니다. 단락 요소는 〈p〉, 박스 요소는 〈div〉인데, 이러한 태그들을 '요소'라고 합니다. 이 중에는 자식을 요소로 포함하는 경우도 있습니다.

텍스트 노드

텍스트는 실제로 웹 문서의 내용을 의미합니다. 텍스트가 없고 요소 노드만 있다면 내용 전달이 안 되겠지요? 텍스트 노드는 반드시 요소 노드 안에 포함되어야 하며, 텍스트 노드는 요소 노드를 포함하거나 속성 노드를 가질 수 없습니다.

속성 노드

속성 노드는 (속성/값)을 한 쌍으로 하여 〈html〉 태그의 시작 태그에 포함됩니다. 속성 노드 역시 요소 노드를 포함할 수 없습니다. 이해를 돕기 위해 간단한 마크업 구조를 가지고 설명해보겠습니다.

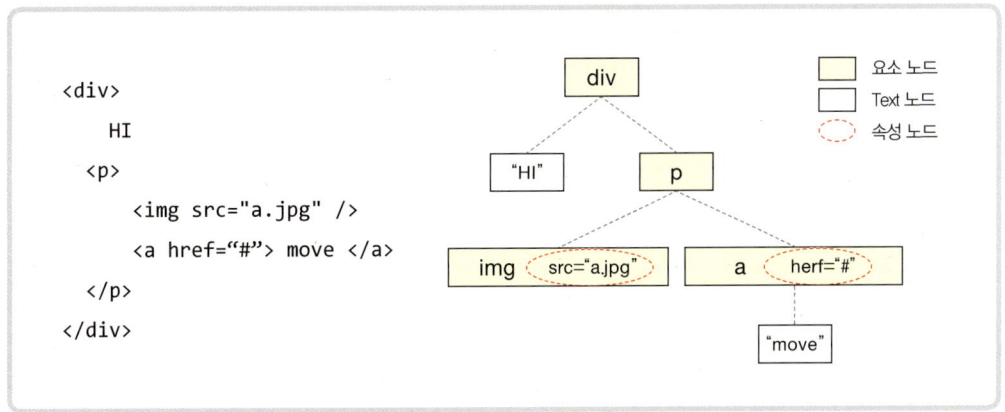

우리가 접하는 수많은 HTML에는 이렇게 세 가지 노드들로만 구성되어 있음을 알 수 있습니다.

이처럼 HTML구성 노드들이 가계도처럼 보이는 것을 'DOM Tree'라고 부르는데, 이에 대해 알아보겠습니다.

DOM Tree

DOM은 HTML 문서를 계층적으로 구성된 형태로 이해하게 되는데, 이를 도식화해보면 나무에서 뿌리가 뻗어나가는 모습과 비슷하여 'DOM Tree' 또는 'Node Tree'라고 말합니다. 예를 들어 아래 그림의 왼쪽에 있는 HTML 문서를 DOM Tree로 나타내보면 오른쪽과 같습니다.

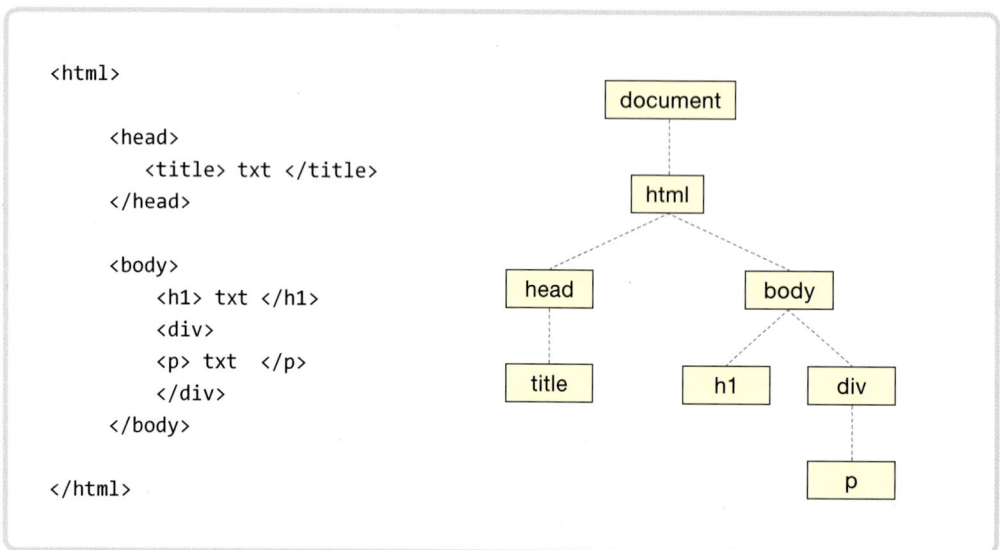

가계도와 매우 비슷하지요? HTML은 이렇게 계층적, 구조적으로 이루어진 문서입니다. 따라서 DOM은 자식(child), 형제(sibling), 부모(parent) 등과 같은 표현을 이용하여 DOM 노드에 접근할 수 있는 메서드(기능)을 제공합니다.

계층적인 관계의 접근 방법

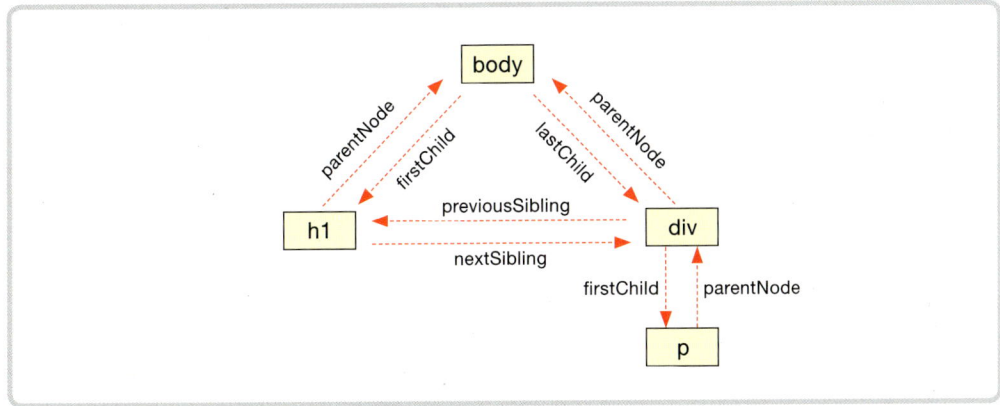

DOM Tree 안의 노드들은 서로 계층적인 관계를 가지고 있습니다. 따라서 DOM에서는 parentNode, firstChild, lastChild 그리고 sibling라는 속성 등을 준비하여 상호간의 관계를 설명하고 접근하는 경로를 제공합니다. javaScript는 이렇듯 노드에 접근하는 방법을 통해 구조를 재구성하거나 콘텐츠의 내용을 동적으로 구성할 수 있습니다.

DOM 구조 특징

- 최상단 root 노드를 제외한 모든 노드는 하나의 부모 노드(parent node)를 가지고 있다.
- 노드는 복수의 자식 노드(children node)를 가질 수 있다.
- previousSibling, nextSibling 등은 동일한 부모의 노드들이다.
- <img>나 <input>과 같이 자식 노드가 없는 경우도 있다.

DOM을 제어하는 javaScript 명령어(속성/메서드)

자주 사용되는 속성과 메서드는 아래와 같습니다. 지면 관계상 모두 언급할 수 없지만, 적어도 명령어들이 노드들을 조작하는 목적을 지니고 있다는 것은 알 수 있습니다.

- childNodes - 지정된 노드의 자식 노드들을 반환해준다.
- firstChild - 자식 노드 중에서 첫 번째 자식 노드를 반환해준다.
- nextSibling - 같은 부모를 가진 노드들 중 바로 다음에 나오는 노드를 반환해준다.

- createElement – 새로운 노드를 동적으로 생성할 수 있다.
- getElementById – 특정 아이디를 가진 요소에 바로 접근할 수 있다.
- getElementsByTagName – 특정 태그를 가진 요소에 바로 접근할 수 있다.
- getAttribute – 원하는 요소 노드에 접근한 후 해당 요소의 속성을 얻을 수 있다.
- setAttribute – 원하는 요소 노드의 속성 값을 바꿀 수 있다.

DOM을 다루는 javaScript에는 어떤 명령어가 있는지 알고 싶다면 아래 웹 사이트를 참조하세요. 이 책에서는 javaScript 대신 jQuery 명령으로 DOM에 접근합니다. jQuery는 훨씬 더 간단하고 강력한 기능을 제공합니다.

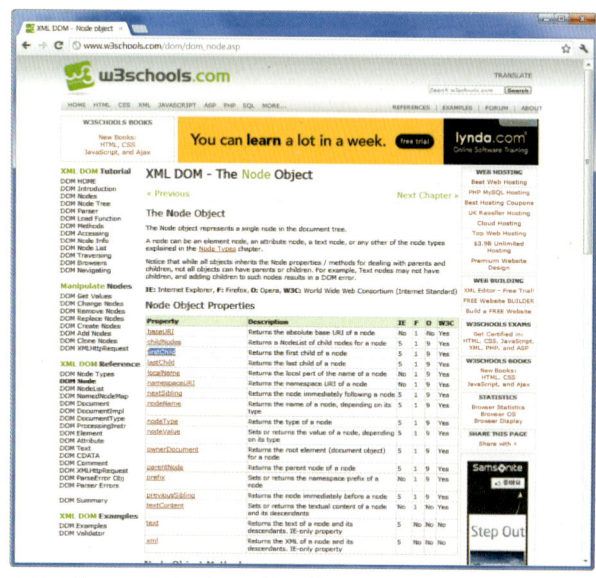

▲ http://www.w3schools.com/dom/dom_node.asp

DOM 노드에 접근하는 방법(javaScript vs. jQuery)

예제 파일
노드 접근_javaScript.html
노드 접근_jQuery.html

javaScript와 jQuery가 다음과 같은 HTML에서 세 가지 미션을 어떻게 처리하는지에 대해 알아보겠습니다.

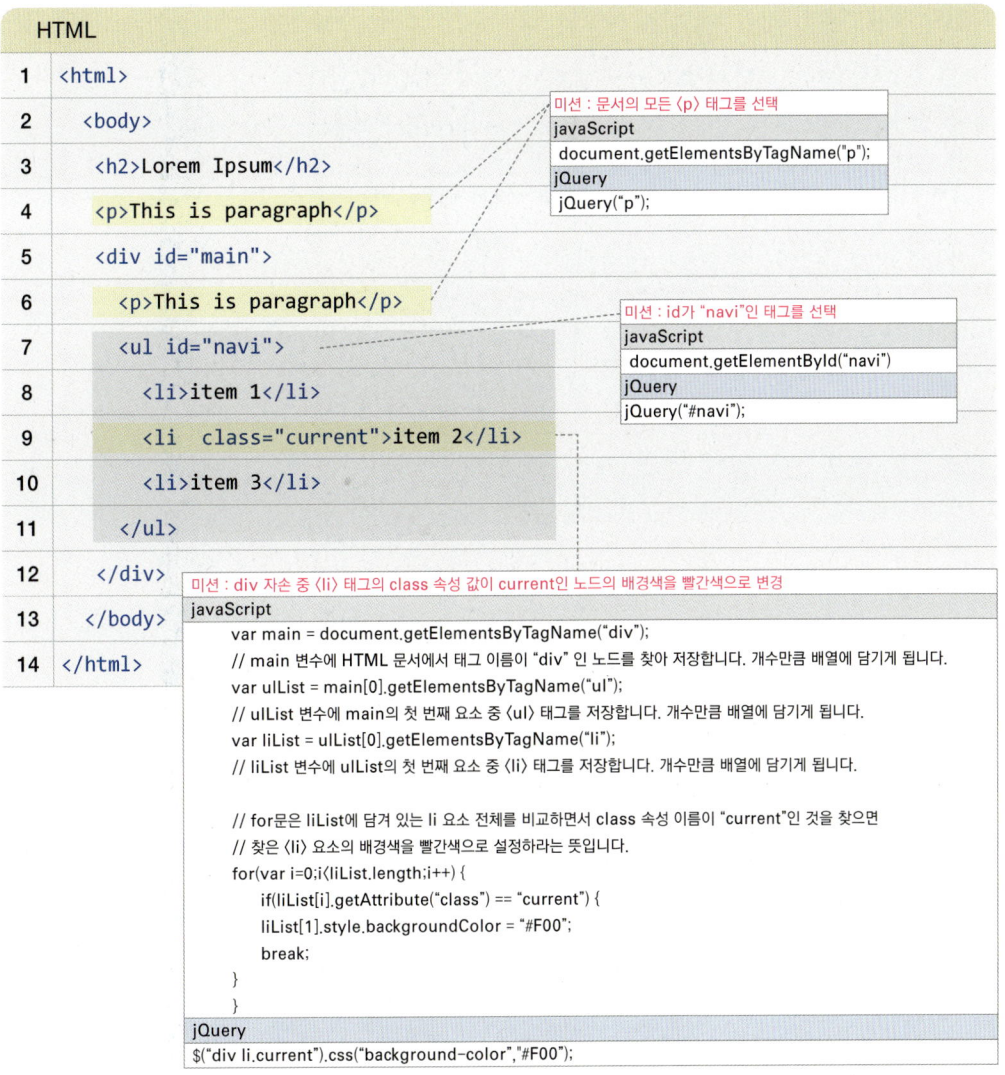

- 미션 1 : 문서의 모든 〈p〉 태그를 선택
- 미션 2 : id가 "navi"인 태그를 선택
- 미션 3 : div 자손 중 〈li〉 태그 class 속성 값이 current인 노드의 배경색을 빨간색으로 변경

javaScript 코드는 노드를 찾기 위해 getElementsByTagName 또는 getElementById와 같은 메서드를 사용합니다. jQuery는 CSS 문법 형식을 그대로 사용합니다. 미션 1, 미션 2는 크게

차이가 나지 않지만 미션 3과 같이 특정 노드의 자손 노드들 중에 원하는 노드를 찾으려면 코드가 꽤 복잡해지고 어려워집니다. 그러나 jQuery를 사용하면 한 줄로도 가능합니다. 놀라지 않을 수 없군요. jQuery의 철학인 "Write Less, Do more"가 피부로 느껴지네요.

jQuery는 이러한 방식으로 처리합니다. 물론 jQuery 명령어는 모두 javaScript를 사용하여 만듭니다. 우리는 내부에 있는 javaScript 코드를 일일이 다 몰라도 됩니다. 그냥 사용하기만 하면 됩니다. 위 코드에 대한 자세한 설명은 예제 파일을 참조하시기 바랍니다.

03 | HTML/CSS

jQuery를 잘 사용하려면 CSS에 대한 기본 지식이 반드시 필요합니다. 이 책의 머리말에도 jQuery를 이해하기 위해서는 HTML/CSS에 대한 기본적인 지식이 필요하다고 밝힌 바 있습니다. 그 이유는 jQuery가 HTML 콘텐츠에 대해 어떤 동적인 작업을 수행할 때 특정 노드를 선택하게 되는데, 그 방식이 CSS와 거의 같기 때문입니다. CSS는 HTML 태그, CLASS, ID, 속성 등을 사용하여 HTML 노드를 선택하고, jQuery도 HTML 노드를 선택할 때 CSS가 선택하는 방식으로 선택하기 때문에 반드시 HTML/CSS에 대한 기본 지식이 있어야 합니다. 인터넷에 좋은 자료가 있고, 시중에도 좋은 책들이 많이 있기 때문에 HTML/CSS에 관련된 기본 지식은 쉽게 정리할 수 있습니다.

구조적으로 잘 만들어진 웹 페이지는 구조와 표현 그리고 동작을 철저히 분리하여 만들어야 합니다. 그래야만 웹 접근성도 보장할 수 있고 유지, 보수, 협업 또한 쉽게 이루어질 수 있기 때문입니다.

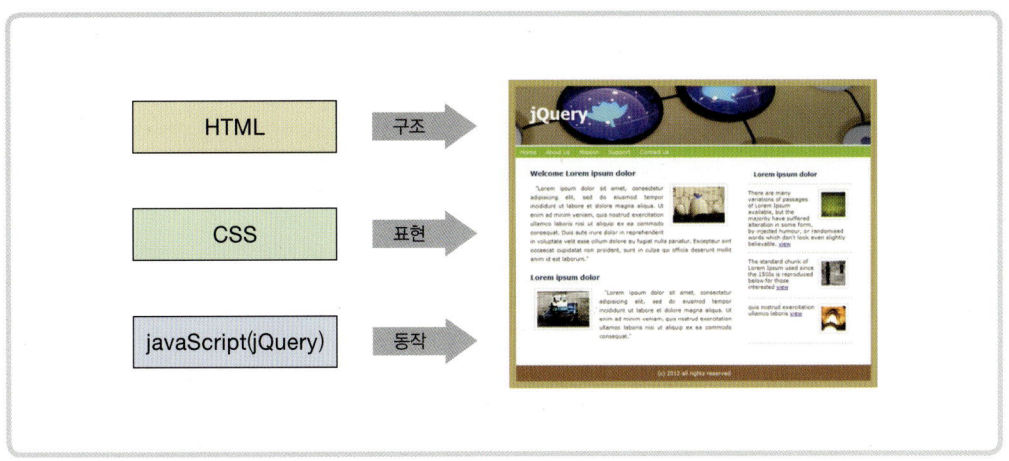

이 책의 예제에서는 위치를 변경하여 동적인 작업을 해야 하는 일이 많은데, 이를 쉽게 이해하기 위해서는 CSS의 위치를 담당하는 position과 z-index의 개념 등이 잘 정리되어 있어야 합니다. CSS의 이 부분은 한 번 더 확인해보세요.

CHAPTER 03
jQuery 기본 개념

01 | jQuery 기능 카테고리

jQuery 웹 사이트의 http://docs.jquery.com/Main_Page를 살펴보면, 오른쪽 위에 jQuery API Reference라는 제목으로 jQuery 기능들이 정리되어 있는 것을 알 수 있습니다. 이는 아래와 같이 9개 카테고리로 나누어볼 수 있습니다.

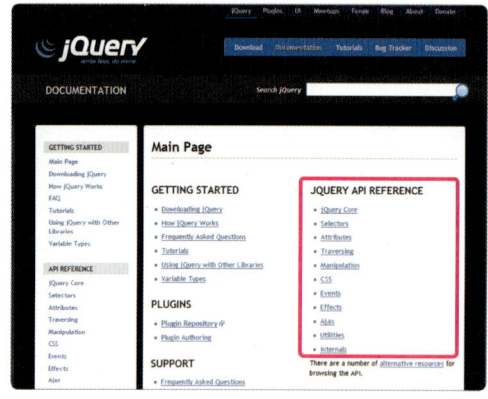 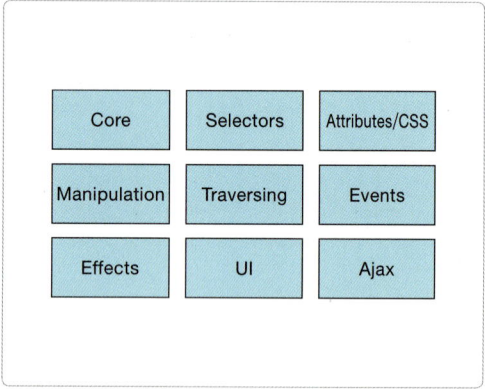

Core(핵심 개념)

jQuery의 핵심은 jQuery( ) 함수입니다. 모든 jQuery의 시작은 jQuery( ) 함수를 거쳐야 합니다. 이 함수를 통해 리턴되는 결과는 모두 jQuery 객체로서 jQuery의 수많은 기능들을 사용할 수 있게 됩니다. jQuery 명령들을 잘 사용하기 위해서는 함수의 용도와 사용법에 대해 잘 알고 있어야 합니다. 함수의 프로그래밍적인 의미는 39쪽에서 언급하였으므로 함수라는 용어가 생소한 분은 다시 한 번 살펴보시기 바랍니다.

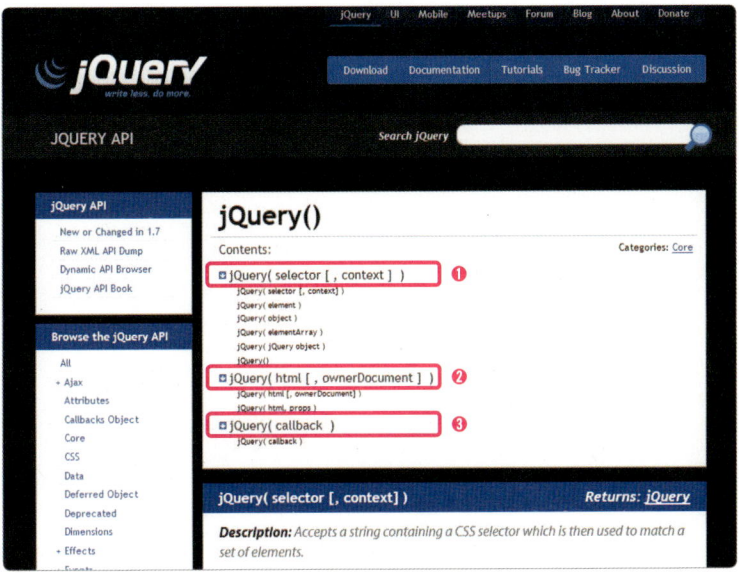

▲ http://api.jquery.com/jQuery

도움말에서 jQuery을 찾아보면 jQuery( ) 함수는 ( ) 안에 들어가는 형식에 따라 세 가지로 처리된다는 것을 알 수 있습니다.

● 첫 번째 방법

jQuery( ) 함수 내부에 selector를 매개 변수로 넣어 jQuery 객체를 만들 수 있습니다.

예 jQuery('h1') // DOM에서 h1 노드를 모두 선택하여 jQuery 객체로 만들어줍니다.
    jQuery('ul li') // DOM에서 ul 노드 내부에 있는 li 노드를 모두 선택하여 jQuery 객체로 만들어줍니다.

● 두 번째 방법

jQuery( ) 함수 내부에 HTML 문자열을 입력하면 jQuery 객체를 직접 만들 수 있습니다.

// <body> 태그에 <p> 태그를 생성하여 추가합니다.
jQuery ('<p id="test"> 안녕하세요 </p>').appendTo('body');

javaScript에서 노드를 동적으로 만드는 createElement( ) 메서드와 같은 기능을 합니다. jQuery 내부에서는 반드시 createElement( ) 메서드를 사용하여 처리한다는 것을 알 수 있습니다.

◉ 세 번째 방법

jQuery( )의 괄호 안에 함수가 들어갈 경우, 이 함수는 웹 브라우저가 HTML 문서를 읽어 DOM Tree를 생성한 직후에 실행되는 콜백 함수가 되는데, 이를 '문서 준비 이벤트'라고 합니다. 콜백 함수는 '스스로 부르는 함수'라는 뜻으로, 특정 조건을 만족하여 스스로 호출되는 함수라고 이해하면 됩니다. 이 방법은 jQuery를 ⟨head⟩ 태그 내에서 작성할 때에 반드시 사용해야 합니다. 왜냐하면 웹 브라우저는 ⟨body⟩보다 ⟨head⟩를 먼저 로딩하기 때문에 ⟨body⟩의 내용들이 로딩 전이라면 jQuery가 body의 노드들을 읽을 수 없기 때문입니다.

```
jQuery
jQuery ( function( ) { alert("문서가 모두 읽어졌습니다.")}  );
```

```
javaScript
window.onload = function( ) { alert("문서가 모두 읽어졌습니다."); };
```

이 둘의 차이점은 아래와 같습니다.

window.onload - HTML의 로딩이 끝난 후에 실행되는 것으로. 이미지와 같은 콘텐츠가 모두 불려진 후에 콜백 함수가 호출됩니다.

jQuery (function) - 웹 브라우저가 DOM Tree를 생성하게 될 때에 콜백 함수가 호출됩니다. 이는 HTML의 뼈대만 읽고 콜백 함수를 호출하고 난 후, 이미지나 콘텐츠 등을 나중에 로드하는 것입니다.

Selector(실렉터)

CSS를 약간이라도 접해보신 분들은 낯설지 않은 단어일 것입니다. 기능 또한 비슷합니다. jQuery 역시 문서 구조에서 원하는 HTML 노드를 선택하기 위해 Selector를 사용해야 하는데, 그 문법이 CSS와 거의 같습니다. jQuery에서는 기본적으로 CSS, CSS2, CSS3 Selector는 물론 자체 jQuery 필터도 제공하기 때문에 원하는 HTML 노드를 쉽게 선택하여 작업할 수 있습니다.

예 jQuery('h1').css('color','red');   // h1 노드의 글자 색상을 빨간색으로 변경
    jQuery('#main').hide( );   // id가 main인 노드를 보이지 않게 변경
    jQuery('ul li').show( )   // ul에 포함되어 있는 li 노드들을 보이게 변경

Attributes/CSS(속성)

Selector를 사용하여 조작을 원하는 HTML 노드를 선택했다면, 이제는 선택한 노드에 어떠한 작업을 할 순서입니다. 선택한 노드의 속성 값을 가져오거나 텍스트를 변경할 수 있고, CSS( ) 함수를 사용하면 CSS에 의해 적용되는 상태를 동적인 상황에서도 변경할 수 있습니다.

예) jQuery('img').attr('src'); // ⟨img⟩ 태그의 속성 src 값을 가져오는 것
jQuery('.main').css('border', '1px #F00 solid') // 클래스 이름이 main인 노드의 border에 1픽셀의 빨간색 외곽선 직선이 그려짐.

Manipulation(조작)

DOM에 대해 다양한 제어, 갱신 조작을 할 수 있는 명령어들입니다. 특정 노드의 앞뒤에 임의의 노드를 생성해 붙일 수 있고, 제거할 수도 있습니다. 또한 특정 노드를 교체할 수도 있습니다.

예) jQuery('p').prepend('⟨em⟩여러분⟨/em⟩'); // ⟨p⟩ 태그의 내용 맨 앞부분에 추가됩니다.

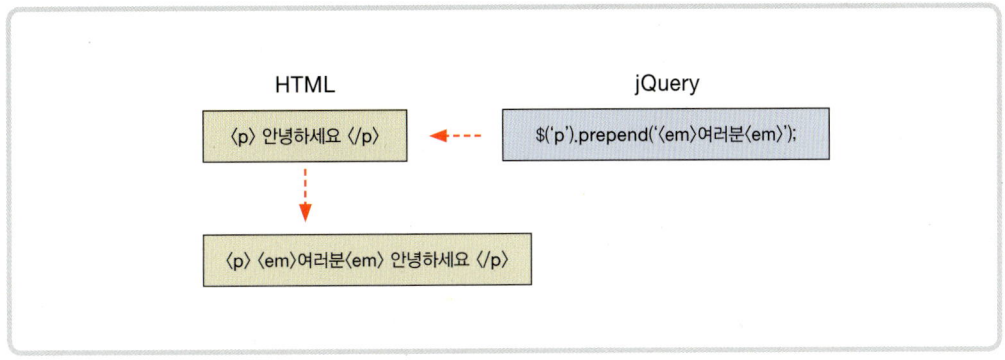

Traversing(탐색)

DOM에 접근하여 원하는 노드를 찾는 방법을 제공합니다. 이 방법을 잘 활용하면 DOM에 id나 class를 최소한으로 사용할 수 있습니다. 선택한 노드를 기준으로 형제, 자식, 부모 등으로 접근하는 다양한 방법이 있습니다.

예) jQuery('li').parent( ).css('background-color', 'red');

parent( ) 메서드는 현재 지정된 li의 부모 노드를 의미합니다. 따라서 li 노드들의 부모를 선택하여 배경색을 빨간색으로 설정합니다.

여기서 잠깐

동적인 상황이란?

웹 브라우저에 URL를 입력하면, 해당 콘텐츠가 나타납니다. 이러한 경우에서의 동적인 상황이란, 서버에 콘텐츠를 다시 요청하여 그 변경된 내용을 가져오는 것이 아니라 클라이언트인 웹 브라우저 자체가 어떤 이벤트나 상황에서 메모리에 담겨 있는 DOM 구조를 변경하거나 내용을 변경하는 것을 의미합니다. jQuery를 사용하면 HTML 구조 및 속성, 내용들을 동적으로 변경할 수 있습니다.

Events

프로그램은 기본적으로 위에서 아래까지 순차적으로 실행됩니다. 하지만 어떤 경우에는 사용자가 반응을 해주어야만(버튼에 클릭을 한다, 이미지 위에 마우스를 올려 놓는다 등) 작동되는 경우가 있습니다. 이때 사용자의 반응을 기다리거나 그 사건이 일어날 때까지 기다리다가 그 사건이 일어났을 때에 바로 프로그램이 실행되도록 해주는 개념이 바로 '이벤트(Event)'입니다. 그렇다면 jQuery에는 어떤 이벤트가 지원될까요? 기본적으로 마우스 관련 이벤트가 제공됩니다. 즉, 어떤 객체에 마우스를 클릭할 때나 마우스 오버를 할 때에 처리할 수 있는 이벤트가 제공됩니다. 이 밖에도 문서 로딩, 키보드, 폼, 스크롤과 관련된 많은 이벤트가 제공됩니다.

Effects

웹 디자이너가 jQuery를 매력적이라고 생각하게 만든 일등공신은 바로 효과 부분이 아닐까 생각합니다. fadeIn, fadeOut, slideDown, slideUp, animate 그리고 Flash ActioScript에서 보았던 다양한 easing(가·감속 효과) 등을 사용하여 정적인 웹 페이지를 역동적인 웹 페이지로 변환시켜줄 강력한 무기입니다.

UI

jQuery는 UI(User Interface)에 대한 다양한 형태의 기능을 제공하고 있습니다. 위젯 형태의 Accordion, Datepicker, Dialog, Slider, Progressbar, Tabs와 애니메이션 확장 기능 그리고 상호작용이 가능한 요소들, 즉 Drag, Drop, Resizable 등과 같은 것을 모아놓은 라이브러리가 바로 'jQuery UI'입니다.

▲ http://jqueryui.com

Ajax

Ajax(Asynchronous javaScript and XML)는 서버와 비동기식으로 데이터를 교환하는 javaScript 프로그래밍 방식을 말합니다. 어렵게 느껴지시죠? 간단히 개념만 잡아보겠습니다. 일반적으로 웹 페이지에서 새로운 내용이 갱신되려면 서버에 접속하여 페이지 전체를 다시 다운로드해야 합니다. 이때 Ajax를 사용하면 어느 한 부분만 서버에 접속하여 내용을 갱신할 수 있습니다. 이렇게 되면 사용자는 전체 페이지를 다시 갱신하지 않아도 되고, 필요한 내용만 변경할 수 있게 되므로 트래픽 용량도 커지지 않습니다. 이러한 이유 때문에 Ajax 기술은 주로 실시간 뉴스 전달이나 주식 시세 정보 등에 많이 사용되고 있습니다.

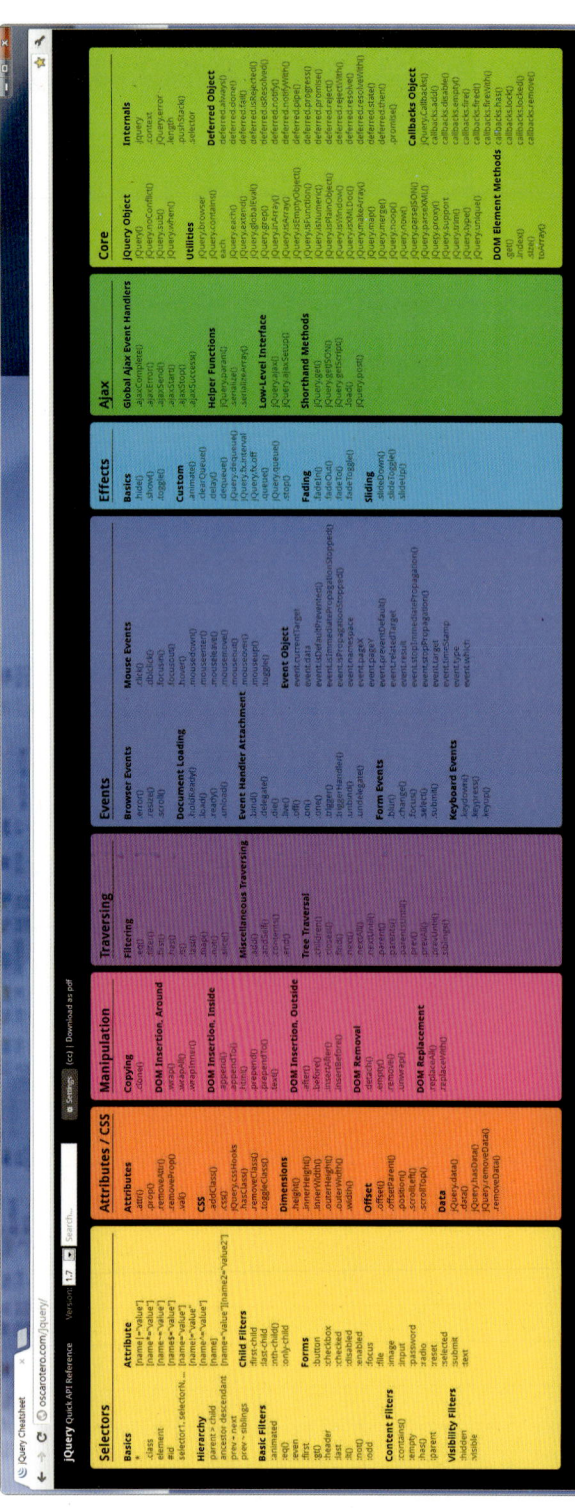

▲ http://oscarotero.com/jquery

jQuery 명령어가 잘 정리된 웹 사이트입니다. 원하는 명령어를 선택하면 jQuery.com의 도움말로 연결됩니다. 이 화면은 아래의 경로에서 pdf로 다운로드할 수 있습니다.

* http://oscarotero.com/jquery/jquery.pdf

02 | 워밍업 – Hello World!

 1부/Hello.html

문서에 있는 가로 100px, 세로 100px 크기의 div 박스를 클릭하면 박스에 "Hello World"라는 문자열을 출력하는 아주 간단한 예제입니다. 이 예제를 실행해보면 기본적인 jQuery의 시작과 코드에 대해 알 수 있습니다(◯ 동영상 강좌/④jQuery 시작.avi).

전체 코드

```
<!doctype html>
<html>
<head>
<meta charset="utf-8">
<title> start jQuery </title>
```

CSS
```
<style>
  div{width:100px; height:100px; background-color:#0FF;}
</style>
```

jQuery / javaScript
```
<!-- jQuery library -->
<script src="jquery-1.7.2.min.js"></script>

<script>
$(function() {
    $("div").click(function(e) {
        $(this).text("Hello World");
    });
})
</script>
</head>
```

HTML
```
<body>

  <div></div>

</body>
```

```
</html>
```

위와 같은 전체 HTML 코드에 body 부분, CSS, jQuery를 아래와 같이 나누어 설명하겠습니다.

코드 설명

● **HTML** 〈body〉 태그는 생략합니다.

HTML
1 `<div></div>`

line 1 : 〈div〉 태그를 작성합니다.

● **CSS** 〈style〉 태그는 생략합니다.

CSS
1 `div{width:100px; height:100px; background-color:#0FF;}`

line 1 : 〈div〉 태그의 width와 height를 100px로 하고, 배경색을 #0FF로 합니다.

● **jQuery**

〈script src="jquery-1.7.2.min.js"〉〈/script〉 코드와 〈script〉 태그는 생략합니다.

jQuery
1 `$(function() {`
2 　　`$("div").click(function() {`
3 　　　　`$(this).text("Hello World");`
4 　　`});`
5 `})`

jQuery를 사용하려면 jQuery library가 반드시 필요합니다. 따라서 jQuery 코드 설명 시 jQuery library는 항상 선언되어 있다고 생각하시기 바랍니다. jQuery library 선언은 25쪽을 참조하세요.

line 1 : 문서 준비 이벤트입니다. 〈head〉부분에 jQuery 코드가 있을 경우에는 반드시 필요합니다. 이 부분에 대한 자세한 설명은 하단부에 나와 있습니다.

line 2 : 〈div〉 태그를 클릭하는 이벤트를 설정하는 코드입니다.

line 3 : ⟨div⟩ 태그의 텍스트의 내용을 jQuery의 text( ) 함수를 사용하여 "hello World"라고 입력합니다. $(this)는 아래 설명을 참조하세요.

div를 클릭하면 div의 내용에 "hello World"라는 문자열이 나타납니다.

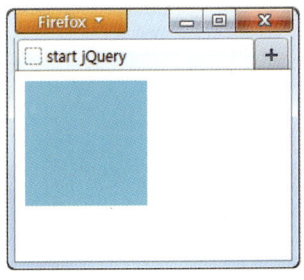
▲ 클릭하기 전

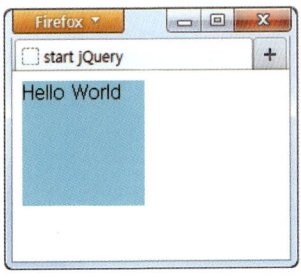
▲ 클릭한 후

$( )의 의미

jQuery 코드를 보면 jQuery( )보다 $( )를 더 많이 접하게 되는데, $ 표시는 jQuery의 단축 표현입니다. 따라서 jQuery( )는 $( )와 같습니다.

$$jQuery() \; = \; \$()$$

$(this)의 의미

 동영상 강좌

$(this) 의 의미
jQuery에서는 $(this)가 매우 많이 나옵니다. $(this)는 주로 이벤트와 함께 사용되는 경우와 콜백 함수 내에서 사용되는 경우가 많습니다. 중요한 내용이므로 동영상에서 자세히 설명하겠습니다(◯ 동영상 강좌/⑤$(this)의 의미.avi).

문서 준비 이벤트

jQuery에서 문서 준비 이벤트는 웹 브라우저가 HTML의 DOM을 모두 로드할 때를 알려주는 이벤트로, ⟨head⟩ 태그에 jQuery 코드를 삽입할 경우에는 문서 준비 이벤트를 반드시 사용해야 합니다.

● 문서 준비 이벤트를 사용해야 하는 경우

〈head〉에 jQuery 코드를 넣을 때에는 문서 준비 이벤트가 필요합니다. 문서 준비 이벤트는 ready입니다. HTML을 동적으로 조작하기 위해서는 HTML 문서를 모두 로딩해야만 그 다음에 동작을 가하는 jQuery나 javaScript 코드가 정상적으로 작동됩니다. jQuery에는 ready 이벤트와 똑같은 효과를 나타내는 것이 있는데, jQuery( ) 함수에 매개 변수로 직접 함수를 넘겨주면 이 함수는 DOM이 모두 로딩되고 난 후에 실행됩니다. 따라서 아래 세 가지 코드는 같은 뜻을 가지고 있습니다.

```
jQuery(document).ready( function( ) { code } );
                        ∥
           jQuery( function( ) { code } )
                        ∥
             $( function( ) { code } )
```

● 문서 준비 이벤트를 사용하지 않는 경우

이 경우에는 〈body〉 문서의 맨 마지막 〈/body〉 전에 jQuery 코드나 javaScript 코드를 삽입하면 됩니다. 왜냐하면 필요한 모든 HTML이 모두 로딩되었고, 그 다음에 동작하는 jQuery 코드가 작동되면서 준비(ready) 이벤트가 필요 없어졌기 때문입니다.

```
<body>




<script>
    // 이 부분은 문서 준비 이벤트가 필요없다.
</script>
</body>
```

이 책에의 예제는 대부분 두 번째 방법인 문서 준비 이벤트를 사용하지 않고 작성하였습니다.

따옴표

jQuery에서는 $( ) 함수 안에 따옴표를 사용하여 요소를 감싸는데, 이때 따옴표는 쌍따옴표와 홑따옴표 구별 없이 사용합니다. 여기서 주의할 점은 쌍따옴표로 시작하면 쌍따옴표로 끝나야 하고, 홑따옴표로 시작하면 홑따옴표로 끝나야 한다는 것입니다.

이제부터 본격적으로 jQuery를 시작해보겠습니다. jQuery는 html 요소에 다양한 기능을 부여할 수 있습니다.

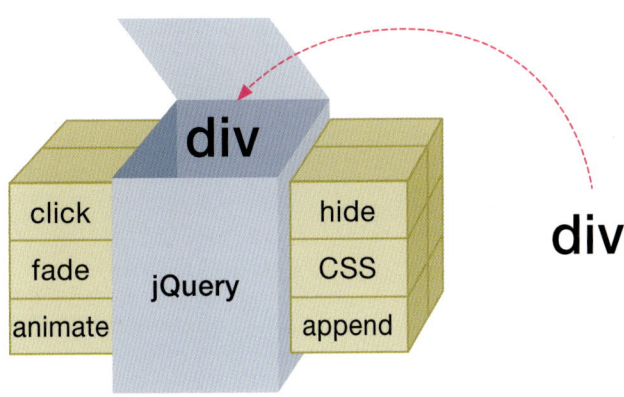

PART 02

jQuery 기초

아래 그림은 일반적인 div 태그가 jQuery 함수에 들어가기만 하면 막강한 객체로 바뀌는 것을 의미합니다. jQuery("div")는 사라지기도 하고, <div> 태그 안에 자식 요소를 붙일 수도 있으며, CSS 명령을 통해 동적으로 스타일을 변경하는 등의 많은 일을 할 수 있는데, 이 모든 힘은 jQuery에서 나옵니다. 이제부터 jQuery의 막강하고 다양한 기능들을 하나씩 살펴보겠습니다.

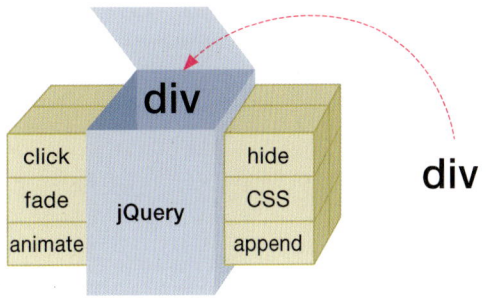

CHAPTER 01 선택자(Selector)
CHAPTER 02 탐색(Traversing)
CHAPTER 03 DOM 변경(Dom Manipulation)
CHAPTER 04 CSS Styling and jQuery
CHAPTER 05 Events
CHAPTER 06 Effects and Custom Animations
CHAPTER 07 jQuery UI
CHAPTER 08 jQuery PlugIn

CHAPTER 01
선택자(Selector)

선택자는 CSS의 선택자와 똑같은 의미입니다. 즉, DOM이라는 커다란 나무에서 내가 조작하기를 원하는 것만 추출해내는 작업을 뜻합니다. 선택자는 CSS에서도 중요하지만 jQuery에서도 중요합니다. jQuery의 목적은 원하는 요소를 찾은 후에 상호작용 및 동작을 가능하게 하기 위한 것이므로, 원하는 노드를 찾는 것이 급선무입니다. 따라서 jQuery를 잘 이해하려면 CSS에 대한 지식이 필요합니다.

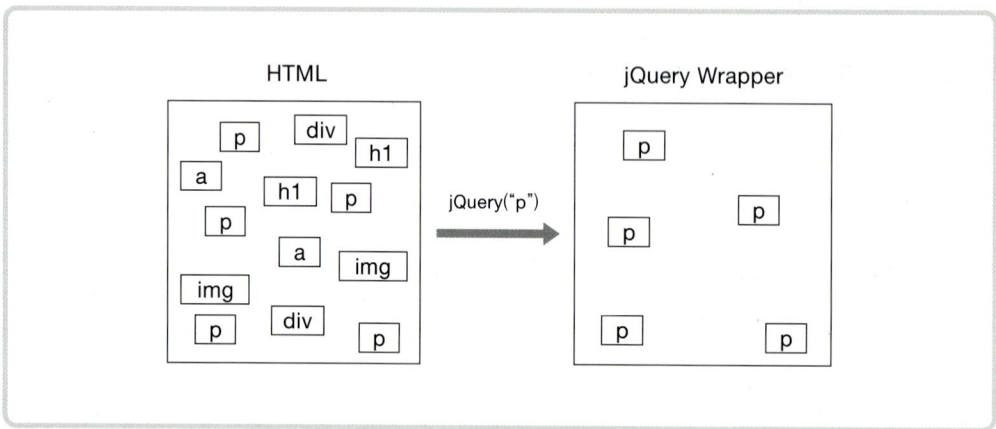

▲ 여러 가지 노드를 가지고 있는 HTML에서 jQuery Selector를 사용하여 p 노드만 추출

jQuery에는 많은 선택자가 지원됩니다. jQuey에는 속성, CSS 1, CSS 2, CSS 3 선택자뿐만 아니라 jQuery에서 자체적으로 제공되는 필터들도 포함되어 있습니다.

01 | 기본 선택자(Basic)

CSS에서 자주 사용되는 것으로, 아래와 같이 분류할 수 있습니다.

선택자	기능
태그	HTML 태그로 선택
.class	클래스를 속성으로 가지는 태그 선택
#id	id를 속성으로 가지는 태그 선택
그룹	여러 선택자를 한 번에 선택(쉼표로 구분)
*	모든 태그 선택

CSS를 조금이라도 접해본 분들은 쉽게 이해할 수 있습니다. 왜냐하면 CSS와 똑같기 때문입니다. jQuery를 만든 사람은 jQuery를 쉽게 이해할 수 있도록 CSS의 기존 선택자 방식을 그대로 적용하였습니다.

$('h2')   예제 파일 2부/태그선택자.htm

웹 페이지에서 〈h2〉 태그를 모두 선택

$('.group') 예제 파일 2부/클래스선택자.html

웹 페이지에서 class 속성이 group인 것을 모두 선택

$('#main') 예제 파일 2부/ID선택자.html

웹 페이지에서 ID 속성이 "main"인 것을 선택

> **여기서 잠깐**
>
> **같은 id를 가진 속성의 처리**
>
> 한 페이지 안에서 1개 이상의 동일한 id 속성을 가지는 태그가 있다면, jQuery는 그 중에 첫 번째 것에만 적용합니다. 따라서 id 속성은 독립적으로 중복되지 않게 작성하는 것이 원래 id의 의미와도 부합됩니다.

$('p, div, #nav') 예제 파일 2부/그룹선택자.html

웹 페이지에서 〈p〉, 〈div〉, id 속성이 nav인 노드를 모두 선택

$('*'); 📁 2부/전체선택자.html

웹 페이지에서 모든 노드를 선택

02 | 계층 선택자(Hierarchy)

jQuery 계층 선택자 역시 CSS 선택자와 똑같습니다. 특정 노드의 하위에는 자식(child)과 자손(descendant)이 있습니다. 같은 부모를 가지고 있는 태그, 즉 형제 태그 등과 같이 계층적인 선택을 지원하는 선택자를 '계층 선택자'라고 합니다.

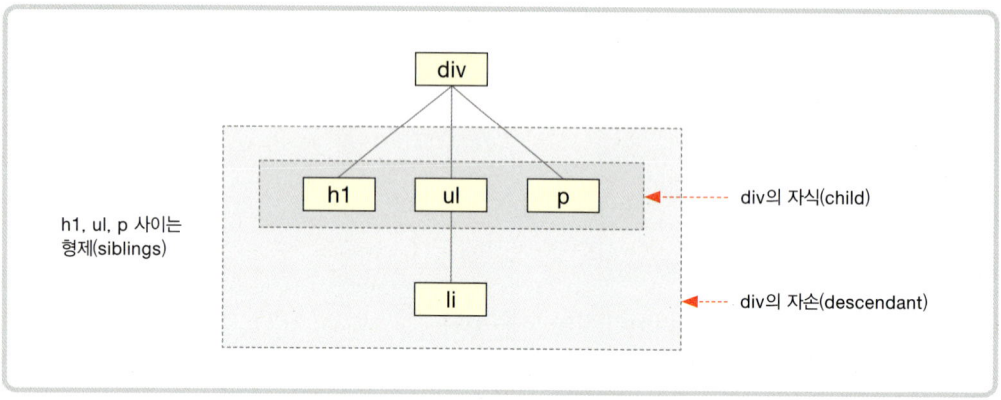

선택자	기능
ancestor descendant	조상(ancestor)에 속한 자손(descendant)을 찾는 선택으로, 하위의 자손 태그(descendant)가 몇 단계 아래의 계층에 있느냐와 상관없이 모두 선택합니다.
parent > child	parent에 속해 있는 〈child〉 태그를 선택합니다.
prev + next	현재 선택된 〈prev〉 태그를 기준으로 바로 뒤에 오는 첫 번째 형제 태그를 선택합니다.
prev ~ siblings	현재 선택된 〈prev〉 태그를 기준으로 바로 뒤부터 형제(siblings) 태그를 모두 선택합니다.

$("div#container li") 📁 2부/descendant선택자.html

id 속성이 #container인 〈div〉 태그의 자손 태그 중 〈li〉 태그를 모두 선택

$("div > p") 📁 2부/child선택자.html

〈div〉 태그의 자식 태그 중(자손 태그는 포함하지 않음) 〈p〉 태그를 선택

$("#first + li")   2부/Sibling선택자.html

id 속성이 first인 노드를 찾은 후, 바로 그 다음 형제(li) 노드를 선택

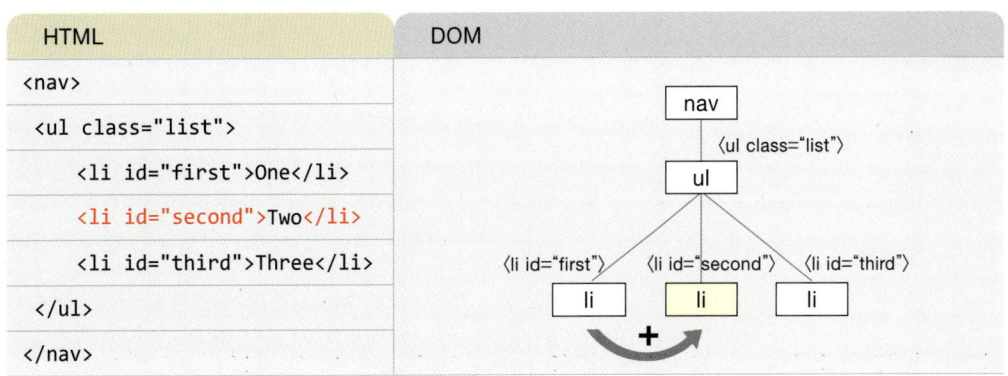

$("#second ~ li")   2부/Siblings선택자.html

id 속성이 second인 노드를 선택한 것을 기준으로 다음에 오는 형제들을 모두 선택합니다. 단, 찾을 li는 모두 같은 부모를 두고 있는 형제의 관계인 것만 찾게 됩니다. siblings라는 이름에서 유추할 수 있듯이 복수의 형제를 선택하는 것입니다.

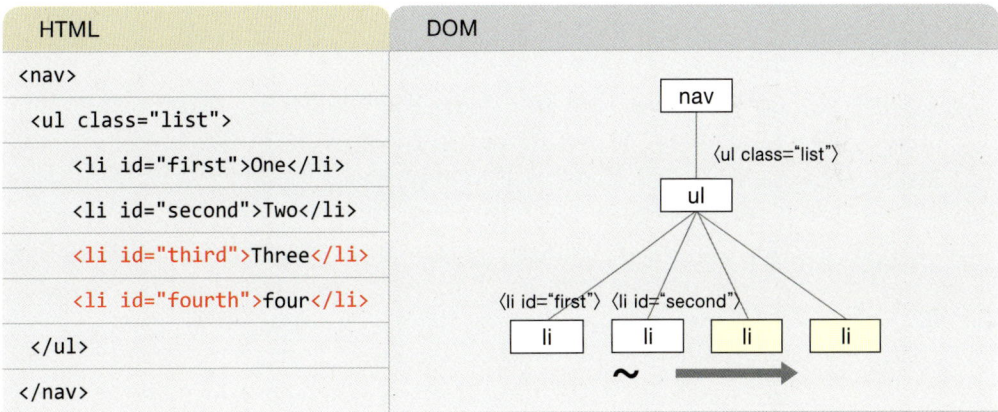

03 | 속성 선택자(Attribute)

 예제 파일 2부/attribute선택자.html

태그의 속성을 사용하여 원하는 노드를 찾는 것으로, 매우 유용한 선택자입니다.

선택자	기능
[name]	name 속성명이 있는 요소를 찾는 선택자입니다.
[name="value"]	태그의 name 속성 값과 "value"가 일치하는 요소를 찾는 선택자입니다.
[name!="value"]	태그의 name 속성 값과 "value"가 일치하지 않는 요소만 찾는 선택자입니다.
[name^="value"]	태그의 name 속성 값과 "value"에 해당하는 문자가 시작 부분에 포함되어 있는지를 확인하는 선택자입니다.
[name~="value"]	name 속성 값 중에 "value"에 해당하는 문자가 구분되는 단어로 들어가 있는지를 확인하는 선택자입니다.
[name$="value"]	태그의 name 속성 값의 끝에서부터 "value"에 해당하는 문자가 포함되어 있는지를 확인하는 선택자입니다.
[name*="value"]	태그의 name 속성 값 중에 "value"에 해당하는 문자가 위치에 상관없이 들어가 있는지를 확인하는 선택자입니다.
[name="value"][name2="value2"]	여러 가지 필터를 사용하여 선택의 범위를 줄일 수 있는 선택자입니다.

$("li a[href='#page2']")

⟨li⟩ 태그 안에 있는 ⟨a⟩ 태그의 href 속성 값이 "#page2"와 일치하는 ⟨a⟩ 태그를 선택

```
<li><a href="#page2">2 페이지로 이동</a> </li>
```

$("li a[href^='http']")

⟨li⟩ 태그 안의 ⟨a⟩ 태그의 href 속성 값이 "http"로 시작하는 ⟨a⟩ 태그를 선택

```
<li><a href="http://www.yes24.com">yes24</a></li>
```

$("li a[href$='.com']")

⟨li⟩ 태그 안의 ⟨a⟩ 태그의 href 속성 값이 ".com"로 끝나는 ⟨a⟩ 태그를 선택

```
<li><a href="http://www.jeumedia.com/" class="menu" >제우미디어</a></li>
```

$("[href*='2']")

⟨li⟩ 태그 안의 ⟨a⟩ 태그의 href 속성 값에 '2'가 포함되어 있는 ⟨a⟩ 태그를 선택

```
<li><a href="http://www.yes24.com">yes24</a></li>
<li><a href="#page2">2 페이지로 이동</a></li>
```

$("img[src !='sample1.png']")

⟨img⟩ 태그의 src 속성이 "sample1.png"와 일치하지 않는 이미지 태그를 선택

```
<img src="sample2.png" alt="사진1" />
```

$("[src][alt]")

HTML 전체에서 src 속성과 alt 속성이 있는 모든 태그를 선택

```
<img src="sample1.png" alt="사진1" />
```

좀 더 자세한 설명은 http://api.jquery.com/category/selectors/attribute-selectors를 참조하세요.

04 | 기본 필터 선택자(Basic Filter)

Filter 선택자에 사용되는 형식은 filter 선택자 앞에 :(콜론)을 붙여 표현합니다. filter 선택자는 선택자에 의해 선택된 집합(jQuery Wrapper) 중에서 다양한 필터를 사용해 사용자의 조건에 맞는 태그를 다시 선택해줍니다.

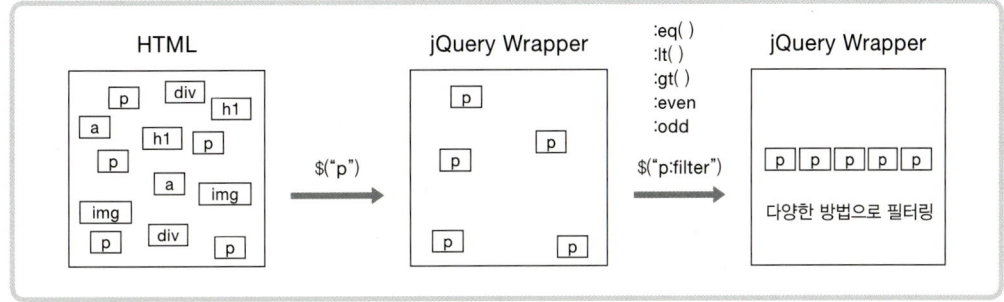

▲ 여러 가지 노드를 가지고 있는 HTML에서 jQuery Selector를 사용해 p 노드만 추출한 후 다양한 filter를 사용해 다시 선택할 수 있습니다.

위 그림에서 보듯이 HTML 집합에서 선택자를 사용해 원하는 태그들을 jQuery 객체 집합 (jQuery Wrapper)으로 모은 후, :filter를 통해 다시 걸러내는 작업을 합니다. filter 선택자에는 어떤 것들이 있는지 살펴보겠습니다.

선택자	기능
:animated	show, hide, slideDown, slideUp 등의 명령으로 현재 애니메이션되고 있는 태그를 찾아내는 필터입니다.
:eq(index)	선택된 태그들을 인덱스 번호로 찾을 수 있는 선택자입니다.
:gt(index)	선택된 집합에서 인덱스보다 큰 인덱스를 가지고 있는 태그들을 반환합니다.
:lt(index)	선택된 집합에서 인덱스보다 작은 인덱스를 가지고 있는 태그들을 반환합니다.
:header	h1, h2, h3와 같은 제목 요소(header element)들을 선택합니다.
:first	선택된 집합 중에서 첫 번째 요소를 찾는 선택자입니다.
:last	선택된 집합 중에서 가장 마지막 요소를 찾는 선택자입니다.
:odd	선택된 집합 중에서 index를 기준으로 홀수인 요소를 찾는 선택자입니다.
:even	선택된 집합 중에서 index를 기준으로 짝수인 요소를 선택하는 선택자(0을 포함)입니다.
:not( )	부정형 선택자로, 현재 선택한 집합의 반대 집합을 선택합니다.

:eq( ), :lt( ), :gt( ), :even, :odd는 모두 인덱스와 관련 있는 선택자입니다. 같은 인덱스와 관련된 선택자는 찾고자 하는 태그들을 인덱스 값을 사용하여 찾는데, 이때에는 0부터 찾기 시작합니다. 예를 들어 (.myclass) 선택자로 찾은 태그가 10개라면 첫 번째 태그의 인덱스는 0이 되고, 여섯 번째 태그의 인덱스는 5가 되는 것입니다. 반면에 n 번째 태그를 선택할 수 있는 :nth-child(n) 선택자는 인덱스의 값을 1부터 가집니다.

$("li:eq(6)") 2부/eq선택자.html

li 항목 중에서 index가 6인, 즉 일곱 번째 〈li〉 태그를 선택합니다.

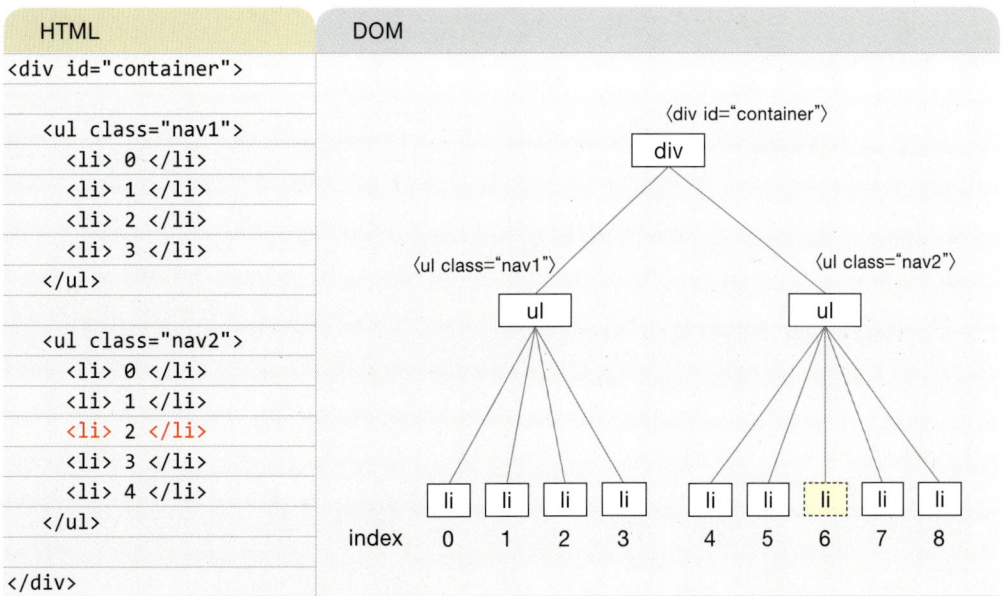

$("li:gt(5)") 2부/gt선택자.html

li 항목 중에서 index가 5인, 즉 여섯 번째 〈li〉 태그보다 뒤에 있는 〈li〉 태그들을 모두 선택합니다.

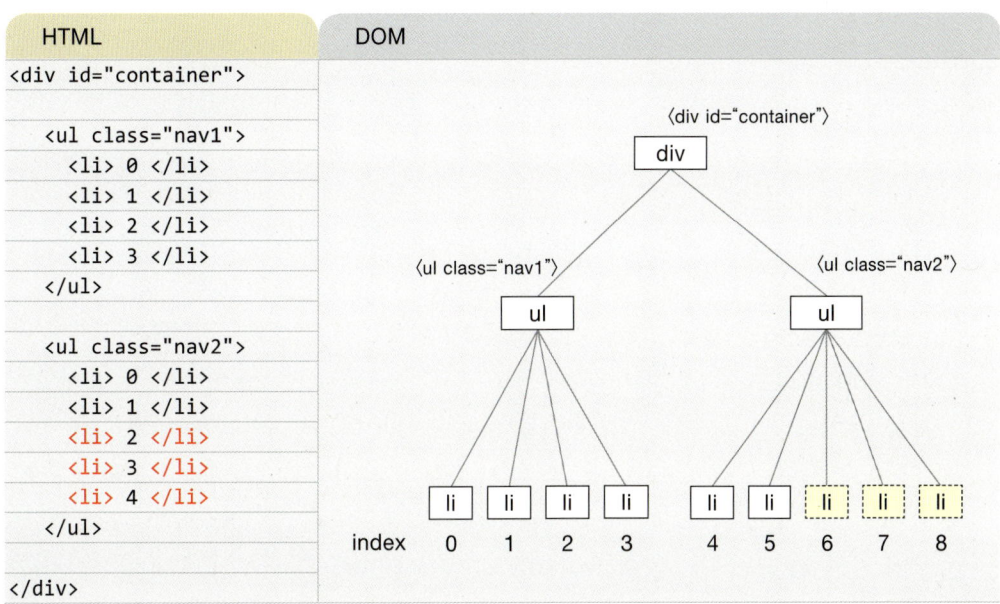

$("li:lt(3)")

li 항목 중에서 index가 3인, 즉 네 번째 <li> 태그보다 앞에 있는 <li> 태그들을 모두 선택합니다.

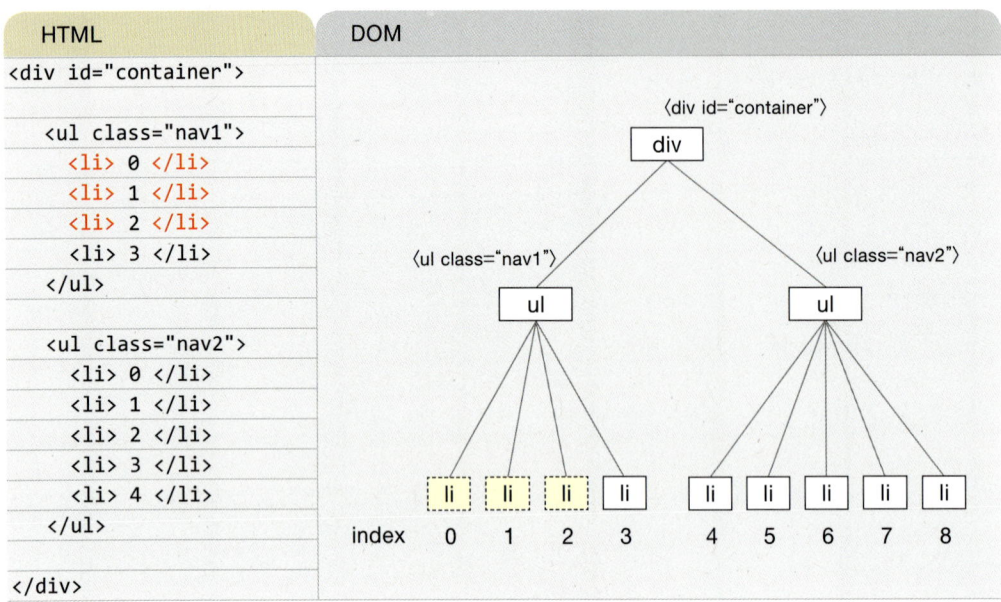

$("li:first, li:last")

<li> 태그 중에서 처음과 맨 마지막 노드를 선택합니다.

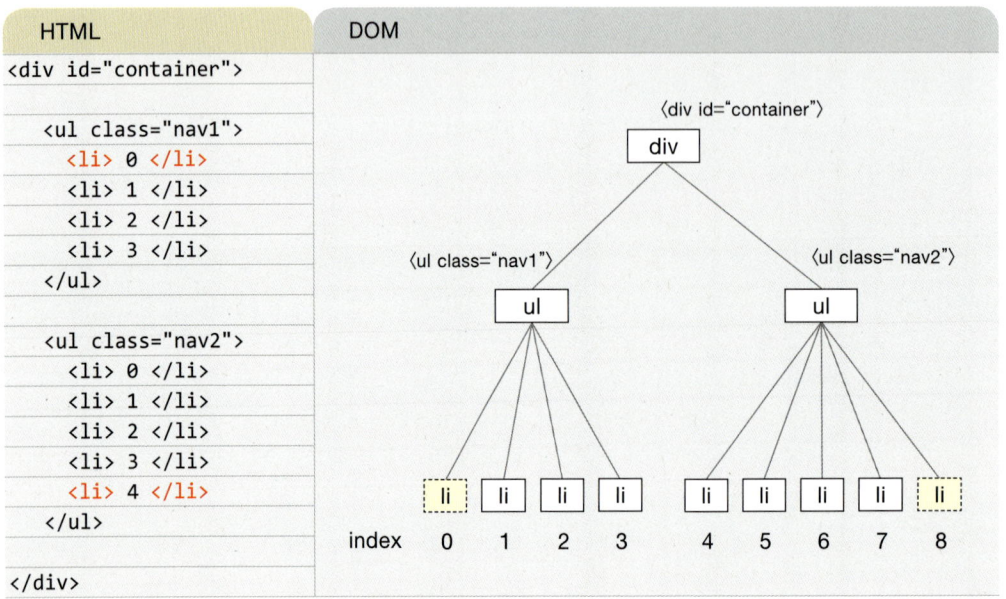

$("li:even")   2부/even_odd선택자.html

li 태그 중에서 짝수 번째 인덱스를 선택합니다.

$("li:odd")   2부/even_odd선택자.html

li 태그 중에서 홀수 번째 인덱스를 선택합니다.

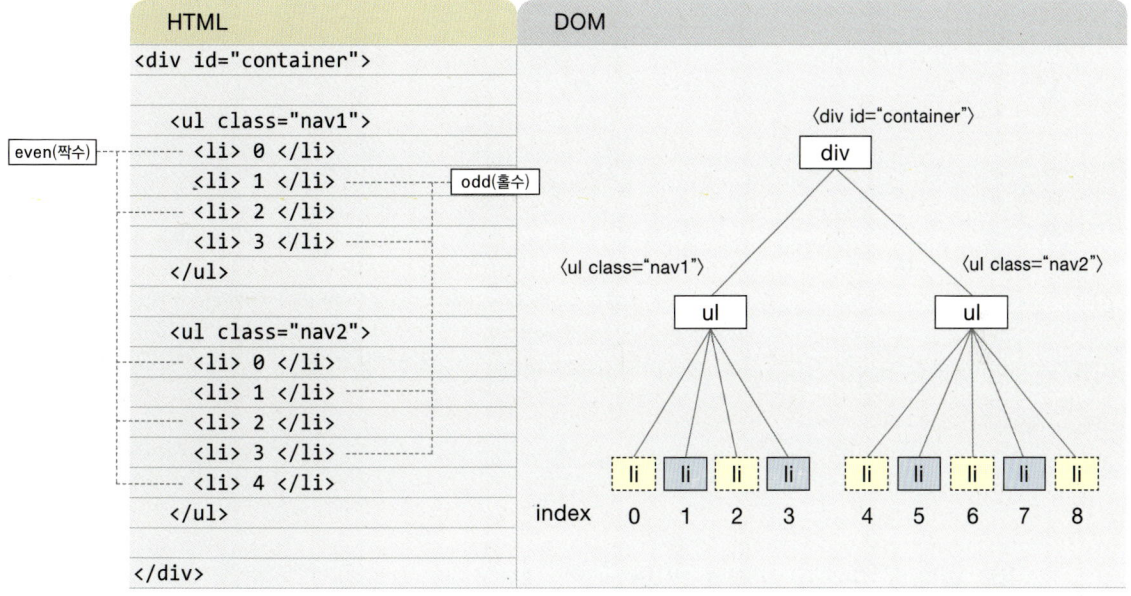

$("li:not(:eq(7))")   2부/not선택자.html

<li> 태그 중에서 인덱스가 7인 것을 제외한 나머지를 선택합니다. :not 선택자는 '부정형 선택자'라고 합니다. ( ) 안의 선택자에 의해 선택된 요소들의 반대, 즉 선택되지 않은 요소들만 선택합니다.

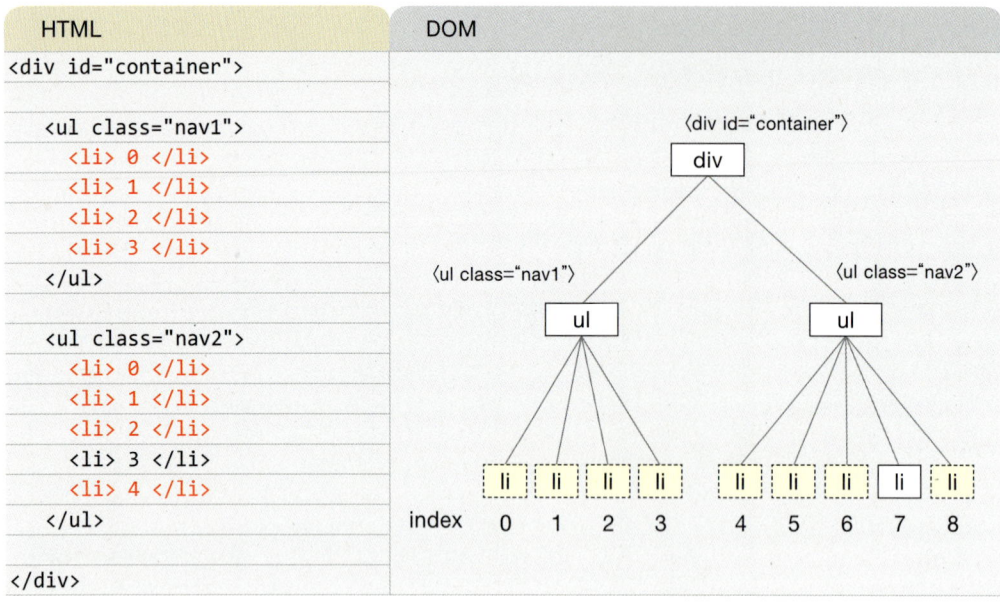

좀 더 자세한 설명은 http://api.jquery.com/category/selectors/basic-filter-selectors를 참조하세요.

05 | 내용 필터 선택자(Content Filter)

HTML에서 콘텐츠라 함은 대표적으로 텍스트를 의미합니다. 아래에 소개하는 선택자들은 HTML의 콘텐츠(주로 텍스트)에 관련된 것들입니다. 찾고 싶은 텍스트를 가지는 노드를 선택할 수도 있고, 선택한 노드의 내용이 있는지의 여부도 알 수 있습니다.

선택자	기능
:contains( )	( ) 안의 텍스트와 일치하는 문자열이 요소의 내용 중에 있을 때에 그 요소를 반환합니다.
:empty	요소에 텍스트가 없을 때에 선택됩니다. Enter 에 의해 개행이 되거나 공백이 있는 경우에는 빈 요소로 인정하지 않는다는 점에 주의해야 합니다.
:has( )	:has(셀렉터)의 요소 내부에서 찾고 싶은 태그를 후손 요소까지 모두 살펴본 후, 그 요소가 있으면 반환해줍니다.
:parent	이 선택자는 부모 노드를 의미하는 것으로 이해할 수도 있지만, 여기서는 :empty와 반대로 요소에 텍스트가 존재할 때에 선택됩니다.

$("li:contains('ap')") 2부/contains선택자.html

〈li〉 태그가 가지고 있는 텍스트 중에서 'ap'가 있는 것을 선택합니다.

```
<li> apple </li>
```

$("ul:has('li')") 2부/has선택자.html

〈li〉 태그를 가지고 있는 〈ul〉 요소들을 반환합니다.

```
<ul class="nav2">
    <li> lion </li>
</ul>
```

$("li:empty").text("Hello")  2부/empty선택자.html

아무 값도 없는 li를 선택한 후 "Hello"라고 적습니다.

적용 전	적용 후
`<ul class="nav2">`	`<ul class="nav2">`
`    <li></li>`	`    <li>Hello</li>`
`</ul>`	`</ul>`

$("li:parent")  2부/parent선택자.html

li 노드 중에 텍스트나 공백 등을 포함한 콘텐츠가 있으면 선택합니다.

좀 더 자세한 설명은 http://api.jquery.com/category/selectors/content-filter-selector를 참조하세요.

06 | 보임 필터 선택자(Visibility Filter)

 예제 파일 2부/hidden_visible선택자.html

Visibility Filters 선택자는 화면에 보이거나 보이지 않는 노드들을 찾아줍니다. 노드들은 아래와 같은 몇 가지 원인에 의해 보이지 않게 됩니다.

- CSS display 속성 값이 none일 때
- 〈form〉 요소 중에 type='hidden'일 때
- 요소의 width와 height가 0일 때
- 부모 요소가 보이지 않거나 숨겨져 있을 때

참고로 visibility:hidden이나 opacity:0은 노드들의 위치에서 제거되지 않고 일정 공간을 차지하고 있습니다. 따라서 이 속성들은 :hidden 선택자에게 선택되지 않습니다.

선택자	기능
:hidden	보이지 않는 노드를 선택합니다.
:visible	보이는 노드를 선택합니다.

좀 더 자세한 설명은 http://api.jquery.com/category/selectors/visibility-filter-selectors 를 참조하세요.

07 | 자식 요소 필터 선택자(Child Filter)

 예제 파일 2부/child_Filters.html

자손 노드들을 이용하는 선택자입니다. Child Filter 특징 중 하나는 부모 노드를 각각의 독립된 공간으로 본다는 것입니다. 예를 들어 아래와 같은 DOM에서 li:first 선택자는 li를 선택할 때 DOM에서 모든 li를 선택한 후 그 중에 첫 번째를 선택하는 것이고, li:first-child 선택자는 li를

선택할 때 DOM에서 같은 부모를 가지는 li를 따로 관리하여 각 부모의 첫 번째 자식을 선택하는 것입니다. 이때 Child Filters 선택자는 모두 이와 같은 방식으로 노드를 선택합니다.

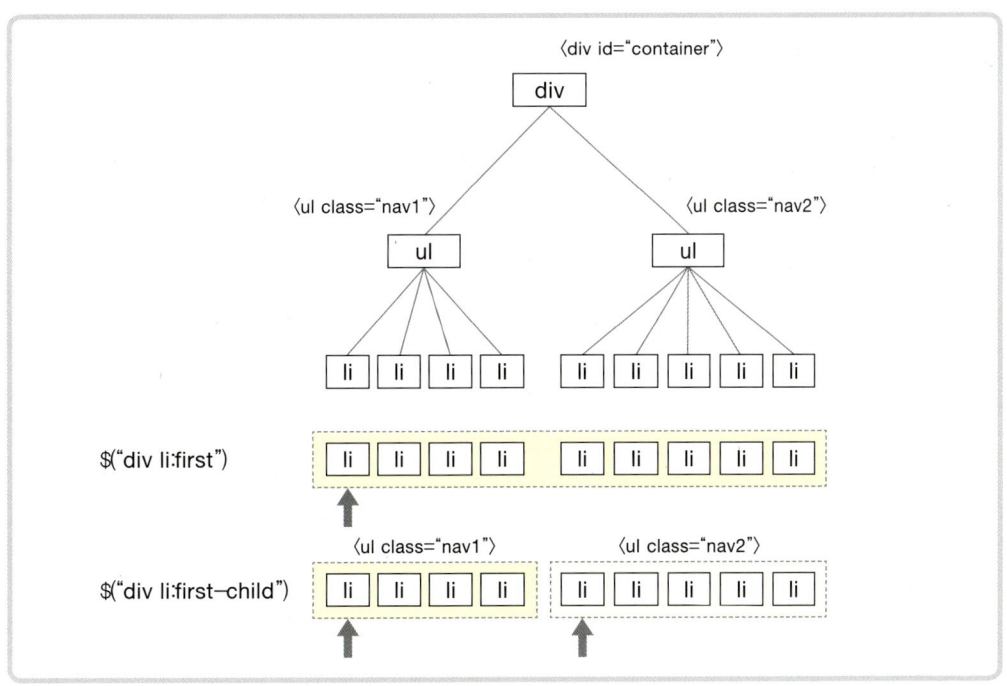

선택자	기능
:first-child	첫 번째 자식 노드 선택합니다. :first-child 는 :nth-child(1)로 대체될 수 있습니다.
:last-child	마지막 자식 노드를 선택합니다.
:nth-child( )	:nth-child(index) index 번째에 있는 자식 노드를 선택합니다. :nth-child(even) 짝수 번째에 있는 자식 노드를 선택합니다. :nth-child(odd) 홀수 번째에 있는 자식 노들을 선택합니다. :nth-child(Nn) N 번째마다 있는 자식 노드를 선택합니다.
:only-child	자식 노드의 숫자가 오직 하나인 노드를 선택합니다.

$("li:first-child")

〈li〉 태그 중에서 첫 번째 자식 노드를 선택하는 것입니다. 여기서 흥미로운 점은 같은 부모를 가지는 〈li〉 태그들끼리 하나의 영역이 된다는 것입니다. 즉, 그 영역에서 첫 번째 자식을 선택하는 것이지요. 앞에서 공부한 Basic Filter에 있는 :first는 선택된 〈li〉 태그들의 모든 것 중에 첫 번째 자식을 의미합니다. 아래 그림에서 ul의 각각 첫 번째 자식이 선택된 것에 주목하세요.

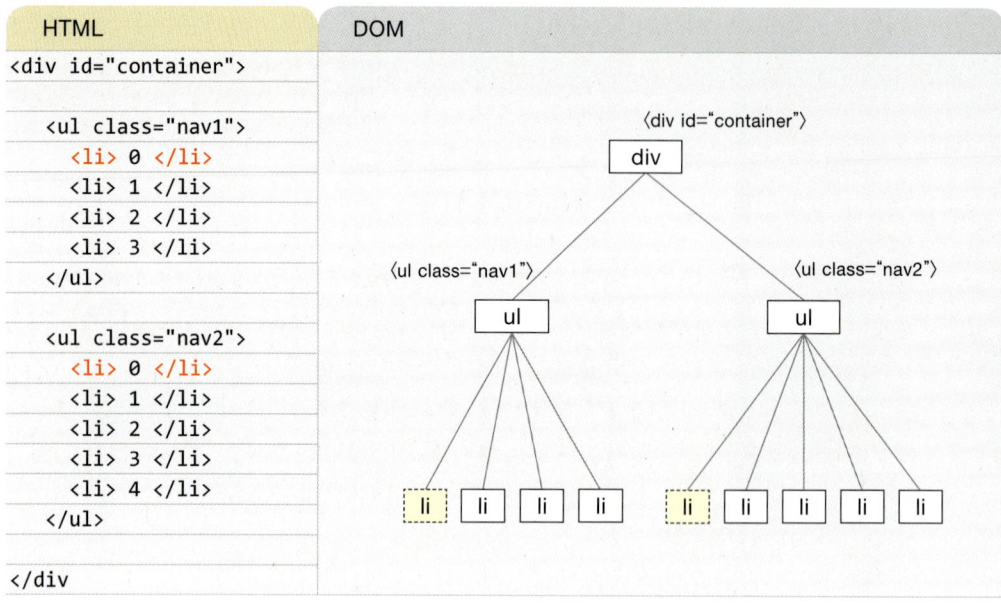

$("li:last-child")

⟨li⟩ 태그 중에서 마지막 번째 자식 노드를 선택하는 것입니다.

first-child와 같이 부모를 가지는 ⟨li⟩ 태그들끼리 하나의 영역이 됩니다. 즉, 그 영역에서 마지막 자식을 선택하는 것입니다.

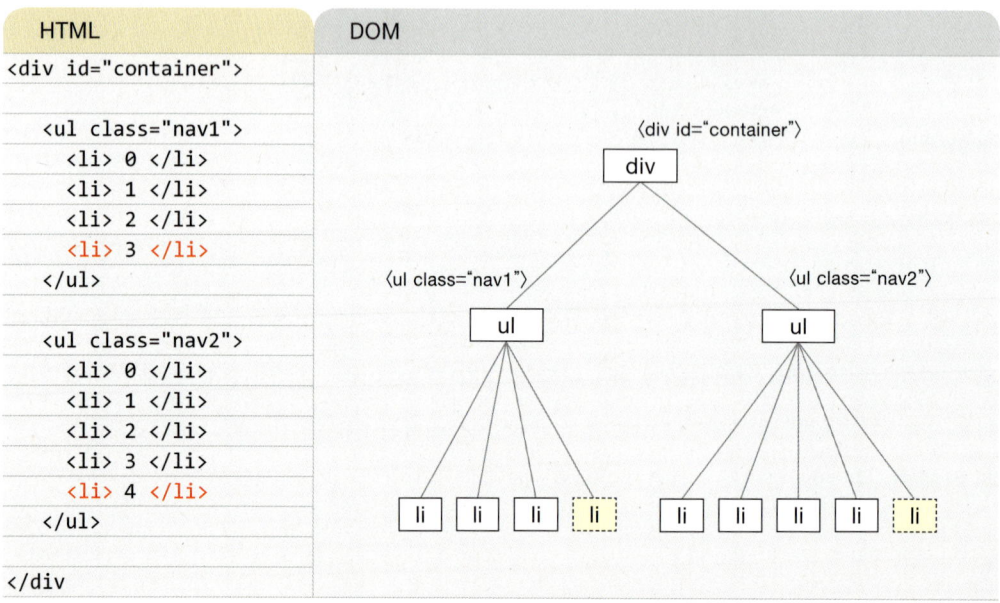

nth-child(index/even/odd/equation)

이 선택자는 선택된 집합에서 n 번째 자식을 찾는 다양한 방법을 제공합니다. 여기서 주의할 점은 인덱스 값은 0부터가 아니라 1부터 시작한다는 것과 숫자뿐만 아니라 even, odd, equation 이라는 문자열도 사용할 수 있다는 것입니다.

- **$("li:nth-child(1)")**

선택된 li 집합에서 첫 번째 노드들을 선택합니다.

- **$("li:nth-child(even)")**

선택된 li 집합에서 짝수 번째 노드들을 선택합니다.

- **$("li:nth-child(odd)")**

선택된 li 집합에서 홀수 번째 노드들을 선택합니다.

- **$("li:nth-child(2n)")**

선택된 li 집합에서 2배수(0, 2, 4, 6, …) 번째 노드들을 선택합니다. 이때 0은 $("li:nth-child(0)")이 되는데, 여기서는 아무것도 선택되지 않습니다. 왜냐하면 nth-child(1)는 1을 첫 번째 노드라고 생각하기 때문입니다.

- **$("li:nth-child(2n+1)")**

선택된 li 집합에서 2배수+1(1,3,5,7, …)번째 노드들을 선택합니다.

다음 그림은 2개의 〈ul〉 태그가 있고, 각각은 4개와 5개의 li 자식 태그를 포함하고 있는 상황에서 nth-child( ) 실렉터를 사용한 결과입니다.

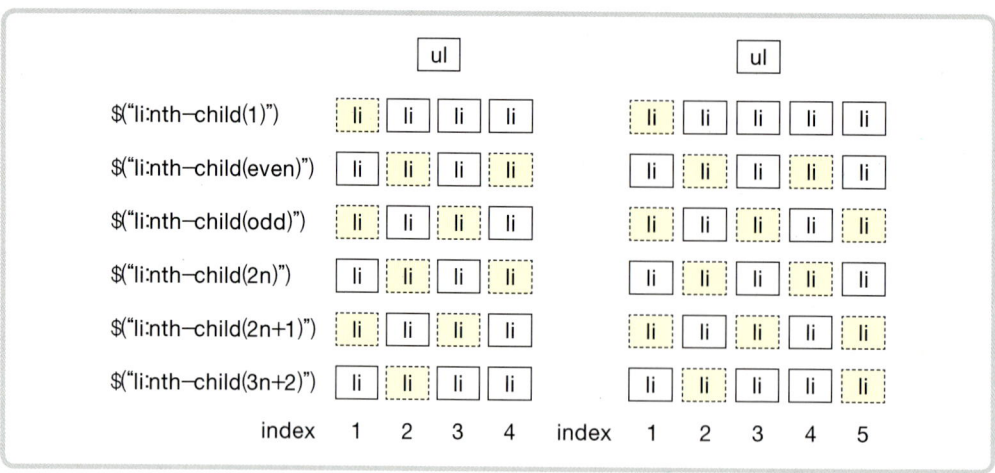

$("div p:only-child")

div 태그 내부의 〈p〉 태그가 오직 1개일 때에 〈p〉 태그를 선택합니다.

좀 더 자세한 설명은 http://api.jquery.com/category/selectors/child-filter-selectors를 참조하세요.

08 | 폼 선택자(Forms)

form 선택자는 form의 형태 및 상태를 사용하여 선택하는 선택자입니다.

입력 양식 지정	
:input	모든 입력 양식
:file	파일 업로드 입력 양식
:hidden	숨겨진 입력 양식
:image	이미지 입력 양식
:password	암호 입력 양식
:radio	라디오 버튼 입력 양식
:reset	리셋 입력 양식
:submit	데이터 보내기 입력 양식
:text	텍스트 박스

입력 양식의 현재 상태를 통해 지정	
:enabled	사용할 수 있는 모든 노드
:disabled	사용할 수 없는 모든 노드
:checked	체크된 모든 노드
:selected	선택된 모든 노드

좀 더 자세한 설명은 http://api.jquery.com/category/selectors/form-selectors를 참조하세요.

CHAPTER 02
탐색(Traversing)

Traversing에 나열되어 있는 jQuery 메서드들은 jQuery의 선택자를 기준으로 하여 새로운 노드를 찾아가는 방법을 제공합니다. 이 방법은 N 뎁스 메뉴 등을 제작할 때에 많이 사용합니다. jQuery.com에서는 세 가지 서브 제목을 이용하여 분류합니다. 여기서는 자주 사용하는 두 가지 주제를 소개하겠습니다.

01 | 트리 구조 탐색(Tree Traversal)

DOM Tree를 생각하면 됩니다. Tree 구조를 기반으로 찾아가는 방식을 말합니다.

메서드	설명
children( )	선택한 노드의 모든 자식 노드를 선택합니다.
find( )	선택한 노드의 자손 노드 중 조건에 맞는 노드를 선택합니다.
next( )	선택한 노드의 다음 노드를 선택합니다.
nextAll( )	선택한 노드의 다음 모든 노드를 선택합니다.
parent( )	선택한 노드의 부모 노드를 선택합니다.
parents( )	선택한 노드의 모든 부모 노드를 선택합니다.
prev( )	선택한 노드의 이전 노드를 선택합니다.
prevAll( )	선택한 노드의 모든 이전 노드를 선택합니다.
closest( )	선택한 노드를 포함하면서 가장 가까운 상위 노드를 선택합니다.
nextUntil( )	다음에 위치한 노드를 조건에 맞을 때까지 찾습니다.
parentsUntil( )	조건이 참이 될 때까지 부모 노드를 찾습니다.
prevUntil( )	이전에 위치한 노드를 조건에 맞을 때까지 찾습니다.
siblings( )	형제 노드들을 모두 찾습니다.

이 중에서 활용 빈도가 높은 몇 가지만 살펴보겠습니다.

$('div#container').children('p')  2부/children.html

div#container 태그의 자식 태그들 중에서 〈p〉 태그를 모두 선택합니다. 여기서 주의할 점은 자손 레벨에서 찾지 않고 자식 레벨에서만 찾는다는 것입니다.

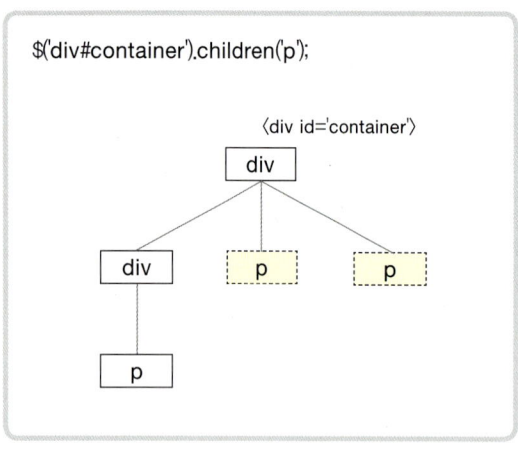

$('div#container').find('p')  2부/find.html

〈div〉 태그의 자손 태그들 중에서 〈p〉 태그를 모두 찾아 선택합니다. children( )과 find( )의 차이점은 자식까지 찾느냐, 자손까지 찾느냐입니다.

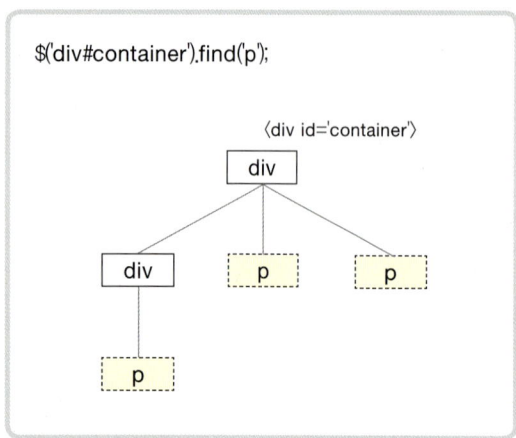

$('p#part1').prev( ) 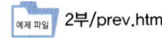 2부/prev.html

id 값이 part1인 〈p〉 태그의 바로 앞에 위치한 노드를 선택합니다. 매개 변수로 찾고 싶은 노드를 전달할 수도 있습니다.

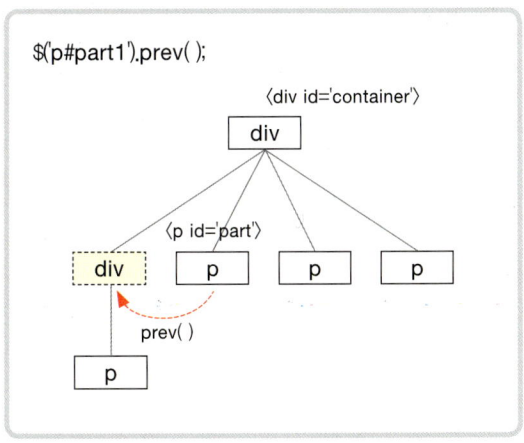

$('p#part1').next( ) 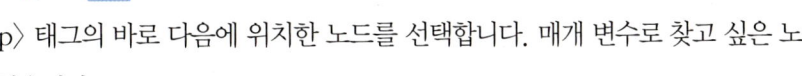 2부/next.html

id 값이 part1인 〈p〉 태그의 바로 다음에 위치한 노드를 선택합니다. 매개 변수로 찾고 싶은 노드를 전달할 수도 있습니다.

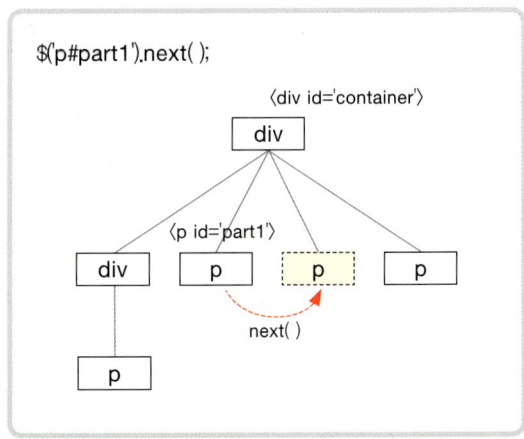

$('p#part1').siblings( ) 2부/siblings.html

id 값이 part1인 <p> 태그의 형제 노드를 선택합니다. 매개 변수로 찾고 싶은 노드를 전달할 수도 있습니다.

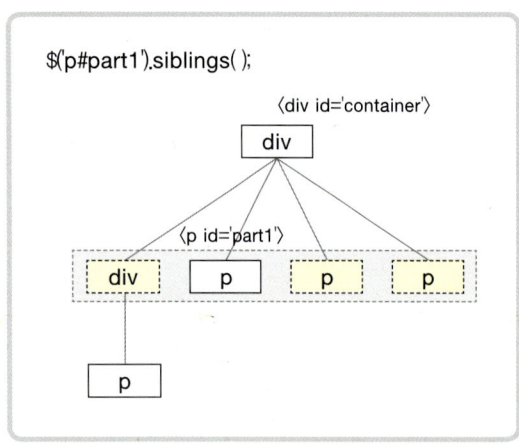

$('p#part1').parent( ) 2부/parent.html

id 값이 part1인 <p> 태그의 부모 노드를 선택합니다.

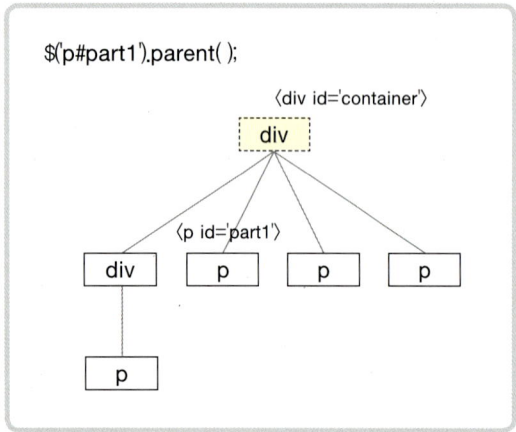

좀 더 자세한 설명은 http://api.jquery.com/category/traversing/tree-traversal를 참조하세요.

02 | 필터링(Filtering)

 예제 파일   2부/Filtering.html

선택된 집합에서 다시 조건에 맞는 jQuery 집합을 선택합니다.

메서드	설명
eq( )	인덱스 번호에 해당하는 노드를 찾습니다. index 0은 첫 번째 노드를 의미합니다.
filter( )	선택된 노드 집합에서 선택자를 추가하거나 함수를 사용하여 원하는 결과를 추출해낼 수 있습니다.
first( )	선택된 노드 집합에서 첫 번째 자식 노드를 찾습니다.
has( )	선택된 요소들이 자신의 자식 요소에서 주어진 선택자가 있는지를 확인하여 범위를 축소합니다.
is( )	매개 변수로 selector, element, jQuery를 입력하여 입력한 객체가 있으면 true를 반환합니다.
last( )	선택된 노드 집합에서 마지막 자식 노드를 찾습니다.
map( )	대상이 되는 노드 집합을 변경합니다.
not( )	조건에 맞지 않는 것들만 찾아서 선택합니다.
slice( )	선택된 집합을 조건의 범위로 재선택해줍니다. 배열의 slice( )와 같은 기능입니다.

$('div#main p').first( )

id가 main인 〈div〉 태그의 첫 번째 〈p〉 태그를 선택합니다.

$('div#main p').last( )

id가 main인 〈div〉 태그의 마지막 〈p〉 태그를 선택합니다.

$('div#main p').eq(1)

id가 main인 〈div〉 태그의 두 번째 〈p〉 태그를 선택합니다. 인덱스는 0부터 시작합니다.

$('div').filter(".middle")

〈div〉 태그 중에서 클래스 속성 값이 middle인 것을 선택합니다.

```
<div class="middle"></div>
```

$('div').not('.middle')

〈div〉 태그 중에서 클래스 속성 값이 middle이 아닌 것을 선택합니다.

$('li').has('ul')

〈li〉 태그 자손 중에 〈ul〉 태그가 있는 〈li〉 태그를 선택합니다.

좀 더 자세한 설명은 http://api.jquery.com/category/traversing/filtering를 참조하세요.

Q & A

Selectors의 :first와 Traversing의 first( )는 어떤 차이가 있나요?

선택된 집합에서 첫 번째 노드를 반환하는 데에는 차이가 없습니다. 단지 Selector의 :first보다 Traversing의 first( )가 더 최신 버전이기 때문에 필터링하는 속도가 빠르고 여러 가지 메서드를 연속해서 나열할 수 있는 메서드 체인 방식의 표기에 더 적합합니다.

전체 div 노드에 click 이벤트를 설정하고 첫 번째 div 노드의 배경색을 변경하는 코드를 작성하면 다음과 같은 차이가 있습니다.

```
// Selectors의 :first
$("div").click( fn );
$("div:first").css("background-color","red");

// Traversing의 first( )
$("div").click( fn ).first( ).css("background-color","red");
```

이러한 이유 때문에 필자는 Traversing의 메서드의 사용을 더 추천합니다.

CHAPTER 03
DOM 변경(Dom Manipulation)

Dom Manipulation은 DOM 구조를 변경할 수 있는 jQuery 메서드들입니다. 동적으로 문서 구조를 변경할 수 있고, 특정 노드의 내·외부 삽입과 삭제도 가능합니다. 이는 매우 중요한 주제이므로 이 책에 있는 내용은 물론 도움말도 꼼꼼히 살펴보시기 바랍니다.

메서드	기능
DOM Insertion, Inside	
append( )	선택 노드 내부의 맨 뒤에 자식 노드를 새로 추가합니다.
appendTo(target)	새로운 노드를 타깃(target)에 해당하는 노드 내부의 마지막에 추가합니다.
prepend( )	선택 노드 내부의 맨 앞에 자식 노드를 새로 추가합니다.
prependTo(target)	새로운 노드를 타깃에 해당하는 노드 내부의 첫 번째로 추가합니다.
html( )	노드 내부의 HTML을 읽고 쓸 수 있습니다.
text( )	노드의 텍스트를 읽고 쓸 수 있습니다.
DOM Insertion, Outside	
after( )	선택된 노드 뒤에 새로운 노드를 추가합니다(형제 관계).
before( )	선택된 노드 앞에 새로운 노드를 추가합니다(형제 관계).
insertAfter(target)	작성된 jQuery 객체를 타깃 뒤에 삽입합니다(형제 관계).
insertBefore(target)	작성된 jQuery 객체를 타깃 앞에 삽입합니다(형제 관계).
DOM Insertion, Around	
wrap( )	선택된 집합을 각각의 매개 변수로 넘긴 HTML 구조로 감쌉니다.
wrapAll( )	선택된 집합의 전체 외곽을 매개 변수로 넘긴 HTML 구조로 감쌉니다.
wrapInner( )	선택된 집합의 내부에 매개 변수로 넘긴 HTML 구조를 감쌉니다.
DOM Removal	
detach( )	DOM에서 조건에 일치되는 노드들을 제거합니다(단, 메모리에는 남아 있기 때문에 다시 사용할 수 있습니다).
empty( )	DOM에서 조건과 일치하는 노드들의 자식 노드들을 제거합니다.
remove( )	DOM에서 조건과 일치하는 노드들을 제거합니다.
unwrap( )	warp( )의 반대로, 선택된 집합을 감싸고 있는 HTML을 제거합니다.
DOM Replacement	
replaceAll( )	조건에 맞는 노드들을 타깃 노드들로 대체합니다.
replaceWith( )	조건에 맞는 노드들을 매개 변수로 넘긴 새로운 HTML로 대체합니다.
clone( )	선택한 노드와 똑같은 노드를 복사합니다.

이 중에서 활용 빈도가 높은 몇 가지만 살펴보겠습니다.

01 | append( )

 2부/append.html

.append(content, [content])　　　　　　　　　　　　　　　　**Returns: jQuery**

append( ) 함수는 선택된 요소의 내부에 가장 뒤에 매개 변수로 전달되는 HTML 문자열, ⟨DOM⟩ 요소 등을 추가해주는 함수입니다.

매개 변수 : content

선택된 요소 내부의 마지막에 추가될 HTML 문자열, ⟨DOM⟩ 요소, jQuery 객체 뒤의 content는 매개 변수로 여러 개를 가질 수 있다는 뜻입니다.

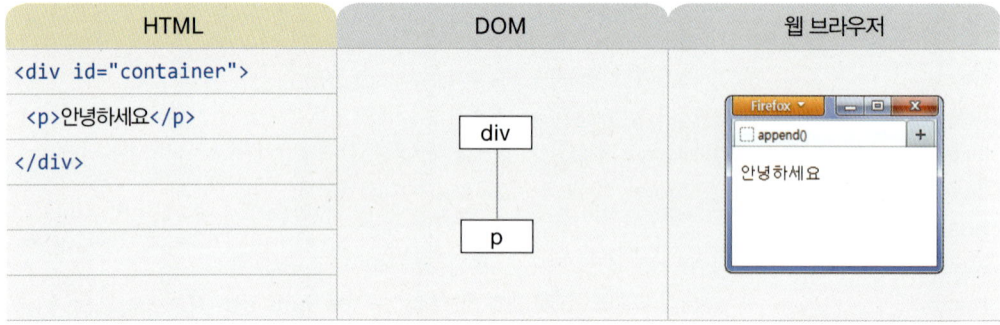

▲ 문서 구조상의 DOM

```
$("div").append("<p>반갑습니다.</p>");
```

▲ jQuery 실행

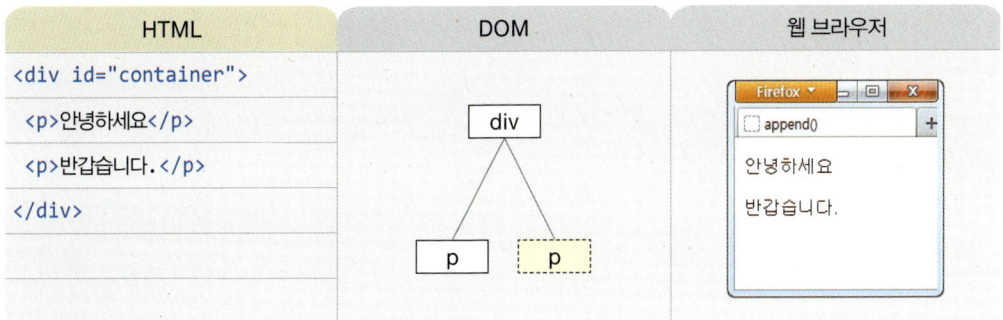

▲ jQuery 실행 후 DOM

좀 더 자세히 이해하기 위해 다음 예제를 살펴보겠습니다.

 2부/append 활용.html

이 예제에는 pic1.jpg, pic2.jpg, pic3.jpg 세 가지의 이미지 파일이 준비되어 있습니다. 버튼을 클릭하면 이미지 파일을 랜덤하게 추가하는 예제입니다. DOM 구조가 어떻게 변경되는지도 유심히 살펴보시기 바랍니다.

미리 보기

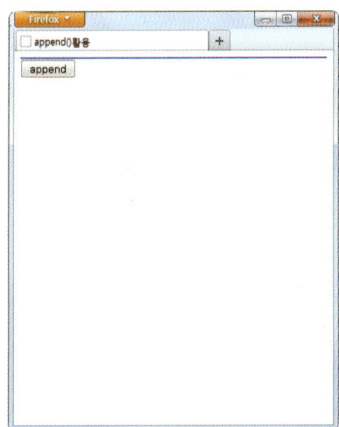
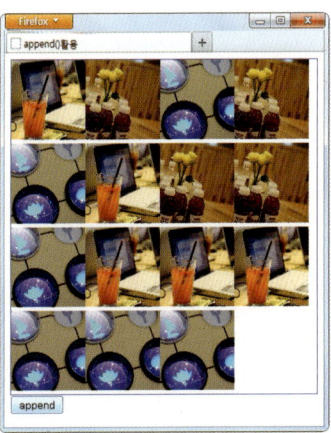

HTML	
1	`<div id="container"></div>`
2	`<button id ="append"    title="append">append</button>`

line 1 : 〈div〉 태그를 작성합니다. div의 내용은 비어 있습니다. button을 누를 때마다 div 내용이 생성됩니다.

line 2 : 클릭하면 작동할 id가 append인 button을 만듭니다.

CSS
```
1    div {border:#00F solid 1px;}
```

line 1 : 〈div〉 태그의 border를 설정합니다. div 영역 안에서 만들어지는지를 확인하기 위해서입니다.

jQuery
```
1    $("#append").click(function() {
2       $("div#container").append( fetchImg() );
3    });
4
5    function fetchImg(){
6       var n = Math.ceil( Math.random()*3 );
7       var imgPath="<img src='pic"+n+".jpg' alt='' width='100' height='100' />";
8       return imgPath ;
9    }
```

line 1~3 : id가 append인 버튼을 클릭하면 div#container 태그의 내부에 이미지 태그가 추가됩니다. 이미지 추가는 append( ) 메서드로 하고, 태그 내용은 fetchImg( ) 함수에서 만들어 줍니다.

line 5~9 : 〈img src='이미지 경로' width='100' height='100' /〉를 만들어 내는 함수입니다.

line 6 : Math.random( ) 함수를 사용하여 0~3 사이의 수를 구하고, Math.ceil( ) 함수를 사용하여 정수형으로 만든 값을 n에 저장합니다[Math.random( )에 대한 자세한 설명은 56쪽을 참조하세요].

line 7 : + 문자열 연결 연산자를 사용해 이미지 태그인 "〈img src='이미지 경로' alt='" width='100' height='100' /〉";를 만들어 냅니다. 이미지 경로로는 pic1.jpg, pic2.jpg, pic3.jpg 등이 설정됩니다(+ 문자열에 대한 자세한 설명은 51쪽을 참조하세요).

line 8 : 이미지 태그 문자열을 함수 호출한 곳으로 돌려줍니다.

02 | prepend( )

 2부/prepend.html

.prepend(content [, content])　　　　　　　　　　　　　　　　**Returns: jQuery**

prepend( ) 함수는 선택된 요소 내부의 가장 앞에 매개 변수로 전달되는 HTML 문자열, 〈DOM〉요소 등을 추가해주는 함수입니다. append( )와는 요소가 추가되는 위치가 다릅니다.

매개 변수 : content

선택된 요소 내부의 앞에 추가될 HTML 문자열, DOM 요소, jQuery 객체 뒤의 content는 매개 변수로 여러 개를 가질 수 있다는 뜻입니다.

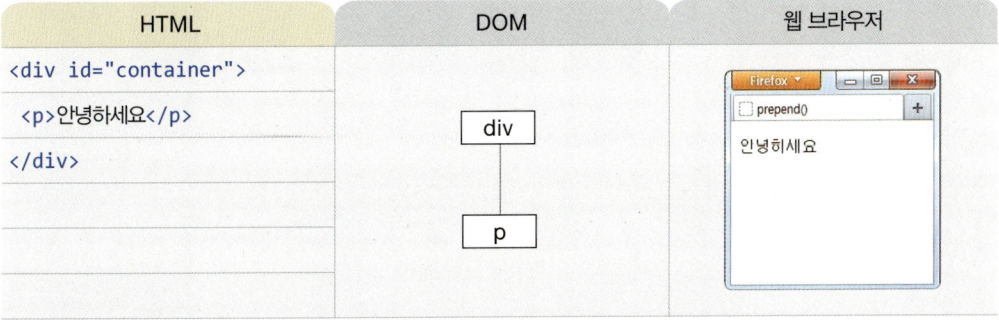

▲ 문서 구조상의 DOM

jQuery
1　$("div").prepend("<p>반갑습니다.</p>");

▲ jQuery 실행

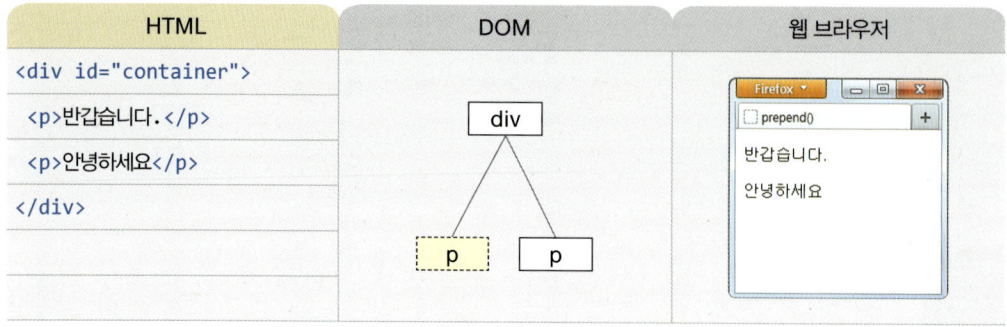

▲ jQuery 실행 후 DOM

좀 더 자세히 이해하기 위해 다음 예제를 살펴보겠습니다.

2부/prepend 활용.html

미리 보기

버튼을 클릭하면 맨 뒤에 있는 사진이 맨 앞으로 이동합니다.

DOM 구조가 변경되는 모습을 그려보면 이해하기가 훨씬 쉽습니다.

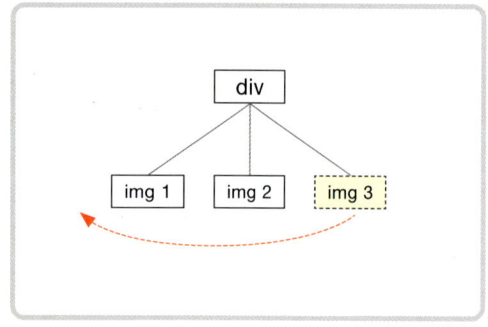 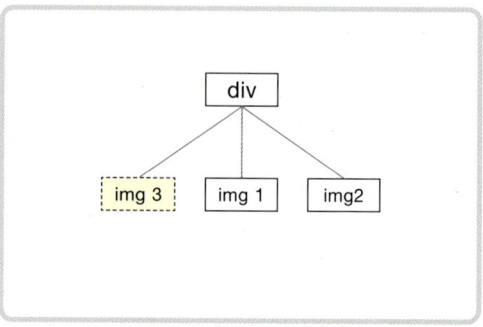

▲ 옮기기 전   ▲ 옮긴 후

$(“div#container img:last”)을 선택한 후 prepend( ) 메서드를 사용하여 div 컨테이너의 맨 앞으로 옮깁니다.

```html
HTML
1  <div id="container">
2      <img src='pic1.jpg' alt='' width='100' height='100' />
3      <img src='pic2.jpg' alt='' width='100' height='100' />
4      <img src='pic3.jpg' alt='' width='100' height='100' />
5  </div>
6  <p> prepend를 사용하여 사진을 순환합니다. </p>
7  <button id ="prepend"    title="prepend">prepend</button>
```

line 1~5 : div#container 내부에 〈img〉 태그 3개를 배치합니다.
line 7 : 클릭하면 이미지의 순서를 변경할 버튼을 만듭니다.

```css
CSS
1    img {padding:0px; margin:5px;}
```

line1 : img 태그의 패딩과 마진을 설정합니다.

```javascript
jQuery
1  $("button#prepend").click(function(e) {
2      $("div#container").prepend( $("div#container img:last") )
3  });
```

버튼을 클릭하면 div#container 내부의 마지막 〈img〉 요소가 prepend( ) 명령에 의해 div#container 내부의 맨 앞으로 이동합니다.

03 | html( ) / html(htmlString)

 2부/html( ).html

html( ) 함수는 javaScript에서 innerHTML과 같은 기능을 하는 것으로, 선택 집합의 내부 요소들을 HTML 문자열로 반환합니다. html( ) 함수에 인자로 HTML 문자열이 전달되면 그 요소에 HTML을 추가하는 것입니다.

html( )

.html　　　　　　　　　　　　　　　　　　　　　　　　　　**Returns: String**

HTML 문서에서 어떤 요소의 내부 html을 알아내고자 할 때 html( ) 함수를 사용할 수 있습니다.

html(htmlString)

.html(htmlString)　　　　　　　　　　　　　　　　　　　**Returns: jQuery**

선택 집합의 요소에 들어가는 html을 변경하는 것입니다.

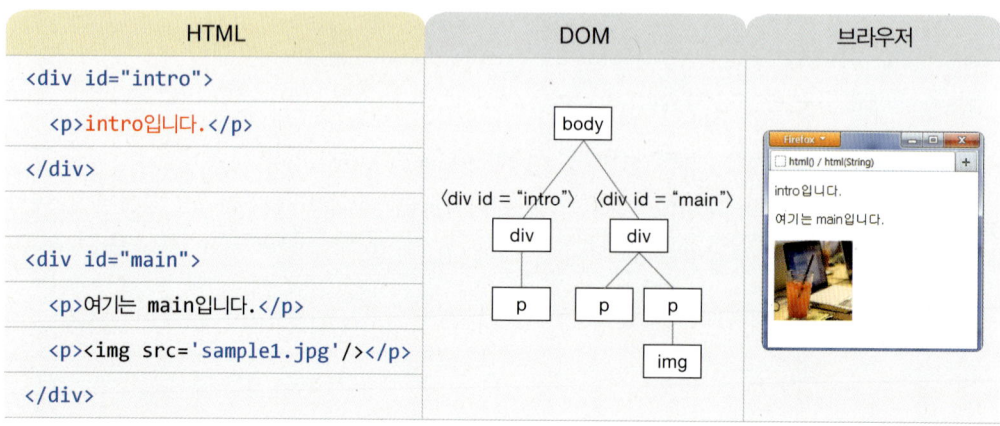

▲ 문서 구조상의 DOM

jQuery
var htmlString = $("div#intro").html();
//div#intro 요소 내부의 html 내용을 textString 변수에 저장합니다.
$("div#main").html(htmlString)
//textString 변수 값을 #main 요소 내부에 새로운 html 문자열로 추가합니다. 기존에 있는 html은 제거됩니다.

▲ jQuery 실행

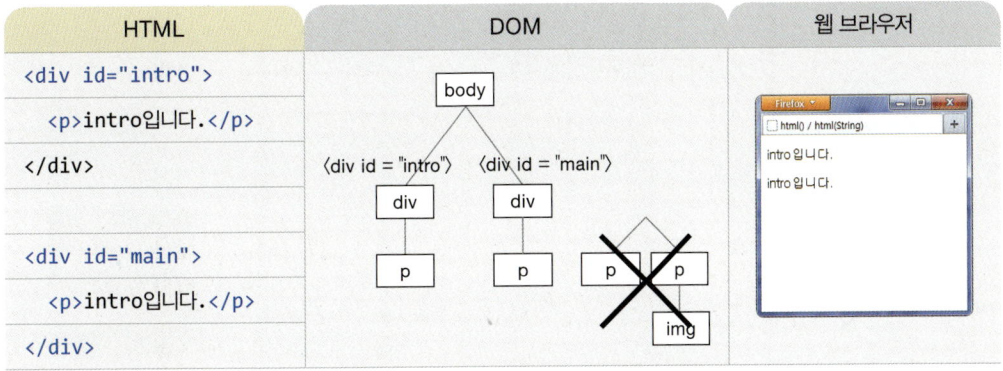

▲ jQuery 실행 후 DOM

04 | text( ) / text(textString)

 2부/text( ).html

text( )

.text( )	Returns: String

HTML 문서에서 어떤 노드의 텍스트를 알아내고자 할 때에는 text( ) 함수를 사용할 수 있습니다. HTML이 〈div〉〈p〉HI〈/p〉〈/div〉와 같은 구조일 때 $("div").text( )이라고 하면 div의 내용인 문자열로 "HI"가 반환됩니다.

text(textString)

.text(textString)   *Returns: jQuery*

선택 집합의 노드에 들어가는 내용을 변경하는 것입니다. 예를 들어 HTML이 〈div〉〈p〉HI〈/p〉〈/div〉와 같은 구조일 때 $("div").text("TITLE")라는 명령어일 경우 〈div〉〈p〉TITLE〈p〉〈/div〉로 변경됩니다.

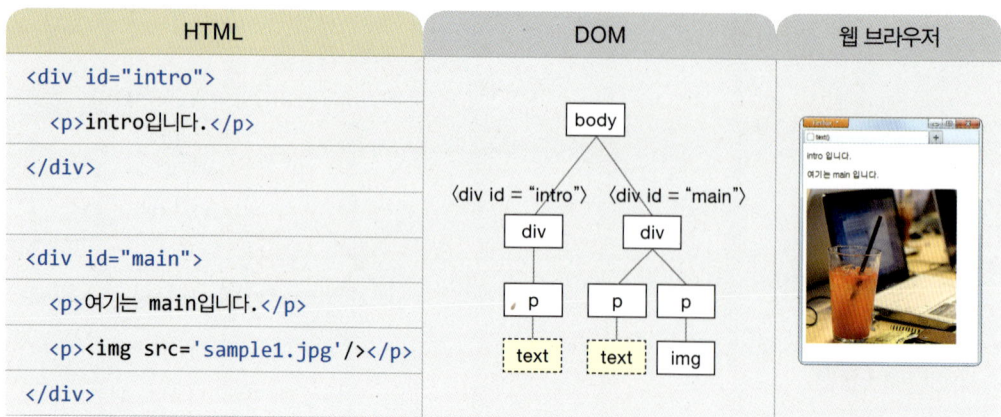

▲ 문서 구조상의 DOM

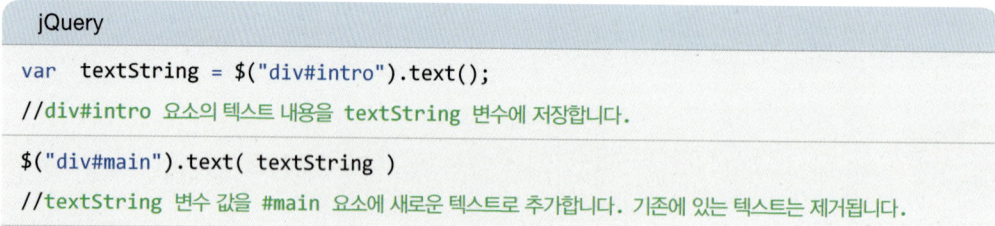

▲ jQuery 실행

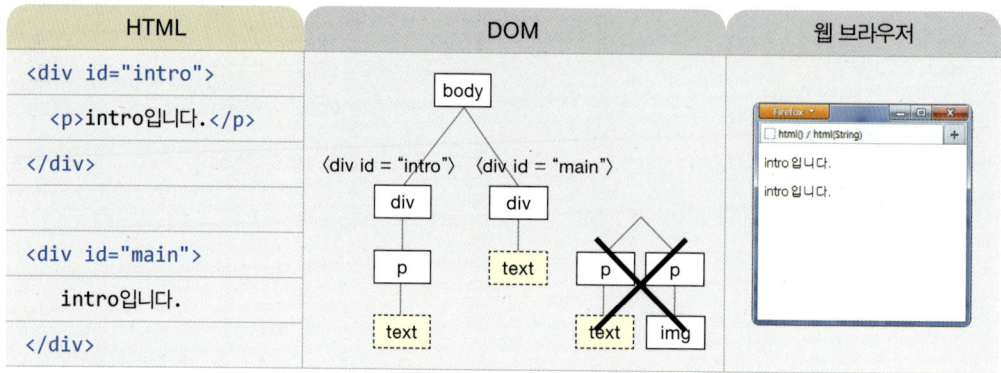

▲ jQuery 실행 후 DOM

05 | remove( )

2부/remove.html

.remove([selector])　　　　　　　　　　　　　　　　　　　　　　　　*Returns: jQuery*

remove( ) 함수는 선택된 노드를 DOM에서 제거합니다.

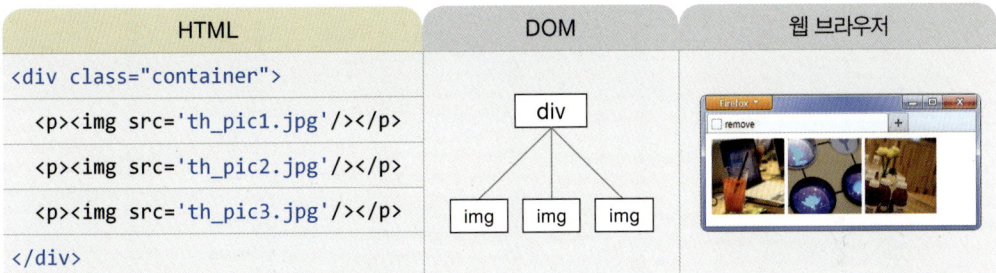

▲ 문서 구조상의 DOM

jQuery
`$("img:first").remove( );`
// 이미지 태그 중에 첫 번째 노드를 제거합니다.

▲ jQuery 실행

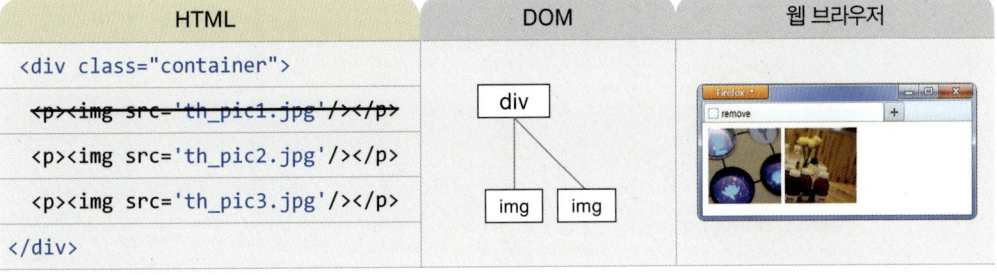

▲ 문서 구조상의 DOM

CHAPTER 03　DOM 변경(Dom Manipulation)　**115**

06 | empty( )

 2부/empty.html

.empty( ) *Returns: jQuery*

선택 객체의 자식 노드(자손까지 포함한) 노드를 삭제합니다. 하지만 선택 객체 자체는 삭제되지 않습니다. 이것이 remove( )와 다른 점입니다.

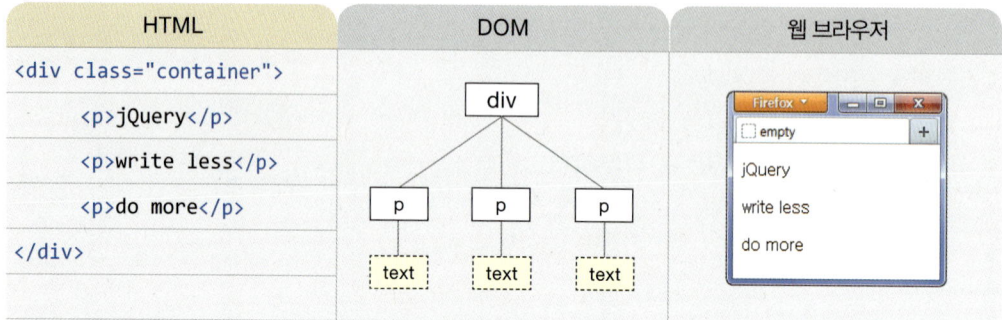

▲ 문서 구조상의 DOM

jQuery
`$("p:first").empty( );`
`// <p> 태그 중의 첫 번째 <p> 태그의 내용을 삭제합니다. p 노드 자체가 없어지지는 않습니다.`

▲ jQuery 실행

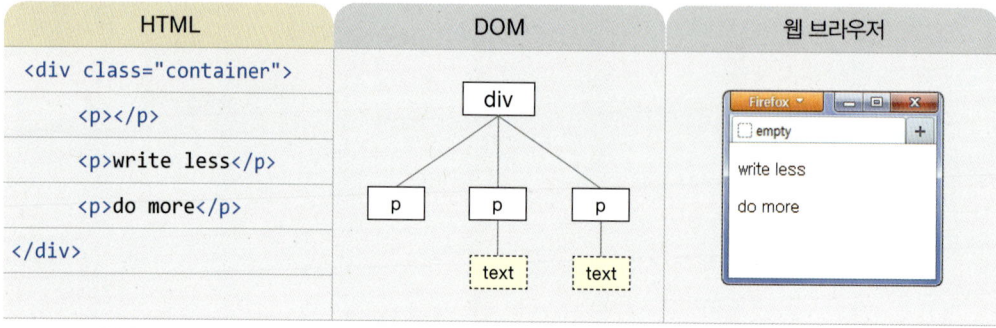

▲ jQuery 실행 후 DOM

.empty( ) 와 .remove( ) 함수는 DOM에서 노드를 걷어내는 점이 비슷합니다. .remove( )를 사용하면 해당 노드를 포함한 모든 노드들이 제거됩니다. 이때에는 노드와 관련된 모든 이벤트와 jQuery 데이터들도 제거됩니다. 데이터와 이벤트를 노드에서 제거하지 않으려면 .detach( )를 사용해야 합니다.

07 | detach( )

remove( ) 함수와 똑같은 일을 합니다. remove( ) 함수와 다른 점은 detach( ) 함수에 의해 제거된 노드들을 임시로 보관할 수 있다는 것입니다. 이 함수는 DOM에서 제거했다가 다음에 다시 삽입할 수 있기 때문에 제거와 삽입을 반복할 때에 유용합니다.

jQuery
`var temp = $("div#content").detach( );` `// id가 content인 div의 모든 내용을 DOM 구조에서 제거하고, 제거된 내용은 temp에 저장합니다.`

▲ jQuery 실행

참고로 위 세 가지 제거 방법 중에서 제거 속도는 remove( )가 제일 빠릅니다.

CHAPTER 04
CSS Styling and jQuery

jQuery의 강력한 기능 중 하나는 CSS를 조작할 수 있다는 것입니다. 일반적인 CSS는 HTML의 구조에 표현을 입히는 작업이라 할 수 있는데, jQuery의 CSS 관련 메서드는 동적으로 CSS를 변경할 수 있다는 것이 가장 큰 장점입니다. 변경을 할 때에 클래스를 추가할 수도 있고, 제거할 수도 있기 때문에 매우 유용합니다. 그리고 CSS와 똑같은 속성으로 제어할 수 있기 때문에 CSS를 알고 있다면 즉시 jQuery를 사용하여 적용할 수도 있습니다.

⟨p⟩ 태그의 배경색을 빨간색으로 설정	
CSS	jQuery.CSS( )
p {background : #F00}	$("p").css("background","#F00");

jQuery CSS 관련 메서드

메서드	설명
.addClass( )	특정한 클래스를 노드에 추가할 수 있습니다.
.css( )	css( ) 함수는 element의 속성 값을 알아낼 수도 있고, 설정할 수도 있습니다.
.hasClass( )	특정한 클래스가 있는지를 찾을 수 있습니다.
.removeClass( )	특정한 클래스를 요소에서 제거할 수 있습니다.
.toggleClass( )	특정한 클래스의 추가, 제거를 한 번에 처리할 수 있습니다.

이 중에서 활용 빈도가 높은 몇 가지만 살펴보겠습니다.

01 | css(propertyName)

.css(propertyName)   **Returns: String**

.css( ) 함수에서 속성 값만을 지정하면 해당 속성의 값을 알아낼 수 있습니다. 웹 브라우저마다 다르게 표현되는 속성이라 하더라도 jQuery는 알아서 웹 브라우저에 맞게 동일한 결과를 가져다줍니다.

$("div").css("background-color"); // 요소 배경색의 컬러 값을 반환
$("div").css("width"); //요소 가로폭의 크기 px 값을 반환

02 | css(propertyName, value)

.css(propertyName, value)   Returns: jQuery

단순히 특정 객체의 속성을 읽어오는 것뿐만 아니라 속성을 설정할 수도 있습니다.

$("div").css('color', '#f00') // <div> 태그의 내용을 빨간색으로 설정

이렇게 될 때 jQuery는 div의 style 속성을 편집하게 되어 inline style를 적용하게 되는 것과 같게 됩니다.

한 번에 1개를 적용할 수도 있지만, { }를 사용하면 한 번에 여러 개를 적용할 수 있습니다.

$("div").css({'background-color' : '#ddd',
              'color' : '#f00',
              'font-size' :'10px'
              });

03 | addClass(className)

.addClass(className)　　　　　　　　　　　　　　　　　　　　　　**Returns: jQuery**

jQuery에서 많이 활용되는 함수로, CSS가 필요한 상황에 적용할 수 있습니다.
〈p〉 태그에 myClass라는 클래스를 적용하는 방법은 아래와 같습니다.

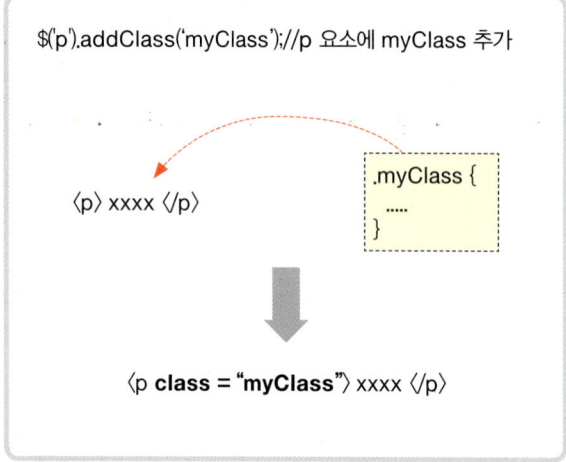

Q & A

태그에 클래스 "existClass"가 있는 상태에서 addClass( )를 사용하여 "myClass"를 적용시키면 어떻게 되나요?

〈p〉 태그에 class가 추가됩니다. 기존 클래스는 그대로 유지됩니다. $("p").addClass("myClass");를 사용하면 〈p〉 태그의 상태는 아래와 같이 기존 클래스(existClass)와 새로 추가된 클래스(myClass)가 함께 적용됩니다.

〈p class ="existClass myClass"〉

04 | removeClass([className])

.removeClass([className])　　　　　　　　　　　　　　　　　　**Returns: jQuery**

removeClass는 기존 태그에 적용되어 있는 클래스를 제거하는 함수입니다. 하나 이상의 클래스를 제거하려면 아래와 같이 공백을 사용해야 합니다.

$('p').removeClass('classA classB classC');
클래스 이름이 myClass인 〈p〉 태그에 jQuery 코드 $("p").removeClass("myClass");가 실행되면 〈p〉 태그 〈p class="myClass"〉〈/p〉에서 myClass가 제거되기 때문에 〈p class=" "〉〈/p〉처럼 변경됩니다.

addClass와 removeClass는 함께 사용되는 경우도 있는데, 기존 클래스를 제거하고 새로운 클래스를 적용하는 방법은 아래와 같습니다.

$('p').removeClass('classA').addClass('classB');
// classA를 제거하고 classB를 적용한다.

05 | addClass( )와 removeClass( ) 활용 예제

완성 파일 2부/addClass_removeClass.html

다음 예제를 통해 addClass( )와 removeClass( )의 활용법을 구체적으로 이해하시기 바랍니다. 이미지의 padding 배경색을 결정하는 type 1~5 클래스가 준비되어 있는 상태에서 이미지를 클릭하면 5개의 클래스 중에 임의의 클래스가 적용되어 이미지의 padding 배경색이 변경되고, 동적으로 class를 제거하거나 추가할 수 있습니다.

미리 보기

HTML

	HTML
1	`<img src="th1.jpg" alt="" />`
2	`<img src="th2.jpg" alt="" />`
3	`<img src="th3.jpg" alt="" />`

line 1~3 : 이미지 태그를 사용하여 이미지 3개를 나열합니다.

CSS

	CSS
1	`img{ padding:5px; background:#666;}`
2	`img.type1 { padding:5px; background:#EF4018;}`
3	`img.type2 { padding:5px; background:#9AB92E;}`
4	`img.type3 { padding:5px; background:#05184D;}`
5	`img.type4 { padding:5px; background:#FF184D;}`
6	`img.type5 { padding:5px; background:#0518FF;}`

line 1 : 〈img〉 태그의 padding을 5px로, 배경색을 #666으로 변경합니다.

line 2~6 : type1~5의 이름으로 클래스를 작성합니다. 각각의 배경 색상을 다르게 하는 것뿐입니다. 하지만 이 클래스에서 HTML에 적용되는 클래스는 1개도 없습니다. 적용을 하면 이미지를 클릭할 때에 위의 클래스 중에 1개가 반영되어 이미지의 배경색이 변경됩니다.

jQuery

	jQuery
1	`$("img").click(function(e) {`
2	`    var n = Math.ceil( Math.random()*5 );`
3	`    var existClass = $(this).attr("class");`
4	`    $(this).removeClass(existClass).addClass("type"+n)`
5	`});`

line 1 : 이미지 태그를 클릭했을 때의 함수 선언입니다.

line 2 : Math.random( ) 함수를 사용하여 0~5까지의 모든 실수 중 하나를 선택한 후 Math. ceil( ) 함수로 소수점 이하의 값을 올림 처리하여 정수형으로 반환합니다. 따라서 n에는 1, 2, 3, 4, 5 중에 1개의 숫자가 저장됩니다[Math.random( ) 함수는 56쪽을 참조하세요].

line 3 : 클릭한 이미지의 속성에서 현재 적용된 class의 이름을 attr( ) 함수를 사용해 existClass 변수에 저장합니다. 이 코드는 기존에 먼저 적용된 class가 있을 경우에 이를 제거하고 새로운 class를 적용시킬 준비를 하기 위한 것입니다[attr( ) 함수는 180쪽을 참조하세요].

line 4 : 클릭한 이미지의 기존 class를 제거하고 새로운 클래스를 적용합니다. 새로운 class 이름은 "type"+n이고, (+)는 문자열과의 결합이므로 문자열 연결 연산자로 사용됩니다. 따라서 n 값에 따라 class type 1, type 2, type 3, type 4, type 5 중에 1개가 선택됩니다.

실행

파이어버그로 DOM 구조를 통해 클래스가 적용되었는지 확인해봅니다.

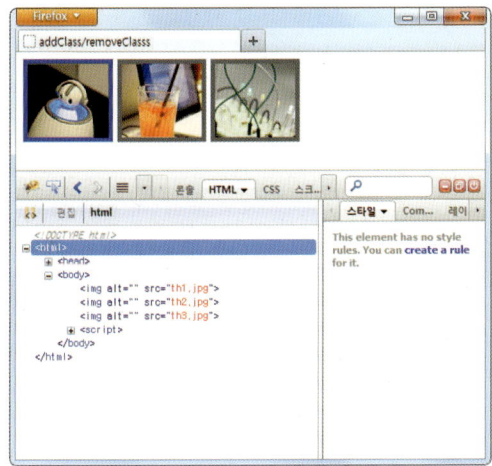

▲ 이미지를 클릭하기 전

이미지에 어떤 클래스도 적용된 것이 없습니다.

이미지를 클릭하면 클릭한 이미지 태그에 동적으로 type 1~5까지의 클래스 중 하나가 적용된 것을 볼 수 있습니다. 예제를 직접 실습하면서 확인하시기 바랍니다.

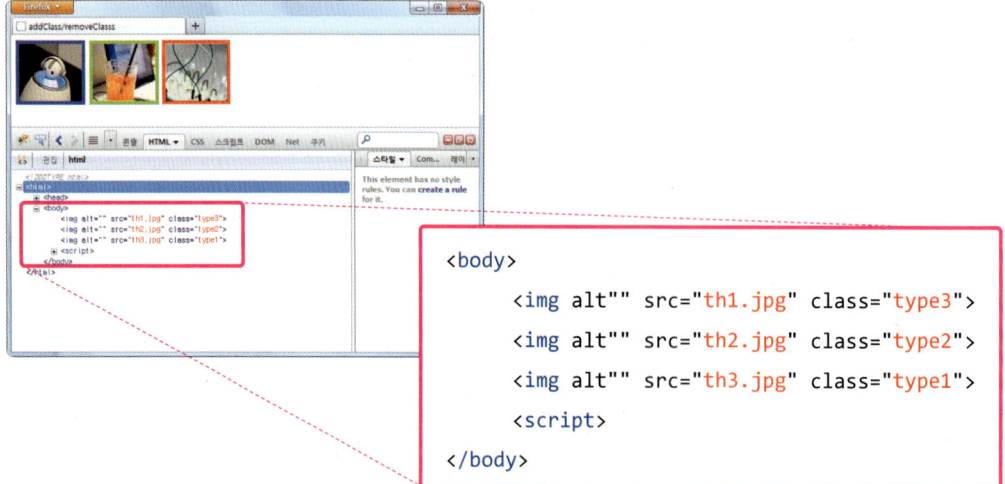

CHAPTER 05
Events

기본적으로 전역에 작성된 프로그램은 프로그램이 실행됨과 동시에 바로 실행되지만 함수(function)로 묶인 부분은 호출되지 않으면 실행되지 않습니다. 이러한 이유 때문에 원하는 시점에 원하는 기능을 실행하기 위해서는 프로그램 실행의 계기가 되는 점이 필요합니다. 이러한 역할을 하는 것이 Event이며, 모든 함수는 Event와 연결되어 호출되는 형태를 가집니다.

01 | 이벤트 처리 방식

javaScript와 jQuery가 어떻게 이벤트를 등록하고 실행하는지 살펴보겠습니다. 이 둘의 이벤트 처리 방식의 차이점은 무엇인지 잘 관찰하시기 바랍니다.

javaScript 이벤트 처리 방식

 예제 파일 2부/javaScript_event.html

javaScript는 아래와 같이 이벤트를 처리합니다.

● **이벤트 등록**

　　obj.attachEvent("이벤트 이름", 함수) // IE(Internet Explorer)

　　obj.addEventListener("이벤트 이름", 함수)) // IE 8 이상과 그 밖의 웹 브라우저

● **이벤트 제거**

　　obj.detachEvent("이벤트 이름", 함수))// IE(Internet Explorer)

　　obj.removeEventListener("이벤트 이름", 함수)) // IE 8 이상과 그 밖의 웹 브라우저

"이벤트"를 체크하는 기능의 표준안은 addEventListener입니다. IE는 독자 규격을 사용하다가 IE 8부터는 표준 규격도 지원합니다.

예를 들어 HTML 문서에 가로 100px, 세로 100px인 id가 box인 〈div〉 태그가 있는데, 이 〈div〉 태그를 클릭한 후 경고 창에 "hello"를 출력하라는 코드를 작성해보면 javaScript는 아래와 같습니다.

```javascript
function fnClick(){
    alert("hello");
 }
var evtDiv = document.getElementById('box');
if(evtDiv.addEventListener) {
    evtDiv.addEventListener("click", fnClick);
} else {
    evtDiv.attachEvent("onclick", fnClick);
}
```

line 1~3 : 함수 선언

line 4 : 문서에서 ID가 box인 것을 찾아 evtDiv 변수에 저장

line 5 : evtDiv 변수에 담긴 객체가 addEventListener를 지원하면 line 7을, 그렇지 않으면 line 10을 실행하는 코드입니다.

line 6 : IE 계열이 아닌 웹 브라우저가 이벤트를 등록하는 코드입니다. 클릭하면 fnClick 함수를 호출합니다.

line 8 : IE에 이벤트를 등록하는 코드입니다.

불행하게도 IE와 IE 계열이 아닌 웹 브라우저마다 약간 다른 명령어를 사용합니다. 양쪽 모두를 지원하기 위해서는 위와 같은 코드가 필요합니다.

jQuery 이벤트 처리 방식

 2부/jQuery_event.html

jQuery는 두 가지 방식으로 이벤트를 등록할 수 있습니다.

● 객체에 직접 이벤트를 등록

$("#obj").click (함수);

	jQuery
1	function sum(){
2	alert("hello");
3	}
4	$('div').click(sum);

● bind 메서드(함수)를 이용하여 등록

$("#obj").bind ("click", 함수);

$('#obj').bind('mouseenter mouseleave', 함수)

// 이렇게 다수의 이벤트도 한 번에 설정할 수 있습니다.

	jQuery
1	function sum(){
2	alert("hello");
3	}
4	$('div').bind("click",sum);

● 이벤트 제거

$("#obj").unbind("click"); // id가 obj 객체에 click 이벤트를 제거

$("#obj").unbind( ); // id가 obj 객체에 모든 이벤트를 제거

jQuery를 사용하여 이벤트를 처리했더니 코드가 훨씬 간단해졌지요? IE와 다른 웹 브라우저

에 같은 코드를 사용하면 이와 같이 이벤트를 처리할 수 있습니다. 내부에서 javaScript가 다 처리해주기 때문이지요.

02 | jQuery 이벤트 주제별 구분

이 책에서는 javaScript 이벤트를 거의 사용하지 않고 jQuery 이벤트를 주로 사용하므로 jQuery가 제공하는 이벤트 중에 빈도가 높은 것들을 정리해보겠습니다.

마우스 이벤트

이벤트	설명
click	노드(element)를 마우스 포인터로 눌렀다가 떼었을 때에 발생합니다.
dblclick	노드를 더블클릭했을 때에 발생합니다.
hover	mouseenter와 mouseleave 이벤트들을 한 번에 bind합니다.
mousedown	노드 영역에서 마우스를 눌렀다가 떼었을 때에 발생합니다.
mouseenter	노드에 마우스가 진입했을 때에 발생합니다.
mouseleave	마우스가 노드에서 벗어났을 때에 발생합니다.
mousemove	노드 영역에서 마우스를 움직였을 때에 발생합니다.
mouseout	노드에서 마우스 포인터가 떠났을 때에 발생합니다.
mouseover	노드 영역에 마우스를 올려놓았을 때에 발생합니다.
mouseup	마우스 포인터를 노드에 올려놓고 마우스 버튼을 눌렀다 떼었을 때에 발생합니다.
toggle	click 이벤트에 핸들러를 바인딩하고, 클릭할 때마다 실행될 함수들을 차례대로 실행합니다.

위의 이벤트 중에서 hover 이벤트가 제일 많이 사용되므로, 이를 간단히 정리하겠습니다.

hover 이벤트

hover 이벤트는 mouseenter와 mouseleave 이벤트를 하나로 묶어 처리해주는 이벤트입니다.

```
$("selector").hover(function( ){ }, function( ){ } );
```
mouseenter 이벤트 시 호출   mouseleave 이벤트 시 호출

hover는 2개의 함수를 가지고 있는데, 첫 번째 함수는 mouseenter 이벤트 때에 호출되는 함수이고, 두 번째 함수는 mouseleave 이벤트 때에 호출되는 함수입니다.

Q & A

mouseenter, mouseover의 차이점은 무엇인가요?
mouseenter와 mouseover 이벤트는 내부 노드에 대한 이벤트가 감지되느냐, 감지되지 않느냐의 차이라고 보시면 이해하기가 쉬울 것입니다. mouseenter는 자식 노드에 대해서는 이벤트를 감지하지 않지만 mouseover는 내부 노드까지 이벤트를 감지합니다.

문서 로딩 이벤트

이벤트	설명
ready	해당 페이지가 로딩되었을 때에(처음 읽힐 때에) 발생
unload	해당 페이지를 빠져나갈 때에 발생

폼 이벤트

이벤트	설명
blur	노드에서 포커스가 떠날 때에 발생합니다.
change	노드의 값이 변경될 때에 발생합니다.
focus	노드가 포커스를 획득했을 때에 발생합니다.
select	유저가 텍스트를 선택했을 때에 발생합니다.
submit	폼의 내용을 전송할 때에 발생합니다.

키보드 이벤트

이벤트	설명
keydown	해당 영역에서 키보드를 눌렀을 때에 발생합니다.
keypress	해당 영역에서 키보드를 계속 누르고 있을 때에 발생합니다.
keyup	해당 영역에서 키보드를 눌렀다가 떼었을 때에 발생합니다.

웹 브라우저 이벤트

이벤트	설명
resize	웹 브라우저 윈도우 사이즈의 변화가 있을 때에 발생합니다.
scroll	스크롤이 움직일 때에 발생합니다.

좀 더 자세한 jQuery 이벤트는 http://api.jquery.com/category/events를 참조하세요.

03 | 이벤트 흐름 및 차단

이벤트 흐름

이벤트 흐름이란, 이벤트가 전달되는 단계 또는 순서라고 생각하시면 됩니다. 예를 들어 문서 구조의 〈div〉 요소 안에 〈a〉 요소가 있다고 가정할 때 〈a〉 요소에 click 이벤트가 발생하면 〈a〉 태그도 click 이벤트를 감지할 수 있고, 〈div〉 요소도 감지할 수 있습니다. 이렇게 여러 개의 중첩되는 요소가 있는 구조에 이벤트가 발생했을 경우, 이벤트는 아래 그림처럼 전달됩니다.

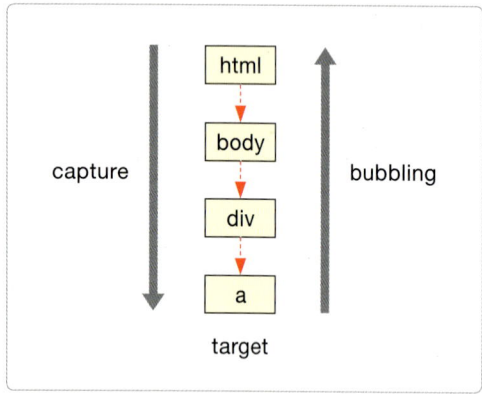

▲ 이벤트 흐름

이벤트 흐름은 크게 세 가지로 나누어 볼 수 있습니다.
- capture 단계 – 부모 노드에서부터 target 노드 전까지를 의미합니다.
- target 단계 – 현재 클릭한 마지막 자식 노드를 의미합니다.
- bubbling 단계 – target 노드부터 조상 노드까지를 의미합니다.

이처럼 이벤트는 이렇게 세 가지 흐름을 통해 순차적으로 이벤트가 전달됩니다. jQuery에서는 기본적으로 bubbling 단계를 지원하므로 이 단계를 잘 이해하시면 됩니다.

이벤트 차단

 2부/eventFlow.html

이벤트 차단이란, 이벤트의 흐름을 막는 것을 말합니다. 이는 여러 개의 중첩 요소가 있는 구조에 이벤트가 발생했을 때에 이벤트의 흐름이 더 이상 진행되지 못하도록 차단하는 것으로, jQuery에서는 이벤트 차단을 위해 stopPropagation( ) 메서드를 제공합니다.

문서 구조의 〈div〉 요소 안에는 〈a〉 요소가 있는데, 이 두 요소 모두에 click 이벤트를 설정하고 click 이벤트를 발생시키면 요소를 노란색으로 변경할 수 있습니다. 이번에는 stopPropagation( )의 사용 용도에 대해 알아보겠습니다.

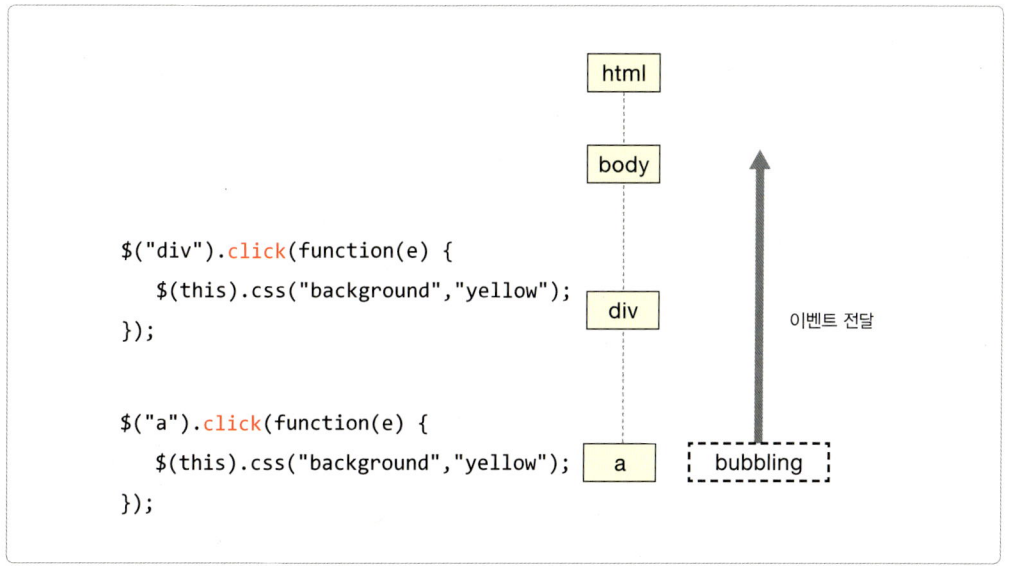

▲ 〈a〉 요소 다음의 〈div〉 요소에 click 이벤트 전달

위의 그림에서 a를 click하면 〈a〉 요소가 click 이벤트를 감지하여 배경색을 노란색으로 변경합니다. 그리고 click 이벤트가 부모에게 전달되어 〈div〉 요소의 배경색도 노란색으로 변경됩니다.

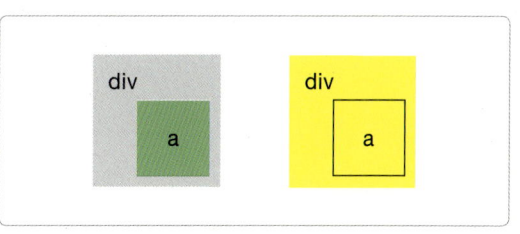

▲ 〈a〉 요소에 클릭하였을 때 〈a〉와 〈div〉 요소의 색상이 모두 변경됨.

이렇게 이벤트가 bubbling되면서 부모 노드에게도 이벤트가 전달되므로 부모가 해당 이벤트를 설정하고 있다면 호출됩니다.

```
$("div").click(function(e) {
    $(this).css("background","yellow");
});


$("a").click(function(e) {
    $(this).css("background","yellow");
    e.stopPropagation( )
});
```

▲ ⟨a⟩ 요소 다음의 ⟨div⟩ 요소에 click 이벤트 전달 차단

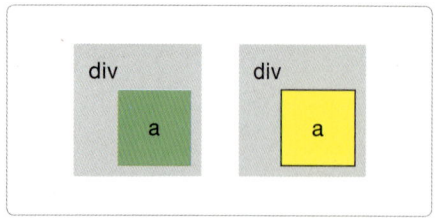

▲ ⟨a⟩ 요소를 클릭하였을 때 ⟨a⟩ 요소만 색상이 변경됨.

이렇게 stopPropagation( ) 메서드로 이벤트가 bubbling되는 것을 막음으로써 부모 노드로 이동하는 이벤트 흐름을 차단하게 됩니다. 그래서 ⟨a⟩ 요소를 click 해도 ⟨a⟩ 요소의 배경색만 변경된다는 것을 알 수 있습니다. 완성 예제를 실행하여 확인해보세요.

CHAPTER 06
Effects and Custom Animations

'웹 페이지를 만드는 기술 중에서 jQuery만큼 빠르게 자리 잡은 라이브러리가 또 있을까?'라는 생각이 들만큼 jQuery는 빠른 속도로 성장하고 있습니다. 이러한 이면에는 jQuery의 Effects와 Custom Animation이 큰 역할을 하였습니다. 플래시 전용으로만 생각되었던 다양한 모션 그래픽과 애니메이션 그리고 인터랙티브들을 웹 표준에서 작업할 수 있게 된 것은 바로 jQuery의 Effects와 Custom Animations 덕분입니다.

이 장에서 공부하게 될 effect 함수에는 아래와 같은 매개 변수들이 있습니다.

duration - 시간 값으로, 1/1000밀리세컨드 단위입니다. 문자열로 "slow", "normal", "fast"를 사용할 수도 있으며, 이는 각각 200, 400, 600밀리세컨드를 의미합니다. 만약, 이 매개 변수를 생략하면 기본 값인 400밀리세컨드로 움직이게 됩니다[show( ), hide( ) 제외].

easing - easing 함수란, 스피드를 조작하여 특별한 효과를 나타나게 하는 함수를 의미합니다. jQuery가 기본적으로 가지고 있는 easing 표현은 swing과 linear입니다. 더 많은 easing 효과들이 궁금하면 jQuery UI suite를 방문해보세요. 단, easing 함수는 플러그인이므로 관련된 라이브러리를 포함하고 있어야만 사용할 수 있습니다.

callback - 콜백 함수는 스스로 호출되는 함수의 의미로 이 챕터에서는 이펙트 애니메이션 효과가 완료되면 자동으로 호출되는 함수를 말합니다. 콜백 함수는 매개변수를 전달 할 수는 없지만 this 키워드는 자동으로 전달됩니다. 콜백 함수 내부 코드에서 this는 이펙트 애니메이션의 주체인 요소 노드를 의미합니다. 특정 이펙트 애니메이션 효과를 지속적으로 반복하고 싶을 때도 자주 사용되는 함수입니다.

01 | Basics

Basic은 말 그대로 기본 효과입니다. 기본 효과는 HTML 객체를 보이거나 감추는 기능입니다. 여기에 시간을 정해주면 약간의 애니메이션 효과를 줄 수 있습니다. 이 함수를 적용하면 객체는 CSS의 display 상태를 변경해주는데, hide( ) 함수는 display:none로 바꿔주고, show( ) 함수는 display:block 또는 display:inline으로 바꿔주게 됩니다. display:none 상태가 되면 DOM 영역에서 제거되면서 그 빈 부분을 다른 HTML이 채우게 됩니다. opactiy:0으로만 해서는 DOM에서 제거되지 않습니다.

 여기서 잠깐

눈에 안 보인다고 해서 메모리에서 제거되는 것은 아닙니다.

기본 사용법은 애니메이션 효과가 없이 요소를 바로 숨기는 기능을 합니다. 이것은 대략 .css('display', 'none')의 사용과 비슷하지만, 숨길 때에 display 속성 값을 jQuery 의 데이터 캐시에 저장해두었다가 나중에 display를 초기값으로 복원 해줍니다. 만약 요소의 display 스타일 속성 값이 inline이었다면, 숨긴 후 다시 보여질 때에 display 속성 값이 inline 으로 복원된다는 의미입니다.

hide( )

.hide( )   Returns: jQuery

.hide( )
.hide(duration [, callback])
.hide([duration] [, easing] [, callback])

hide( ) 함수에 매개 변수가 전달되지 않으면 즉시 노드의 상태를 display: none으로 변경하면서 눈에 보이지 않게 됩니다. 서서히 보이지 않게 하려면 시간 값(1/1000초)을 매개 변수로 전달해주면 됩니다. 두 번째 easing은 요소의 애니메이션 상태에 다양한 가·감속 등을 설정할 수 있습니다. 세 번째 매개 변수인 콜백 함수가 지정되면 모든 hide( ) 작업이 끝난 후에 호출됩니다.

show( )

| .show( ) | Returns: jQuery |

.show( )

.show(duration [, callback])

.show([duration] [, easing] [, callback])

show( ) 함수에 매개 변수가 전달되지 않으면 즉시 노드의 상태를 display: block 또는 inline 으로 변경하면서 눈에 보이게 됩니다. 서서히 보이게 하려면 시간 값(1/1000초)을 매개 변수로 전달해주면 됩니다. 두 번째, 세 번째 매개 변수는 hide( )와 동일합니다.

Q & A

도움말 같은 데서 함수의 매개 변수를 설명할 때([duration] [, easing] [, callback]), 매개 변수에 있는 [ ] (사각 괄호)는 무엇을 의미하나요?

[ ]에 있는 매개 변수는 생략할 수 있다는 의미입니다.

2부/hide_show.html

hide( )와 show( ) 함수를 사용하여 어떤 효과가 있는지 관찰해보시기 바랍니다.

◉ 미리 보기

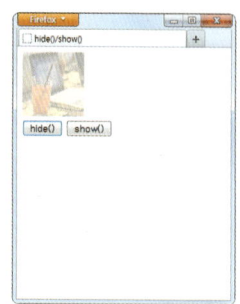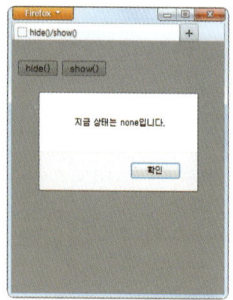

▲ hide( ) 버튼을 눌렀을 때에 변화되는 모습

hide( ) 함수의 최종 목표는 노드를 보이지 않게 하는 것입니다. 시간을 입력하여 애니메이션 동작을 주게 되면 가로, 세로 크기를 일정하게 줄여 나가면서 불투명도가 감소하는 현상을 볼 수 있습니다. 마지막 화면은 hide( ) 기능이 모두 끝난 후에 호출된 콜백 함수입니다.

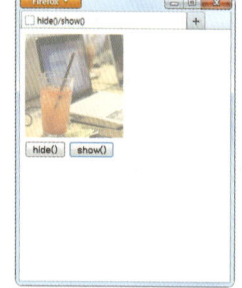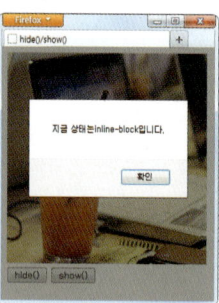

▲ show( ) 버튼을 눌렀을 때

show( ) 함수의 최종 목표는 노드를 보이게 하는 것입니다. 시간을 입력하여 애니메이션 동작을 주게 되면 가로, 세로 크기를 일정하게 늘려 나가면서 불투명도가 증가하는 현상을 볼 수 있습니다. 마지막 화면은 show( ) 기능이 모두 끝나고 난 후에 호출된 콜백 함수입니다.

	HTML
1	`<img src="sample1.jpg" alt="" width="300" height="307"/>`
2	`<button id ="hide">hide()</button>`
3	`<button id ="show">show()</button>`

line 1 : 가로 300px, 높이 307px인 이미지를 1개 준비합니다.

line 2~3 : hide와 show 레이블을 가진 버튼을 만듭니다.

jQuery	
1	`$('#hide').click(function() {`
2	`  $('img').hide(1000, function() {`
3	`    alert('지금 상태는'+$(this).css("display")+"입니다.");`
4	`  });`
5	`});`
6	
7	`$('#show').click(function() {`
8	`  $('img').show(1000, function() {`
9	`    alert('지금 상태는'+$(this).css("display")+"입니다.");`
10	`  });`
11	`});`

line 1~5 : id가 hide인 버튼을 클릭하면 1초 동안 hide( ) 효과가 나타나면서 img가 보이지 않는 상태로 변경되고, 경고 창으로 현재 이미지의 display 상태를 출력합니다.

line 2 : 이미지에 1초 동안 hide( ) 효과가 나타난 후, 콜백 함수를 호출합니다.

line 7~11 : id가 show인 버튼을 클릭하면 1초 동안 show( ) 효과가 나타나면서 img가 보이는 상태로 변경되고, 경고 창으로 현재 이미지의 display 상태를 출력합니다.

line 8 : 이미지에 1초 동안 show( ) 효과가 나타난 후 콜백 함수를 호출합니다.

파이어버그로 노드 검사를 해보면 img의 style 상태가 어떻게 변하는지 알 수 있습니다.

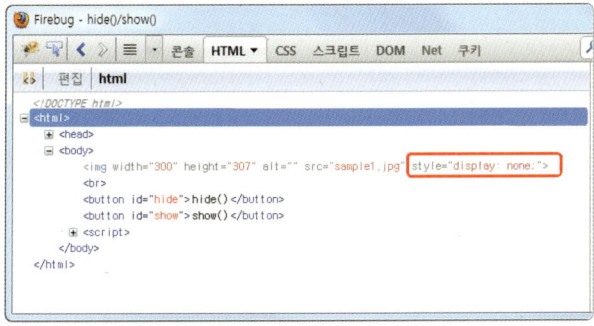

▲ hide( ) 효과가 모두 끝난 후의 〈img〉 태그 상태

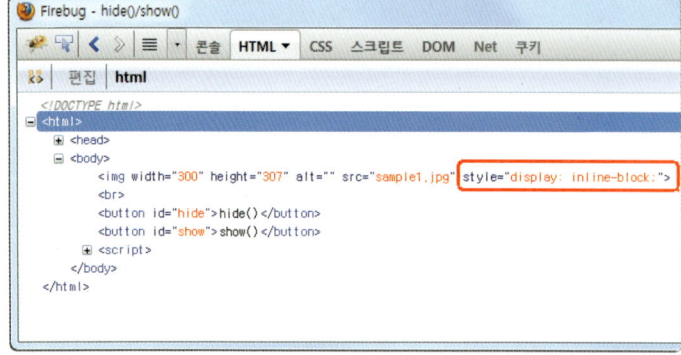

▲ show( ) 효과가 모두 끝난 후의 〈img〉 태그 상태

반드시 요소 검사를 통해 내부적으로 상태가 어떻게 변해 가는지를 살펴보시기 바랍니다.

 Q & A

jQuery로 선택된 요소를 숨기는 방법에는 아래와 같이 두 가지 방법이 있을 수 있는데, 이 둘의 차이는 무엇인가요?

– $("요소").css("display", "none");

– $("요소").hide( );

$("요소").css("display:none")를 사용하면 style="display:none"과 같이 inline style 형식으로 처리되면서 요소가 사라집니다.
hide( )를 사용하여 요소를 숨기게 되면 display 속성 값을 jQuery의 데이터 캐시에 저장해두기 때문에 show( )나 toggle( )에 의해 복원될 때에 display 설정을 초기값으로 전환해줍니다.

toggle( )

.toggle([duration] [, callback])　　　　　　　　　　**Returns: jQuery**

.toggle([duration] [, callback])

.toggle([duration] [, easing] [, callback])

.toggle(showOrHide)

toggle( )은 show( )와 hide( )를 번갈아 실행시켜주는 함수입니다. 만약 요소의 상태가 show(display:block)이면 hide(display:none)로, hide(display:none)이면 show(display:block)로 바꿔줍니다.

02 | Fading

fading은 요소의 불투명도(opacity)만을 조절하는 함수입니다. 크기를 조절하지 않는 것을 빼면 show( ), hide( )와 다르지 않아 보입니다. 요소의 원래 불투명도를 기억하고 있으면서 점점 흐리게 또는 밝게 조절할 수 있습니다. 물론 여기도 fadeToggle( )이라는 함수로 fadeIn, fadeOut 함수를 번갈아 실행시킬 수 있습니다. 또 하나 주의 깊게 보아야 할 부분은 fadeTo( ) 함수로, 이 함수는 불투명도 값을 지정하여 그 불투명도까지 애니메이션을 수행해줍니다. 하지만 이 함수는 display 상태를 none로 만들지 않기 때문에 영역은 그대로 유지됩니다.

함수	기능
fadeIn( )	opacity 0에서 1로 전환하며 서서히 나타나게 처리합니다. display 상태는 block이나 inline으로 설정됩니다.
fadeOut( )	opacity 1에서 0로 전환하며 서서히 사라지게 처리합니다. display 상태는 none로 설정됩니다.
fadeToggle( )	fadeIn( )과 fadeOut( )을 번갈아 가며 실행해줍니다.
fadeTo( )	불투명도(opacity)를 지정하여 fade를 조절합니다.

fadeIn( )

.fadeIn([duration] [, callback]) *Returns: jQuery*

.fadeIn([duration] [, callback])
.fadeIn([duration] [, easing] [, callback])

fadeIn( ) 함수가 시작되고 display 상태가 none으로 되어 있을 때에는 가장 먼저 display 상태를 원래대로 바꾸고, opacity가 0에서 1로 변경되면서 서서히 나타나도록 합니다. 매개 변수의 의미는 hide( )/show( ) 함수와 같습니다. 단 [duration] 매개 변수를 생략하면 기본 값인 400 밀리세컨드로 움직입니다.

fadeOut( )

.fadeOut([duration] [, callback])　　　　　　　　Returns: jQuery

.fadeOut([duration] [, callback])

.fadeOut([duration] [, easing] [, callback])

.fadeOut( ) 함수가 시작되면, opacity가 1에서 0으로 변경되면서 서서히 사라지도록 합니다. 모두 사라지면 display 상태를 none으로 설정합니다. 단, [duration] 매개 변수를 생략하면 기본 값인 400밀리세컨드로 움직입니다.

다음 예제를 보면서 fadeIn( )과 fadeOut( ) 함수를 구체적으로 이해해보시기 바랍니다.

 2부/fadeIn_fadeOut.html

● 미리 보기

▲ fadeOut 버튼을 눌렀을 때에 변화되는 모습

fadeOut( ) 함수가 시작되면 대상 노드(이미지)의 opacity가 1에서 0으로 변경되면서 점점 사라지도록 합니다. opacity가 0이 되면서 완전히 사라지면 display 상태를 none로 변경하여 대상 노드(이미지)의 영역이 없어지기 때문에 버튼들이 위로 올라갑니다.

▲ fadeIn 버튼을 눌렀을 때에 변화되는 모습

fadeIn( ) 함수가 시작되면 먼저 대상 노드(이미지)의 display 상태를 none으로 변경하고 block이나 inline 등과 같이 원래의 상태로 변경하고 난 후 opacity가 0에서 1로 변경되면서 점점 나타나게 됩니다.

```
HTML
1  <img src="sample2.jpg" alt="" width="300" height="307" /><br/>
2  <button id ="fadeOut">fadeOut</button>
3  <button id ="fadeIn">fadeIn</button>
```

line 1 : 가로 300px, 높이 307px인 이미지를 1개 준비합니다.

line 2~3 : fadeOut과 fadeIn 레이블을 가진 버튼을 만듭니다.

	jQuery
1	`$("body").append("<p></p>");`
2	`$('button#fadeOut').click(function() {`
3	`    $('img').fadeOut(1000, function() {`
4	`        $("p").text('지금 display 값은 '+$(this).css("display")+" 입니다.");`
5	`    });`
6	`});`
7	`$('button#fadeIn').click(function() {`
8	`    $('img').fadeIn(1000, function() {`
9	`        $("p").text('지금 display 값은 '+$(this).css("display")+" 입니다.");`
10	`    });`
11	`});`

line 1 : append( ) 함수를 사용하여 body 태그 내부의 맨 마지막에 display 상태를 출력할 〈p〉 태그를 삽입합니다.

line 2~6 : id가 fadeOut인 버튼을 클릭하면 1초 동안 fadeOut( ) 효과가 나타나면서 img가 점차 보이지 않게 됩니다. 완전히 보이지 않게 되면 콜백 함수가 실행되는데, 이 함수는 line 1에서 만든 〈p〉 태그의 텍스트에 현재 이미지의 display 상태를 css( ) 함수로 읽어와 나타냅니다.

line 7~11 : id가 fadeIn인 버튼을 클릭하면 1초 동안 fadeIn( ) 효과가 나타나면서 img가 점점 나타나고, 모두 나타나면 현재 이미지의 display 상태를 〈p〉 태그에 출력해주는 콜백 함수를 수행합니다.

fadeToggle( )

.fadeToggle([duration] [, easing] [, callback])   *Returns: jQuery*

.fadeToggle([duration] [, easing] [, callback])
.fadeToggle( ) 함수는 fadeIn, fadeOut 함수를 교대로 수행해줍니다.

fadeTo( )

> **.fadeTo(duration, opacity [, callback])**　　　　　　Returns: jQuery

fadeTo(duration, opacity [, callback])

fadeTo(duration, opacity [, easing] [, callback])

fadeTo( ) 함수는 opacity(불투명도)를 지정하여 서서히 사라지거나 나타나게 합니다. opacity 값의 범위는 0~1 사이입니다. 불투명도는 이미지 효과를 적용하는 등과 같이 다양하게 사용됩니다.

다른 함수와 다른 점은 아래와 같습니다.
- fadeTo( ) 함수는 반드시 시간(duration)을 명시해주어야 합니다.
- fadeTo( ) 함수는 opacity(불투명도)가 0으로 되어 있기 때문에 눈에 보이지 않더라도 display 상태를 none으로 변경하지 않습니다. 따라서 문서의 구조에 영향을 미치지 않습니다.

 2부/fadeTo.html

다음은 fadeTo( ) 함수의 opacity의 값을 조절하여 fade의 모습을 관찰하는 예제입니다.

◯ 미리 보기

▲ opacity = 0

▲ opacity = 0.3

▲ opacity = 0.6

▲ opacity = 1

예제를 살펴보면 opacity가 0이 되더라도 display 상태는 inline으로 유지되기 때문에 문서의 레이아웃에는 아무 변화가 없다는 것을 알 수 있습니다.

```html
HTML
1  <img src="sample3.jpg" alt="" width="300" height="307" />
2  <br/>
3  <button title="0">opacity=0</button>
4  <button title="0.3">opacity=0.3</button>
5  <button title="0.6">opacity=0.6</button>
6  <button title="1">opacity=1</button>
```

line 1 : 가로 300px, 높이 307px인 이미지를 1개 준비합니다.

line 2 : 줄 바꿈을 통해 버튼을 밑에 배치합니다.

line 3~6 : opacity를 변화시킬 버튼 4개를 준비합니다. 〈button〉 태그의 title 값에 opacity 값을 설정해 놓았습니다.

```javascript
jQuery
1  $("body").append("<p></p>");
2
3  $('button').click(function() {
4      var opacity = $(this).attr("title");
5      $('img').fadeTo("slow" , opacity ,  function() {
6          $("p").append('display : '+$(this).css("display")+"<br>");
7          $("p").append('opacity : '+$(this).css("opacity")+"<br>");
8      });
9  });
```

line 1 : append( ) 함수를 사용하여 〈body〉 태그 내부의 맨 마지막에 display 상태를 출력할 태그를 삽입합니다.

line 3~9 : 버튼을 클릭하면 그 버튼이 가지고 있는 title 속성 값을 사용해 〈img〉 요소의 opacity를 조절합니다.

line 4 : 클릭한 버튼의 title 속성 값을 opacity 변수에 담습니다.

line5 : img 요소를 'slow' 속도(600밀리세컨드)로, opacity 변수에 담긴 값만큼 불투명도가 적용됩니다.

line 6~7 : fadeTo( ) 함수가 모두 실행되고 나면 line 1에서 만든 〈p〉 태그에 이미지의 display 상태와 opacity를 출력합니다.

03 | Sliding Effects

Sliding 효과는 노드의 높이(height)를 조절하여 접혔다 펴졌다 하는 효과를 보여줍니다. 매개 변수로는 [duration] [, easing] [, callback]이 가능합니다. 아주 간단한 함수지만 접었다 폈다 하는 기능을 가진 어코디언 메뉴와 세로 내비게이션 등에 많이 사용됩니다.

함수	기능
slideDown( )	슬라이딩 스타일로 요소를 보이게 합니다.
slideUp( )	슬라이딩 스타일로 요소를 숨기게 합니다.
slideToggle( )	slideDown( )와 slideUp( )를 반복하여 바꿔줍니다.

slideDown( )

`.slideDown( [duration] [, callback] )` **Returns: jQuery**

.slideDown([duration] [, callback])
.slideDown([duration] [, easing] [, callback])

slideDown은 노드의 높이 값을 0부터 원래 가지고 있던 높이까지 늘리면서 펼쳐주는 효과를 나타냅니다. 물론 최종적으로는 display 상태가 block이나 inline이 될 것입니다.

slideUp( )

`.slideUp( [duration] [, callback] )` **Returns: jQuery**

slideUp은 노드의 현재 높이 값에서 0까지 줄어들어 접는 효과를 나타냅니다. 최종적으로 display 상태는 none이 됩니다.

 2부/slideDown_slideUp.html

slideDown( )과 slideUp( ) 함수를 사용하여 어떤 효과가 있는지 관찰해보시기 바랍니다.

◯ 미리 보기

  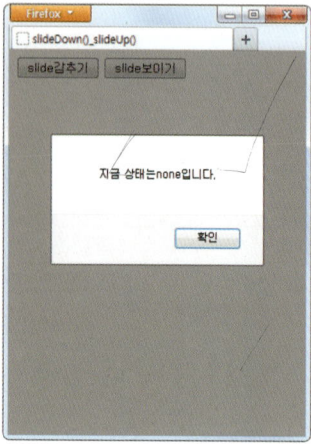

▲ slide 감추기 버튼을 눌렀을 때 변화되는 모습

이미지를 감싸고 있는 div의 height가 점점 줄어들면서 접히는 모습입니다. 마스크 느낌과도 비슷합니다. 모두 접히면 display:none 상태가 되면서 실제 문서 레이아웃에서 빠지게 됩니다. 단, div 자체가 없어지는 것은 아닙니다.

▲ slide 보이기 버튼을 눌렀을 때 변화되는 모습

다시 펴지는 모습입니다. 모두 펴지고 나면 display 상태는 block이 됩니다.

HTML	
1	`<div>`
2	`    <img src="sample1.jpg" alt="" width="300" height="307"/>`
3	`</div>`
4	
5	`<button id ="up">slide감추기</button>`
6	`<button id ="down">slide보이기</button>`

line 1~3 : 가로 300px, 높이 307px인 이미지 1개를 포함하는 〈div〉 태그를 준비합니다.

line 5~6 : slide 감추기와 slide 보이기 레이블을 가진 버튼을 만듭니다.

jQuery	
1	`$('#up').click(function() {`
2	`  $('div').slideUp(1000, function() {`
3	`    alert('지금 상태는'+$(this).css("display")+"입니다.");`
4	`  });`
5	`});`
6	

```
7   $('#down').click(function() {
8     $('div').slideDown(1000, function() {
9       alert('지금 상태는'+$(this).css("display")+"입니다.");
10    });
11  });
```

line 2 : <div> 태그의 slideUp( )을 실행하면 1초 동안 접히게 됩니다.

line 3 : <div> 태그의 display 상태를 경고 창으로 나타냅니다.

line 8 : <div> 태그의 slideDown( )을 실행하면 1초 동안 펼치게 됩니다.

line 9 : div 태그의 display 상태를 경고 창으로 나타냅니다.

이미지를 활용한 Slide 효과는 반드시 block 요소로 감싸서 block 요소를 Slide시켜야 시각적으로 유용합니다. 그렇지 않고 이미지에 직접 Slide 효과를 적용하면 height가 줄어들기 때문에 이미지 비율이나 픽셀들이 깨지게 됩니다.

```
HTML
1   <img src="sample1.jpg" alt="" width="300" height="307"/>
```

```
jQuery
1       $('img').slideDown( )
```

이미지에 Slide 효과를 직접 주면 위와 같이 이미지의 비율이 달라집니다.

slideToggle( )

`.slideToggle( [duration] [, callback] )`   *Returns: jQuery*

slideToggle( ) 함수는 slideUp( )와 slideDown( )를 번갈아 실행시켜주는 함수입니다. 매개 변수와 관련된 의미는 다른 effect 함수들과 같습니다.

04 | Custom Animations

지금까지 학습한 effect는 기본적으로 jQuery에 내장된 함수입니다. 독자 여러분 중에는 'Slide 할 때 height 말고 width를 조절하고 싶다', '컬러를 부드럽게 조절하고 싶다', '스크롤을 부드럽게 움직이게 하는 효과는 없나?' 등과 같이 개인적으로 커스터마이징하여 요소에 효과를 주고 싶으신 분들이 많을 것입니다. jQuery는 이러한 것들을 해결할 수 있는 함수를 제공해주는데, 그것이 바로 animate( ) 함수입니다. 이는 이 책의 전체에 걸쳐 골고루 쓰이는 함수입니다. 반드시 익혀두시기 바랍니다.

`.animate(properties [, duration] [, easing] [, complete])`   *Returns: jQuery*

- properties 움직임을 만들어낼 수 있는 CSS 속성들
- duration 애니메이션되는 시간
- easing 애니메이션에 가·감속을 조절
- complete 애니메이션이 모두 멈춘 후에 실행될 콜백 함수

매개 변수는 네 가지입니다. 첫 번째 properties를 제외한 나머지 매개 변수는 이전 효과에서 사용하던 매개 변수와 같습니다.

properties

첫 번째에 오는 매개 변수인 properties는 애니메이션의 속성과 값을 설정합니다. 형식은 Object로 아래와 같이 표현합니다.

```
{ property:value, property:value, ... }
```

property에는 CSS 속성들이 올 수 있지만, 모든 속성이 다 올 수 있는 것은 아닙니다.

○ property에 올 수 있는 값

숫자를 사용할 수 있는 CSS 속성으로, border, margin, padding, height, width, font-size, bottom, left, top, right, line height 등과 같은 픽셀이 아닌 em과 % 같은 값들도 지원해줍니다. scrollTop, scrollLeft 애니메이션 효과에 적용할 수 있습니다.

○ property에 올 수 없는 값

수치형이 아닌 속성 값에는 애니메이션 효과를 줄 수 없습니다. background-color, 축약형 표현 방법에는 border: "px solid black" 등이 있습니다. 그러나 jQuery UI plugIn 기능을 사용하면 color도 애니메이션을 구현할 수 있습니다(좀 더 자세한 내용은 163쪽을 참조하세요).

> **Tip** — **property 속성명의 표기**
>
> property 변수명을 문자열로 쓸 경우와 그렇지 않은 경우가 있습니다. 이에는 약간의 차이가 있는데, CSS 속성 중에 2개 이상의 단어 형식으로 이루어진 속성으로 만들어진 것들이 있습니다. 예를 들어 border-width, margin-top, font-size과 같은 속성들은 문자열 형식으로 작성해야만 동작합니다. 문자열을 쓰지 않고 변수명으로 쓰려면 -를 빼고 - 의 뒤에 오는 알파벳을 대문자로 사용해야 합니다. 그밖에 한 단어로 구성된 속성들은 문자열로 쓰거나 변수명 자체로 사용해도 됩니다.
>
> .animate({fontSize:"2em"},3000);
> .animate({"font-size":"2em"},3000);
>
> .animate({marginLeft:100, marginRight: 100px },"fast");
> .animate({"margin-left":100, "margin-right":100},"fast");
>
> ▶ **줄임 표현(shortcut)**
>
> CSS에는 줄임 표현이 있습니다. background, padding, margin, border 등은 세부적인 속성들이 부가적으로 더 있습니다. 예를 들어, border:5px solid red;은 아래 세 가지의 속성을 한 번에 사용한 것입니다.

```
border-width:5px
border-style:solid
border-color:red;
```

animate( ) 함수의 속성에는 이러한 축약형이 지원되지 않습니다. 따라서 border의 스타일을 변경하려면 각각의 속성을 사용해야 합니다.

```
$("div").animate({
   borderWidth: "5px",
   borderStyle: "solid",
   borderColor: "red"
}, 600);
```

애니메이션의 다양한 표현 방법

.animate({fontSize:"2em"},3000);

.animate({"font-size":"2em"},3000);

요소의 폰트 사이즈를 현재 크기의 2배로, 3초 동안 애니메이션합니다.

.animate({marginLeft:100,marginRight: 100 },"slow");

.animate({"margin-left":100,"margin-right":100},"600");

요소의 왼쪽과 오른쪽의 마진을 100px로, 600밀리세컨드 동안 애니메이션합니다.

.animate({width:"30%"},"fast");

요소의 가로 크기를 부모 가로 크기의 30% 크기로, 200밀리세컨드 동안 애니메이션합니다.

.animate({width:"200px", height:"200px"},"fast");

요소의 가로 크기를 200px 세로 크기의 200px 크기로, 200밀리세컨드 동안 애니메이션합니다.

.animate({left:"+=20"},2000, function( ){ });

요소의 위치를 현재 위치를 기준으로 2초 동안 계속 오른쪽으로 20px만큼 이동한 후, 콜백 함수를 호출합니다(+= 표현은 53쪽을 참조하세요).

◯ 예제

 2부/animate_1.html

slideDown( ), slideUp( ) 함수는 요소의 height 속성을 조절하며 접었다 폈다 하는 기능을 제공했습니다. 이번에는 animate( )로 width 속성을 조절하면서 좌우로 애니메이션하는 동작에 대해 알아보겠습니다.

◯ 미리 보기

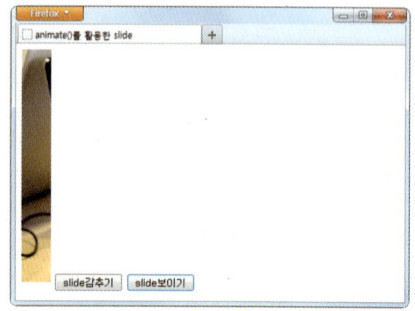
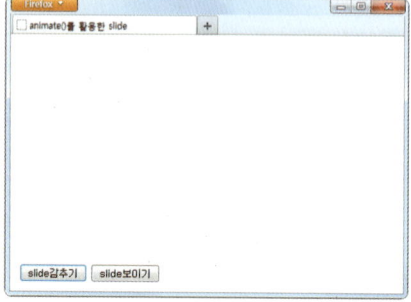

이미지를 감싸고 있는 div의 width가 점점 줄어들면서 좌우의 Sliding을 구현했습니다. 기본 효과에는 이러한 기능이 없기 때문에 animate( ) 함수로 처리하였습니다. 한 가지 중요한 사실은 slideUp( )이나 slideDown( ) 함수와 같이 효과가 끝나면 display 상태를 none이나 block

으로 변경해주는데, animate( ) 함수는 display 상태를 변경하지 않는다는 것입니다.

	HTML
1	`<div>`
2	`<img src="sample1.jpg" alt="" width="300" height="307"/>`
3	`</div>`
4	
5	`<button id="up">slide감추기</button>`
6	`<button id="down">slide보이기</button>`

line 1~3 : 가로 300px, 높이 307px인 이미지 1개를 포함하는 〈div〉 태그를 준비합니다.
line 5~6 : slide 감추기와 보이기 레이블을 가진 버튼을 만듭니다.

	CSS
1	`div{ overflow:hidden; width:300px; display:inline;}`

overflow:hidden를 설정한 이유는 animate( ) 함수가 width를 조절할 때에 자동으로 overflow:hidden으로 처리하기 때문에 width가 조절되고 난 후에도 overflow:hidden 상태를 유지해주기 위해서입니다.

	jQuery
1	`$('#up').click(function() {`
2	`$('div').animate({width:"0px"},1000);`
3	`});`
4	
5	`$('#down').click(function() {`
6	`$('div').animate({width:"300px"},1000);`
7	`});`

line 1~3 : #up 버튼을 클릭하면 1초 동안 div 요소의 width가 0px로 변경됩니다.
line 5~7 : #down 버튼을 클릭하면 1초 동안 div 요소의 width가 300px로 변경됩니다.

애니메이션 큐

 2부/animate-queue.html

애니메이션 큐(Animation Queues)는 여러 개의 애니매이션이 실행을 기다리는 대기열을 의미합니다.

예를 들어 아래와 같은 〈div〉 요소에 animate가 있다고 가정해보겠습니다.

```jQuery
1  $("div").animate({opacity: "0.1", left: "+=400"}, 2000);
2  $("div").animate({top:"+=100"}, 1000);
3  $("div").slideUp();
```

line 1 : 불투명도 0.1로, 현재 위치에서 오른쪽으로 400만큼씩 2초 동안 이동합니다.
line 2 : 현재 위치에서 위에서부터 밑으로 100만큼씩 1초 동안 이동합니다.
line 3 : slideUp( ) 함수를 사용하여 height가 줄어들며 접히는 모습을 보여줍니다. 매개 변수가 없을 때에는 'normal' 기본 값으로 설정됩니다. normal은 0.4초를 의미합니다.

jQuery는 위에 있는 세 가지의 animate( ) 함수를 동시에 실행하지 않고 하나씩 끝나기를 기다리면서 순서대로 실행됩니다.

 여기서 잠깐

체이닝이란?
jQuery는 메서드를 연속하여 나열할 수 있는 방법을 제공합니다. 이 세 가지의 메서드는 아래와 같이 .(dot)로 계속 기술할 수 있는데, 이를 '체이닝(chaining)'이라고 부릅니다(158쪽을 참조하세요).

```jQuery
1  $("div").animate({opacity: "0.1", left: "+=400"}, 2000)
2         .animate({top:"+=100"}, 1000)
3         .slideUp();
```

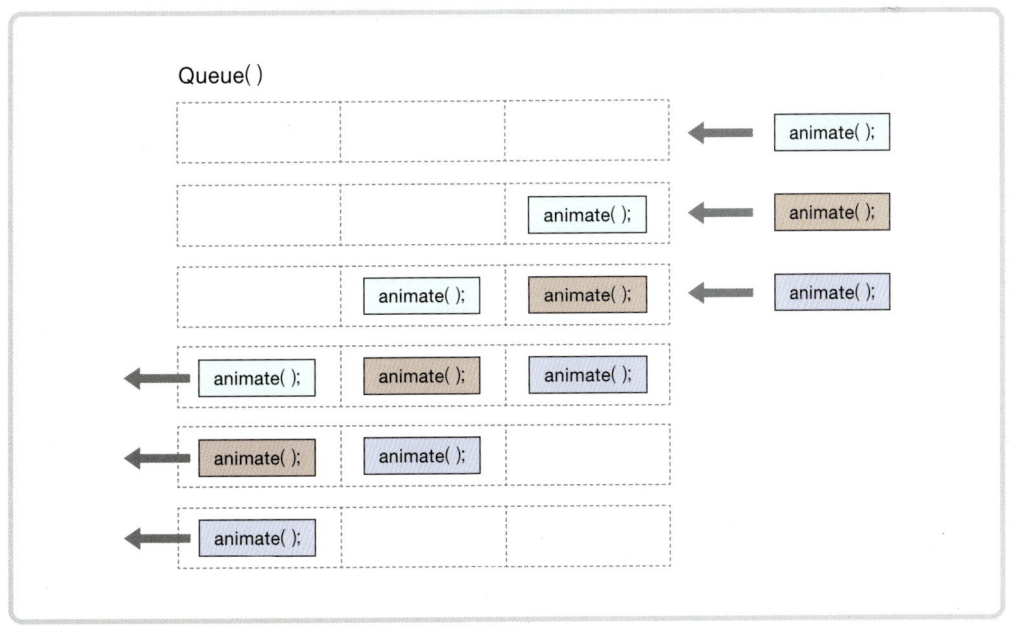

그림에서 알 수 있듯이 animate( ) 함수는 큐에 들어온 순서대로 실행되기 때문에 제일 먼저 들어온 animate( ) 함수가 제일 먼저 실행되고 큐에서 제거됩니다. 어떤 상황에서는 준비된 animate( ) 함수가 모두 실행되기를 기다리지 못할 수도 있습니다. 이 경우에는 진행 중인 animate( )가 중지되어야 합니다.

애니메이션 정지(Stopping Animations)

마우스 오버를 하면 opacity가 1로 애니메이션되고, 마우스 아웃을 하면 opacity가 0.3으로 애니메이션되는 이미지가 있다고 가정해보겠습니다. 사용자가 마우스 오버 또는 아웃을 수시로 한다면 애니메이션 큐에 쌓아놓고 끝날 때까지 모두 실행하게 됩니다. 따라서 기존 큐에 있는 모든 애니메이션을 지우고 새로운 애니메이션을 가능하도록 하기 위해 jQuery에서는 stop( )이라는 함수를 제공합니다. 이를 통해 애니메이션을 처음부터 실행할 수 있습니다.

.stop([clearQueue] [, jumpToEnd]) *Returns: jQuery*

● 매개 변수

clearQueue : 기본 값은 false이며, 큐에 대기 중인 효과들을 삭제(true)할 것인지의 여부를 결정합니다.

jumpToEnd : 기본 값은 false이며, 진행 중인 애니메이션을 완료할 것인지를 결정합니다. true이면 현재 진행 중인 애니메이션의 종료 시점으로 이동합니다.

stop( ) 함수가 호출되면, 현재 진행 중인 애니메이션이 즉시 멈춥니다. stop( ) 함수의 매개 변수(2개)에 따라 큐에 대기 중인 애니메이션이나 효과 등에 대한 처리가 조금씩 다릅니다. 첫 번째 매개 변수의 경우, 큐에 대기하고 있는 효과를 삭제하려면 true, 삭제하지 않고 실행하려면 false로 설정합니다. 기본 값은 false입니다.

두 번째 매개 변수의 경우, 진행되고 있는 현재 애니메이션을 끝으로 즉시 이동하려면 true, 그렇지 않고 stop( ) 명령이 수행된 지점에서 멈추고 끝내려면 false로 설정합니다. 기본 값은 false입니다.

아래 그림을 보면 이해하는 데에 도움이 될 것입니다.

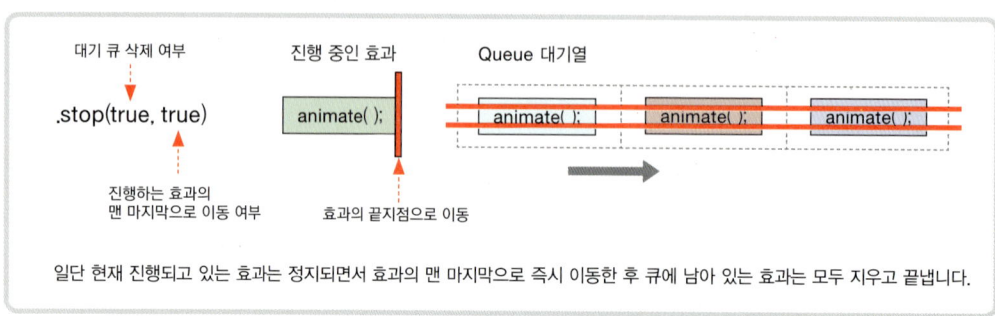

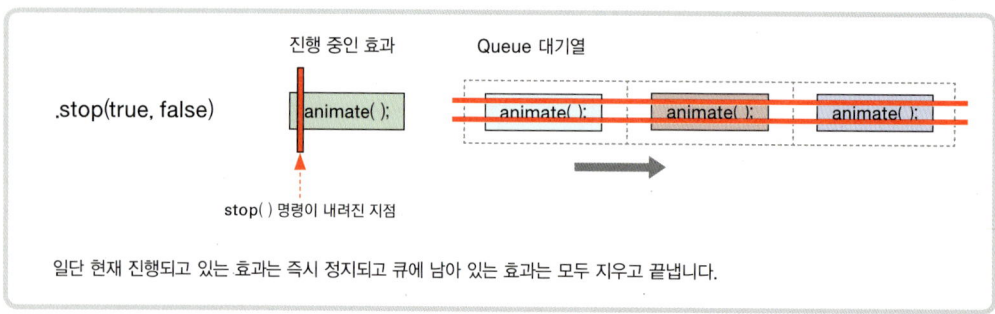

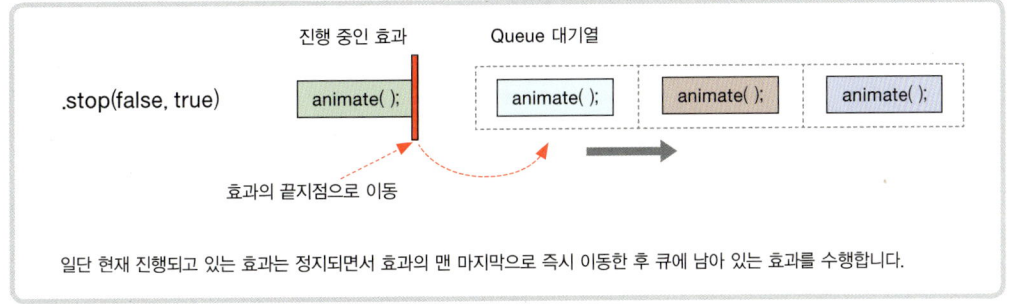

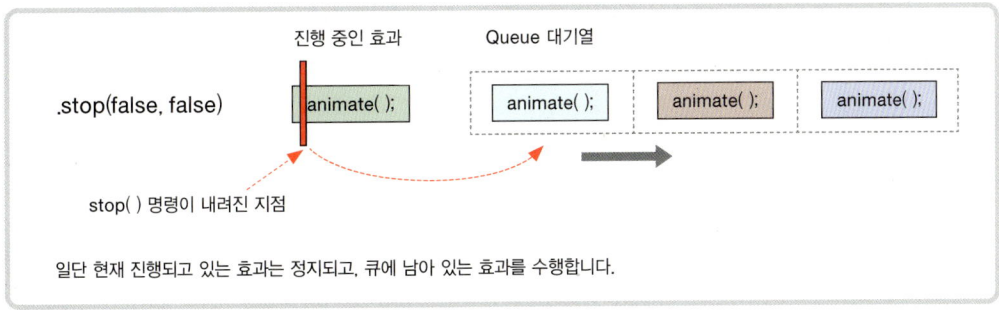

2부/animate_stop.htm

이 예제에서 효과 시작을 누르면 그림과 같이 다섯 가지의 효과 순서가 작동됩니다. 이때 stop( ) 함수의 매개 변수에 따라 어떻게 정지되는지 확인해보시기 바랍니다.

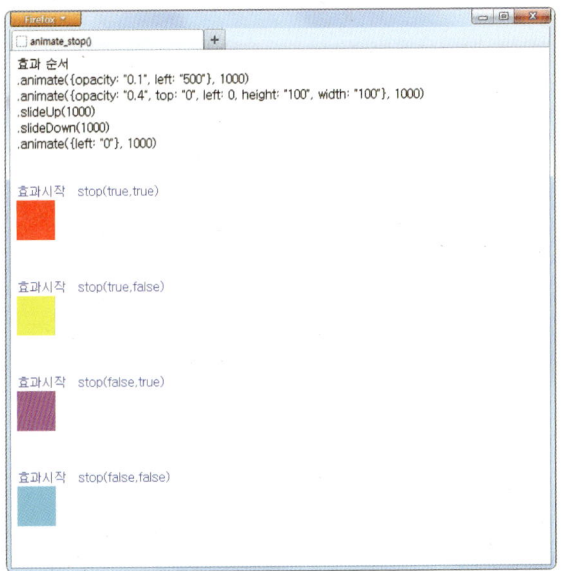

애니메이션 연기(지연)

 http://api.jquery.com/delay

.delay(duration [, queueName])　　　　　　　　　　　Returns: jQuery

delay( ) 메서드는 애니메이션 효과 및 기본 효과를 약간 지연시킬 수 있는 방법입니다. 하지만 매개 변수 없는 함수들, 즉 show( ) 나 hide( )들은 지연(delay)되지 않습니다. 예를 들어 아래와 같은 코드는 〈div〉 요소에 0.3초 동안 slideUp( )을 수행한 후 곧바로 0.5초 동안 fadeIn( ) 효과를 적용합니다.

```
$('div').slideUp(300).fadeIn(500);
```

여기서 slideUp( ) 함수와 fadeIn( ) 함수 사이를 1초 동안 지연하고 싶다면 아래와 같이 delay 함수를 사용하면 됩니다.

```
$('div').slideUp(300).delay(1000).fadeIn(500);
```

 여기서 잠깐

메서드 체인

 2부/chain.html

 메서드 체인(Chainability)은 사슬처럼 연결하여 메서드를 처리할 수 있습니다. 대부분의 jQuery 메서드는 jQuery 객체를 반환합니다. 이렇게 반환된 객체에 지속적으로 다른 메서드를 추가하여 작업할 수 있습니다.

HTML	
1	`<div>`
2	`<p> Lorem Ipsum </p>`
3	`</div>`
4	
5	`<div id ="box">`
6	`<p> Lorem Ipsum has been <span> dummy </span>text ever since </p>`
7	`</div>`

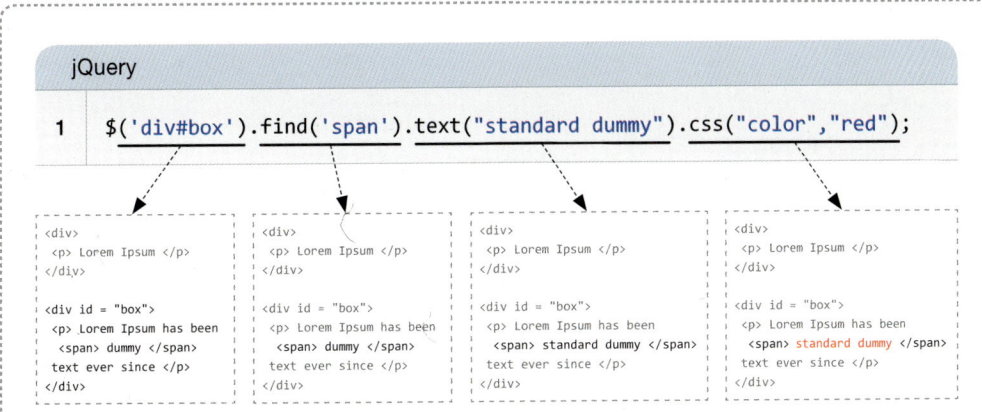

그림을 보면 알 수 있듯이 지속적으로 결과 집합을 유지하면서 메서드를 적용할 수 있습니다. jQuery 메서드를 연속적으로 수행하는 방식을 '메서드 체인'이라고 합니다.

CHAPTER 07
jQuery UI

jQuery UI는 jQuery로 만들어진 라이브러리입니다. 인터랙션, 애니메이션, 향상된 효과, 다양한 위젯 등 웹 페이지에서 인터랙티브한 작업을 하는 데에 필요한 기능을 제공합니다.

▲ http://jqueryui.com

jQuery UI에 대하여 하나씩 모두 설명하려면 많은 지면이 필요하기 때문에 이 책에서는 드래그 앤 드롭 기능을 사용한 예제를 통해 UI 기능을 소개하고, 꼭 필요한 컬러 애니메이션과 easing에 대해서만 알아보겠습니다. 다양한 UI의 기능들을 직접 확인하려면 아래의 웹 사이트를 방문해보세요.

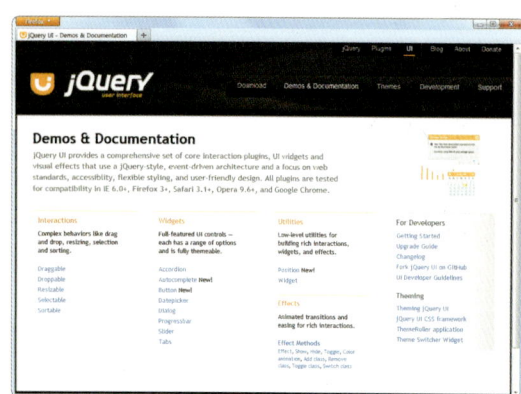

▲ http://jqueryui.com/demos

jQuery UI는 다양한 테마 주제를 가진 배색을 지원합니다.

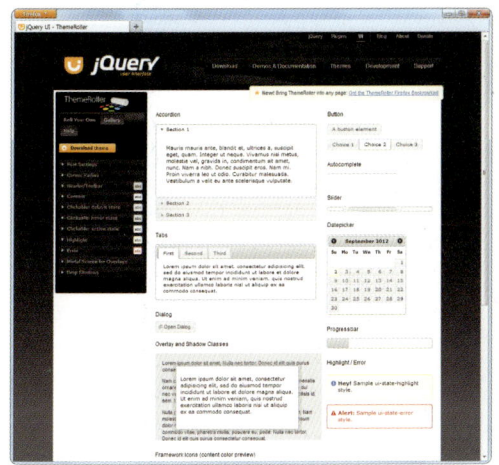 

01 | 다운로드 및 설정

컬러 애니메이션 및 easing 효과를 적용하기 위해서는 jQuery UI 코드가 필요합니다. 이 코드의 다운로드는 두 가지 방법으로 설정할 수 있습니다.

첫 번째는 Google's CDN에서 경로를 복사한 후, 웹 페이지에 연결하여 사용합니다.
두 번째는 jQuery UI 다운로드 페이지에서 직접 다운로드한 후에 사용합니다.

첫 번째 방법

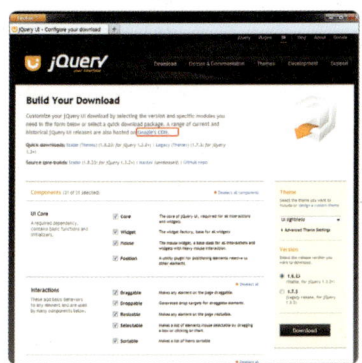 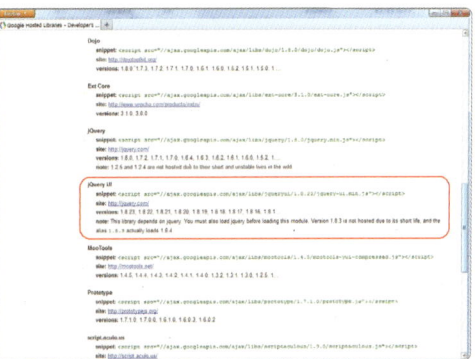

http://jqueryui.com/download에 접속합니다. 다운로드 페이지에 접속하면 Google's CDN 경로가 나타나는데, 이곳을 클릭하면 여러 가지 라이브러리 중에서 jQuery UI 라이브러리를 찾을 수 있습니다. 이 코드를 복사한 후에 웹 페이지상의 〈head〉 요소 안에 삽입하면 됩니다.

```
<script src="http://ajax.googleapis.com/ajax/libs/jqueryui/1.8.23/jquery-ui.min.js"></script>
```

두 번째 방법

직접 다운로드하는 방법입니다. http://jqueryui.com/download에 접속한 후 페이지 중간쯤에 있는 Effects 파트의 Effects Core 부분에 체크 표시를 하고 [Download] 버튼을 누르면 'jquery-ui-1.8.23.custom.zip' 파일을 다운로드할 수 있습니다.

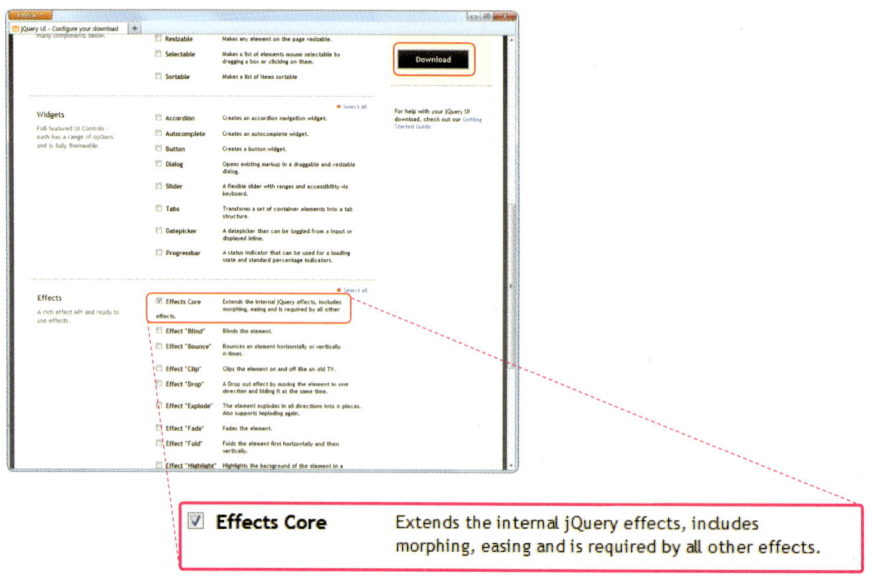

이 압축 파일을 풀면 js 폴더 안에 'jquery-ui-1.8.23.custom.min.js' 파일이 포함되어 있는 것을 알 수 있습니다. 이 파일이 컬러 애니메이션이나 easing을 조절하는 핵심 함수입니다. 이 파일을 여러분이 작업하는 웹 페이지 폴더로 이동한 후에 사용하면 됩니다.

```
<script src="jquery-ui-1.8.23.custom.min.js"></script>
```

Effects Core에는 UI 전체에 기본이 되는 기능들이 모두 담겨 있습니다. 또한 색상과 easing 관련 함수들도 포함되어 있습니다.

02 | 컬러 애니메이션

 2부/animateColor.html

미션 : 내비게이션의 글씨와 배경색을 애니메이션을 사용하여 변경해보기

마우스 오버 시 내비게이션의 글씨와 배경색이 부드럽게 변경되는 예제입니다. 직접 예제를 실행하여 결과를 확인해보시기 바랍니다.

미리 보기

이미지에서는 컬러가 그냥 바뀌는 것처럼 보일 수도 있지만, 컬러가 중간 컬러 값을 변경하면서 자연스럽게 컬러 값이 변경됩니다.

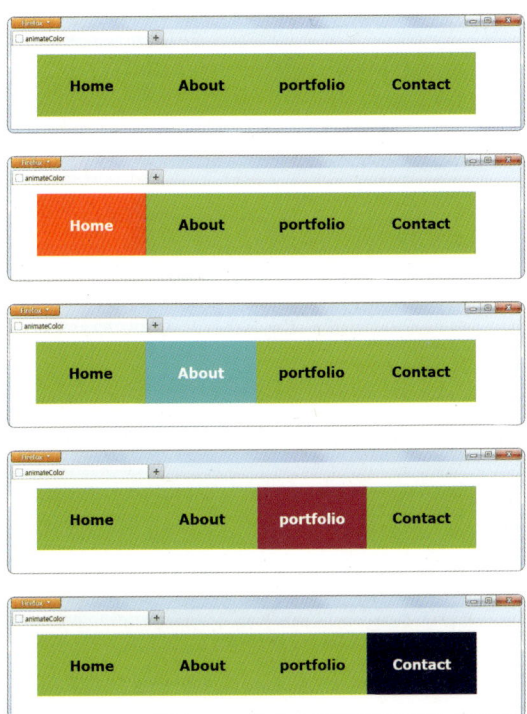

HTML	
1	`<ul>`
2	`    <li><a href="#" data-bg="#EF4018">Home</a></li>`
3	`    <li><a href="#" data-bg="#00C8C3">About</a></li>`
4	`    <li><a href="#" data-bg="#AA184D">portfolio</a></li>`
5	`    <li><a href="#" data-bg="#05184D">Contact</a></li>`
6	`</ul>`

line 1~6 : 일반적인 내비게이션 형식의 HTML입니다. 여기서는 〈ul〉, 〈li〉, 〈a〉 태그를 사용하여 구성하였습니다. 〈a〉 태그의 속성 중에는 data-bg 속성이 있는데, 이는 필자가 임의로 만든 속성명입니다. 이 속성 값에는 마우스가 〈a〉 태그에 오버되었을 때 나타나는 〈a〉 태그의 배경색이 담겨 있습니다.

 여기서 잠깐

'data-'로 시작하는 속성
마크업에 사용자가 임의의 속성을 설정할 때에는 'data-'라는 이름으로 시작하는 것이 좋습니다. 이는 HTML5 웹 표준 권고 사항입니다.

CSS	
1	`li {list-style:none; float:left;width:200px; height:60px;}`
2	`li a{`
3	`    background:#9AB92E;`
4	`    width:200px;`
5	`    height:60px;`
6	`    display: block;`
7	`    text-align: center;`
8	`    color:black;`
9	`    padding: 40px 0px 10px;`
10	`    font: bold 25px Verdana, Geneva, sans-serif;`
11	`    text-decoration: none;`
12	`}`

line 1 : li 항목의 크기를 설정하고 float:left를 사용해 옆으로 배치하였습니다.

line 2~12 : li 안에 있는 <a> 태그의 CSS 설정입니다. 배경색, 정렬, 패딩, 폰트 등을 다양하게 설정할 수 있습니다.

jQuery

```
1  <script src="jquery-1.7.2.min.js"></script>
2  <script src="jquery-ui-1.8.23.custom.min.js"></script>
3
4  $("li a").hover (
5      function(){
6          var overColor = $(this).attr("data-bg");
7          $(this).stop().animate({"background-color":overColor,
8                                  "color":"white"},300);
9      },
10     function(){
11         $(this).stop().animate({"background-color":"#9AB92E",
12                                 "color":"black"},300);
13     }
14 );
```

line 1 : jQuery 기본 라이브러리입니다.

line 2 : jQuery UI 라이브러리입니다. 중요한 것은 이 두 가지 순서가 변경되면 안 된다는 것입니다. 반드시 jQuery 기본 라이브러리 뒤에 UI 라이브러리가 있어야 합니다.

line 4 : a 링크에 jQuery hover 이벤트를 설정하여 마우스 오버했을 경우와 아웃했을 경우에 대해 처리할 함수를 설정합니다.

line 5~9 : a 링크에 마우스 오버되면 먼저 <a> 태그의 data-bg 속성을 읽어와 overColor 변수에 저장합니다. jQuery의 attr( ) 함수를 사용합니다.

line 7 : 현재 <a> 태그에 작동되는 애니메이션을 중지하고 background 컬러와 텍스트 색상을 설정하는 코드입니다. 도착할 때까지 이 설정된 색상들이 부드럽게 변화됩니다.

line 10~13 : a 링크에 마우스 아웃되면 현재 <a> 태그에 작동되는 애니메이션을 중지하고 background 컬러와 텍스트 색상을 원상태로 부드럽게 변경합니다.

이렇게 jQuery UI 사용하면 컬러 애니메이션도 가능합니다.

03 | 다양한 easing 효과

hide( ), show( ), slideDown( ), slideUp( ), fade 관련 함수, animate( ) 함수 등에는 ease 라는 매개 변수가 들어갈 수 있는데, 기본 값으로는 linear, swing 정도뿐이었습니다. 하지만 jQuery UI를 사용하면 32가지 정도의 다양한 easing 효과를 경험할 수 있습니다.

아래 웹 사이트를 방문하면 32가지의 easing 효과를 볼 수 있습니다. 그림을 클릭하면 설정된 easing에 따라 slideUp( ) 함수의 다양한 변화를 볼 수 있습니다.

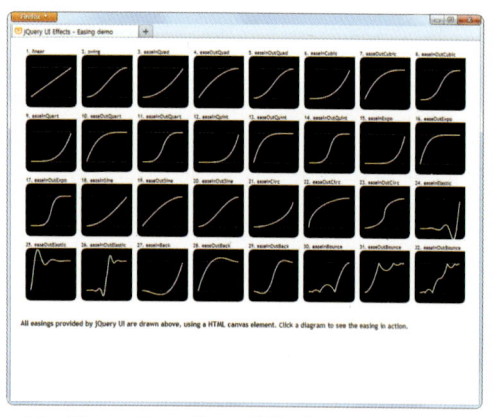 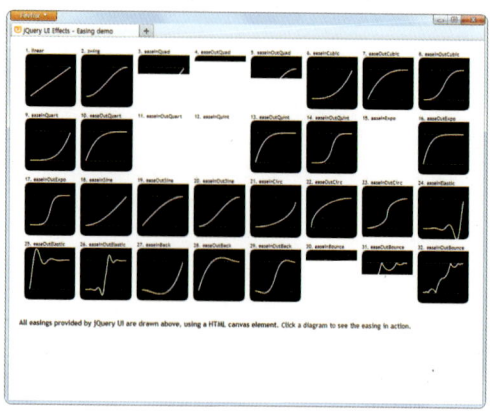

▲ http://jqueryui.com/demos/effect/easing.html

 2부/animateEasing.html

미션 : 다양한 easing 경험하기

이 예제에서는 위의 32가지 중에서 네 가지만 선택하여 그에 따른 easing 효과를 살펴보고자 합니다. 이해가 된다면 여러분들이 예제를 사용해 나머지 easing 방법에도 적용해보시기 바랍니다.

미리 보기

한 장의 이미지가 있고, 그 밑에 4개의 버튼이 있습니다. 버튼을 클릭하면 이미지가 slideUp( )이 되면서 이미지가 접힐 것입니다. 여기에 easing을 사용하면 다양한 효과를 줄 수 있습니다.

HTML	
1	`<div>`
2	`    <img src="ease.jpg" alt="" width="450"/>`
3	`</div>`
4	`<button data-ease="easeOutQuart">easeOutQuart</button>`
5	`<button data-ease="easeInOutElastic">easeInOutElastic</button>`
6	`<button data-ease="easeOutBack">easeOutBack</button>`
7	`<button data-ease="easeOutBounce">easeOutBounce</button>`

line 1~3 : 이미지 태그를 감싸고 있는 〈div〉 태그입니다.

line 4~7 : 버튼 4개를 배치하였고, data-ease 속성에 적용할 easing 값을 적었습니다.

jQuery

```
1  <script src="jquery-1.7.2.min.js"></script>
2  <script src="jquery-ui-1.8.23.custom.min.js"></script>
3
4  $('button').click(function() {
5      var easing = $(this).attr("data-ease");
6      $('div').slideUp(1000,easing, function(){
7          $(this).slideToggle()
8      });
9  });
```

line 1 : jQuery 기본 라이브러리입니다.

line 2 : jQuery UI 라이브러리입니다. 이 두 가지 순서가 변경되면 안 됩니다. 반드시 jQuery 기본 라이브러리 뒤에 UI 라이브러리가 있어야 합니다.

line 5 : 버튼을 클릭하면 현재 클릭된 버튼의 data-ease 속성을 attr( ) 메서드를 사용해 가져온 후 easing 값에 입력합니다.

line 6 : div 태그에 1초 동안 slideup( ) 효과를 적용하는데, line 5에서 입력받은 easing 변수 값을 easing 효과에 적용합니다. 모든 효과가 끝나면 콜백 함수가 실행됩니다.

line 7 : slideToggle( )로 slideDown( ) 함수를 실행하여 원래 상태로 돌려놓습니다.

여기서 잠깐

jquery.easie.js plugIn

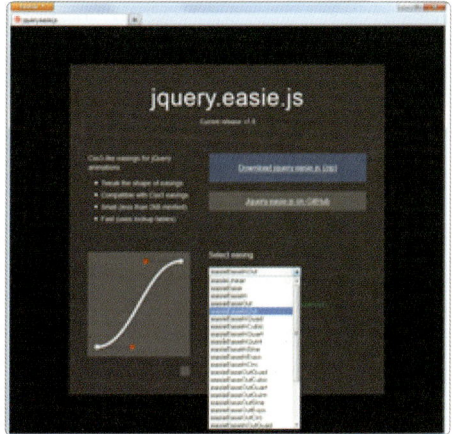 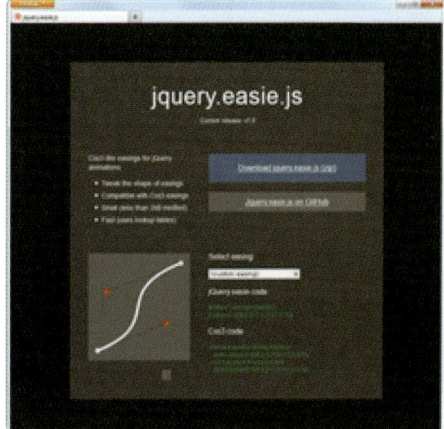

▲ http://janne.aukia.com/easie

easing plugIn의 가장 큰 장점은 사용자가 직접 easing 효과를 만들 수 있다는 것입니다. 또한 bezier 곡선 그래프를 사용자가 직접 수정할 수도 있기 때문에 개인만의 독특한 easing 스타일을 만들 수 있습니다. 이 밖에도 jQuery 관련 코드가 바로 만들어지기 때문에 사용하기에도 편리합니다. jQuery의 animate( ) 함수에 직접 사용할 수 있고, CSS3의 특수 효과와 관련된 Trasnsition 코드도 함께 사용할 수 있습니다.

CHAPTER 08
jQuery PlugIn

01 | jQuery PlugIn

jQuery PlugIn은 jQuery로 작성된 프로그램을 사용하기 쉽고, 재사용할 수 있게 하는 것으로, 사용자가 필요한 메서드만 호출하면 작동하도록 만드는 방식을 '플러그인'이라고 합니다. 세계 각지에 흩어져 있는 javaScript/jQuery 개발자들이 새로운 jQuery plugIn을 개발하여 무료로 배포하고 있습니다. 구글 웹 사이트에서 jQuery plugIn을 검색하면 그 방대함에 놀랄 것입니다.

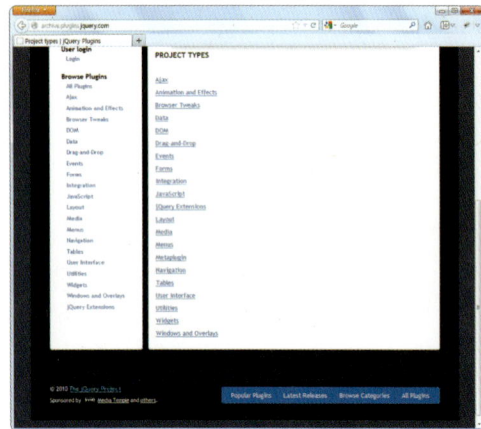

▲ plugins.jquery.com

▲ www.google.co.kr

02 | jQuery PlugIn 사용 방법

이 책에는 jQuery를 사용하여 만든 예제도 많지만, jQuery plugIn을 직접 사용한 예제도 많습니다. 모든 플러그인들의 사용법이 똑같지는 않지만, 비슷한 점이 두 가지 있습니다.

첫째, jQuery plugIn 파일을 포함시키는 경로 설정이 있습니다. 이 파일의 경로는 반드시 기본 jQuery 라이브러리를 포함하는 경로 다음에 나와야 합니다. 순서가 바뀌면 실행되지 않습니다.

```
jQuery
1  <script src="jquery-1.7.2.min.js"></script> -기본 jQuery 라이브러리
2  <script src="jquery-plugIn.js"></script>    - 해당 plugIn 파일
```

둘째, 플러그인의 시작 메서드와 매개 변수로 사용되는 옵션 등이 있습니다. 보통 플러그인은 한 가지 주제(갤러리, 내비게이션, 이미지 효과 등)를 하나의 플러그인으로 만들어 사용하는 경우가 많습니다. 따라서 플러그인을 설치하고 나면 이 플러그인을 실행할 메서드 1개가 선언되는 경우가 많습니다. 그리고 선언된 메서드에 다양한 값을 적용할 때에는 매개 변수를 옵션 형식으로 제공하여 사용합니다. 3부의 'jQuery 실전 예제'에서 확인해보시기 바랍니다.

jQuery plugIn은 대부분 다운로드받을 수 있도록 링크를 제공하고, 관련 문서도 제공해주기 때문에 한두 번 따라하다 보면 쉽게 사용할 수 있습니다.

03 | 내가 만드는 plugIn 제작법

여러분도 직접 플러그인을 제작하여 사용할 수 있습니다. jQuery로 만든 코드를 메서드 이름만으로 실행할 수 있기 때문에 자주 반복되거나 다른 사람에게 배포하고 싶을 때에 플러그인으로 만들면 매우 편리합니다.

2부/plugIn.html

기본 형식

	jQuery
1	jQuery.fn.메서드 이름 = function(매개 변수){
2	// code
3	return this;
4	}

기본 형식은 jQuery.fn 뒤에 사용할 메서드를 작성하면 됩니다. 그리고 return this는 메서드를 사용하는 jQuery 객체를 의미합니다.

코드 사례

	jQuery
1	jQuery.fn.bgColor = function(color){
2	$(this).css("background-color", color);
3	return this;
4	}

line 1 : jQuery.fn 뒤에 bgColor라는 메서드 이름을 적은 후 함수를 작성합니다. 이 함수는 사용하는 jQuery 객체의 배경색을 매개 변수로 전달하는 컬러 값으로 변경하는 함수입니다.

line 2 : $(this)에서 this는 이 함수를 사용하는 jQuery 객체입니다. css( ) 함수를 사용하여 배경색을 변경합니다.

line 3 : 이 함수를 사용하는 jQuery 객체를 반환합니다.

파일 저장

이 코드를 js 파일로 저장할 때 파일 이름은 'jquery.[플러그인명].js'로 할 것을 권장합니다. 따라서 위의 코드는 'jquery.bgColor.js'라고 저장합니다. 경우에 따라서는 js 파일로 저장하여 사용하거나 html 페이지 내에 삽입한 후에 사용해도 상관없습니다.

사용법

	jQuery
1	`<html>`
2	`<head>`
3	`<meta charset="utf-8">`
4	`<title> plugIn </title>`
5	`<script type="text/javascript" src="jquery-1.7.2.min.js"></script>`
6	`<script type="text/javascript" src="jquery.bgColor.js"></script>`
7	`</head>`
8	
9	`<body>`
10	`<h1>` h1 배경을 바꾸다`</h1>`
11	`<div>` div 배경을 바꾸다`</div>`
12	`<p>` p 배경을 바꾸다`</p>`
13	
14	`<script>`
15	
16	`$("h1").bgColor("#F0F");`
17	`$("div").bgColor("#FF0");`
18	`$("p").bgColor("#F0F");`
19	
20	`</script>`
21	`</body>`
22	`</html>`

line 5 : jQuery 기본 라이브러리입니다.

line 6 : 위에서 작성한 플러그인 파일을 src로 연결하여 HTML 페이지에 삽입합니다.

line 10~12 : 플러그인을 사용할 h1, div, p와 같은 block 요소의 나열입니다.

line 16~18 : ⟨h1⟩, ⟨div⟩, ⟨p⟩ 요소를 jQuery를 사용하여 배경색을 바꿀 때 line 6에 지정한 플러그인의 bgColor( ) 메서드를 사용합니다. 해당 요소들의 배경색이 매개 변수로 전달된 컬러 값으로 변경됩니다.

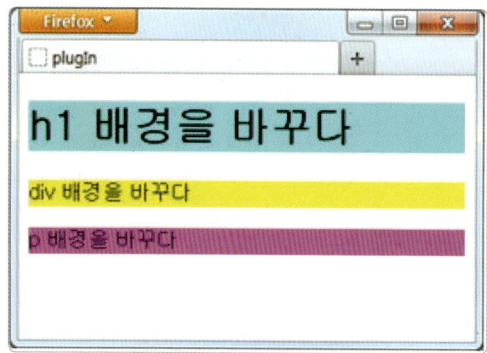

이렇게 플러그인은 개발자가 직접 메서드를 만든 후 jQuery 라이브러리를 확장하여 사용하는 효과가 있습니다. 마치 객체 지향 언어에서 상속의 개념과 비슷하다고 생각해도 됩니다.

좀 더 자세한 사항은 아래 웹 사이트를 참조하세요.

▲ http://docs.jquery.com/Plugins/Authoring

04 | 라이선스(저작권) 확인

jQuery plugin의 저작권은 일반적으로 플러그인 개발자가 가지고 있습니다. 대부분의 플러그인은 오픈 소스 라이선스(Open Source Initiative)이기 때문에 사용자가 정한 몇 가지 사항만 지키면 무료로 사용할 수 있는 것들이 매우 많습니다. 하지만 상업적으로 사용할 때에는 유료로 사용해야 할 경우가 있으므로 저작권을 꼼꼼히 확인해보시기 바랍니다. 아래는 jQuery plugin

에 가장 많은 저작권 종류입니다.

MIT 라이선스

라이선스 표시만 되어 있으면 복사, 수정, 배포할 수 있고, 상업용으로도 사용할 수 있지만 이로 인해 일어나는 일에 대해서는 책임을 지지 않습니다.

BSD 라이선스

소스 코드를 공개하지 않고도 상업적으로 사용할 수 있습니다. 작성된 프로그램은 수정할 수 있고, 수정한 것을 제한 없이 배포할 수도 있습니다.

GPL 라이선스

복사, 수정 및 배포를 할 수 있습니다. 하지만 이것으로 수정된 프로그램은 GPL 라이선스에 따라야 합니다. 좀 더 자세한 사항은 원문을 참조하시기 바랍니다.

PART 03

jQuery 실전 예제

3부에서는 1, 2부에서 학습한 내용을 바탕으로 직접 실무에서 활용할 수 있는 예제들을 만들어 보겠습니다. 여러분은 3부에서 갤러리, 내비게이션, 다양한 이미지, 기타 다양한 예제들을 만나게 될 것입니다. jQuery로 인터랙션 UI 구조의 디자인을 구현해보면서 새로운 해결책을 찾아보시기 바랍니다.

CHAPTER 01 Gallery
CHAPTER 02 내비게이션
CHAPTER 03 다양한 이미지 효과
CHAPTER 04 유용한 기능

CHAPTER 01
Gallery

갤러리는 웹 사이트에서 매우 중요한 부분을 차지합니다. 그 이유는 한정된 공간에 다양한 이미지를 제공해야 하기 때문입니다. 갤러리의 접근성과 정보 전달력은 UI의 구성에 많은 영향을 받습니다. 이 장에서는 이러한 기능을 가진 갤러리를 구현하기 위한 HTML, CSS, jQuery의 사용법에 대해 공부해보겠습니다.

01 | 썸네일 포토 갤러리

참고 웹 사이트

◀ http://www.saintnine.co.kr/00_main/main.asp

오른쪽에 있는 썸네일 버튼을 누르면 관련 이미지가 배경에 자연스럽게 나타납니다. 배경 이미지가 롤링되는 기술도 엿볼 수 있는 웹 사이트입니다.

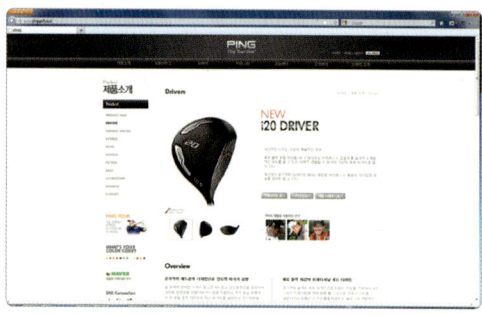

◀ http://www.pinggolf.co.kr

썸네일을 클릭하면 확대 사진이 나타나는 상품 소개에 대한 이미지 처리입니다. 쇼핑몰 등에서 많이 볼 수 있습니다.

미리 보기

 3부/gallery/01/ready.html   3부/gallery/01/index.html

왼쪽의 썸네일 이미지를 클릭하면 오른쪽에 큰 이미지가 나타납니다.

아이디어 구상 및 HTML 구조

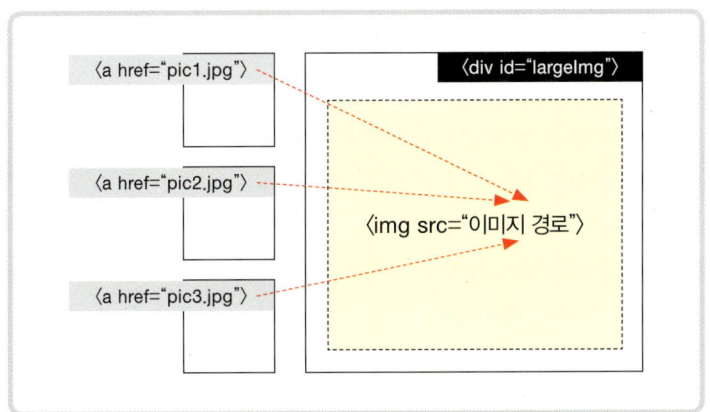

a 링크는 썸네일 이미지를 포함하고 있으며, a 링크의 href 속성에 큰 이미지의 경로를 설정하는 간단한 구조입니다. 여기서 중요한 포인트는 〈a〉 태그의 href 속성을 읽어 div id="largeImg" 태그의 내부에 있는 〈img src="이미지 경로" /〉에 이미지 경로를 설정해주는 것입니다.

HTML 구조는 아래와 같이 썸네일과 큰 이미지를 볼 수 있는 구조입니다.

	HTML
1	`<div class="thumbs">`
2	`    <a href="images/pic1.jpg" title="image1"><img src="images/th_pic1.jpg"/></a>`
3	`    <a href="images/pic2.jpg" title="image2"><img src="images/th_pic2.jpg"/></a>`
4	`    <a href="images/pic3.jpg" title="image3"><img src="images/th_pic3.jpg"/></a>`
5	`</div>`
6	`<div id="largeImg"><img src="images/pic1.jpg" alt="image1" /></div>`

예제 구현을 위한 핵심 jQuery

썸네일 이미지를 클릭할 때 해당 href 속성 값을 읽어오고 설정하는 것이 이 예제의 핵심입니다. 따라서 이것을 가능하게 하는 .attr( ) 함수에 대해 알아보겠습니다.

● .attr( )

.attr(attrbuteName)　　　　　　　　　　　　　　　　　　　　*Returns: String*

attr 매개 변수에 속성 이름을 지정하면 해당 속성 값이 반환됩니다.

HTML
`<em title="수도"> 서울 </em>`

jQuery
`var temp = $("em").attr("title");`
`// <em> 태그의 title 속성 값을 읽어 temp 변수에 저장`
`// temp 변수에는 "수도"가 저장됩니다.`

.attr(attrbuteName, value)　　　　　　　　　　　　　　　　　*Returns: jQuery* attr 매개 변수에 (속성, 값)처럼 두 가지가 들어가면 속성 값을 설정하는 것이 됩니다.

HTML
```
<em title="수도"> 서울 </em>
```

jQuery
```
var temp = $("em").attr("title","capital");
// <em> 태그의 title 속성 값에 "capital"을 설정합니다.
// temp 변수에는 $("em") jQuery 객체가 저장됩니다.
```

attr 함수는 태그의 속성을 읽거나 설정할 수 있는 기능이 있기 때문에 동적인 웹 페이지를 구성할 때에 많이 사용됩니다.

CSS/jQuery Code 작성하기

● CSS

CSS
```
1  body {
2      margin:20px auto;
3      padding:0;
4      width:500px;
5  }
```

〈body〉 태그의 CSS입니다. 큰 사진의 크기가 "500px"이기 때문에 width를 500px로 설정하였습니다. 그리고 중앙 정렬을 하기 위해 margin 값을 margin: 20px auto;로 설정하였습니다.

| 썸네일의 왼쪽으로 위치 이동 CSS |

```css
1  .thumbs {
2      width:100px;
3      float:left;
4  }
5  .thumbs img {
6      border:solid 1px #ccc;
7      padding:5px;
8      margin-bottom:3px;
9  }
10 .thumbs img:hover {
11     border-color:#EF4018;
12 }
```

line 2 : 썸네일의 가로 크기는 90px이지만 padding을 5px로 설정하였기 때문에 width를 100px로 설정합니다.

line 3 : 썸네일 오른쪽에 큰 사진을 배치하기 위해 썸네일의 컨테이너인 〈div class="thumb"〉를 float:left하여 오른쪽 공간을 확보합니다.

line 5~10 : 썸네일 이미지의 CSS입니다. border, padding, margin 등을 사용하여 적절하게 표현합니다.

line 10~12 : 썸네일 이미지의 hover(마우스 오버) 상황에서 border 배경색을 #EF4018으로 설정합니다.

```css
1  #largeImg {
2      border:solid 1px #ccc;
3      width:500px;
4      height:280px;
5      padding:5px;
6      margin-left:110px;
7  }
```

큰 사진의 역할을 하는 공간인 〈div id="largeImg"〉의 width를 500px로 제한하면, 위쪽의 썸네일 영역이 float:left되기 때문에 오른쪽 공간으로 올라갑니다.

이 말이 무슨 말인지 이해하기 어려운 분들은 〈div id="largeImg"〉에 #argeImg { outline:1px solid #f00 }와 같은 외곽선을 설정해보면 그 이유를 금방 알 수 있습니다. 실력을 향상시키는 가장 좋은 방법은 다양한 시도를 해보는 것입니다. 전체 가로 크기가 커졌으므로 중앙에 다시 정렬하기 위해 body의 width를 620px 정도로 수정합니다.

jQuery

```
jQuery
1  $(".thumbs a").click(function(){
2      var path = $(this).attr("href");
3      $("#largeImg > img").attr({ src: path });
4      // console.log( path );
5      return false;
6  });
```

line 1 : .thumbs의 〈a〉 태그를 클릭할 때의 설정입니다.

line 2 : 클릭한 〈a〉 태그의 속성에서 attr( ) 함수로 href 속성을 읽어 path 변수에 저장합니다.

line 3 : 큰 사진 컨테이너인 #largeImg의 자식 노드를 찾는 〉 실렉터로 〈img〉 태그를 찾은 후, attr( ) 함수를 사용하여 img 속성의 src 값을 path에 입력합니다.

line 4 : console 함수를 사용하여 값이 제대로 전달되는지 확인합니다(console 함수의 사용법은 31쪽을 참조하세요).

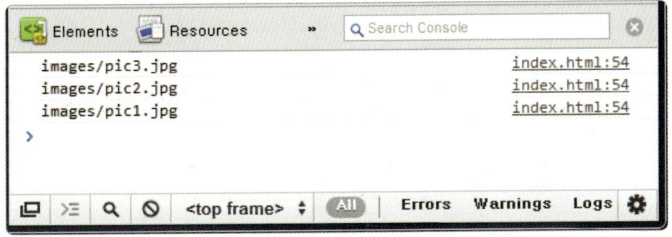

line 5 : 〈a〉 태그는 기본적으로 링크의 성질을 가지고 있습니다. 따라서 href 속성에 설정되어

있는 경로로 이동하는 것을 막기 위해 return false를 사용합니다. 그런 다음, 썸네일을 클릭하면 썸네일의 이미지 경로를 attr( ) 함수를 사용해 큰 사진이 나오는 〈img〉 태그에 전달하게 됨으로써 해당 사진이 나타나게 됩니다.

Effect 요소 추가

 3부/gallery/01/index_effect.html

opacity 속성을 사용하여 자연스럽게 나타나는 효과를 구현해보겠습니다. 아주 간단하게 한 줄이면 표현할 수 있습니다.

```jquery
$(".thumbs a").click(function(){
    var path = $(this).attr("href");
    $("#largeImg > img").attr({ src: path });
    // effect 추가
    $("#largeImg > img").css("opacity","0").stop().animate({opacity:1},1000);
    console.log( path );
    return false;
});
```

line 5가 추가된 코드입니다. css( ) 함수를 사용하여 opactioy 값을 0으로 만들면, 완전 투명해져서 사라진 것처럼 보입니다(완전히 사라지게 하려면 display:none 상태여야 합니다). 그런 다음 animate를 사용하여 opacity를 0에서 1로, 1초(1000)동안 변경시켜주면 자연스러운 이미지 효과가 나타납니다.

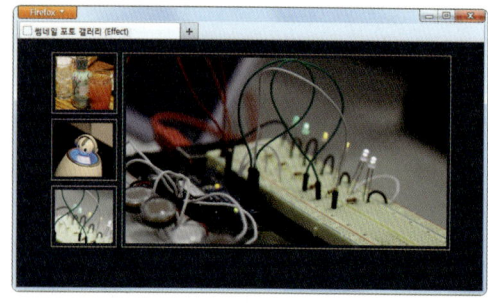 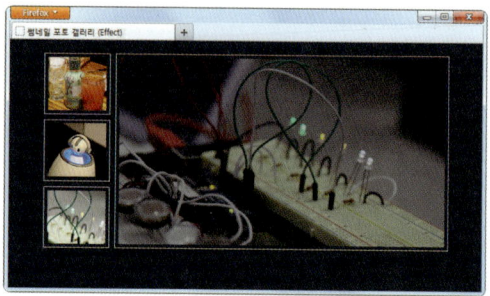

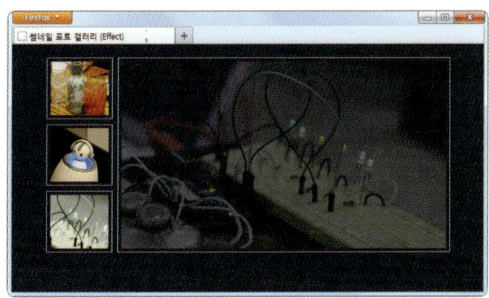

css와 animate 사이에 있는 stop( ) 함수는 애니메이션이(opacity 변경) 먼저 진행 중일 경우 애니메이션이 모두 끝나지 않아도 정지시키고 새로운 애니메이션을 작동시키는 것입니다[css( ) 함수에 대한 설명은 39쪽을, jQuery Effect에 대한 설명은 133쪽을 참조하세요). 이 책 전체에 걸쳐 자주 나오는 함수이므로 반드시 숙지하시기 바랍니다.

핵심 포인트

attr( ) 함수를 사용하면 원하는 속성을 읽거나 설정하여 동적으로 활용할 수 있습니다. 툴팁 같은 기능을 구현하고자 할 때에도 그 내용 정보를 링크의 title이나 기타 자식 노드에서 읽어 다른 노드의 속성 값에 저장할 수 있기 때문에 다양하게 활용할 수 있습니다.

 Q & A

사용자가 임의의 속성을 추가할 수 있나요?
네, 가능합니다. 이때 주의할 점은 속성을 추가할 때 'data-'로 시작해야 한다는 것입니다(HTML5 웹 표준 권고 사항). 예를 들어 〈div〉 태그에 num=1이라는 속성을 추가하려면 〈div data-num="1"〉〈/div〉식으로 작성하면 됩니다.

02 | 설명(자막)을 제공하는 갤러리

참고 웹 사이트

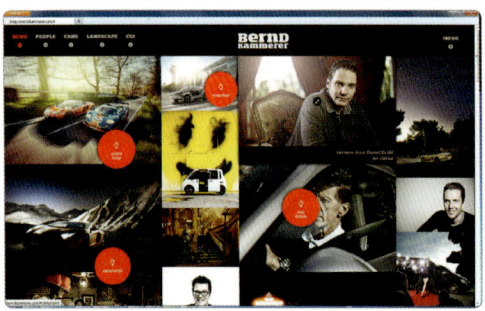

◀ http://berndkammerer.com

썸네일 형식의 메인 페이지입니다. 마우스로 롤 오버를 하면 사진 위에 자막으로 사진에 대한 설명이 나타납니다.

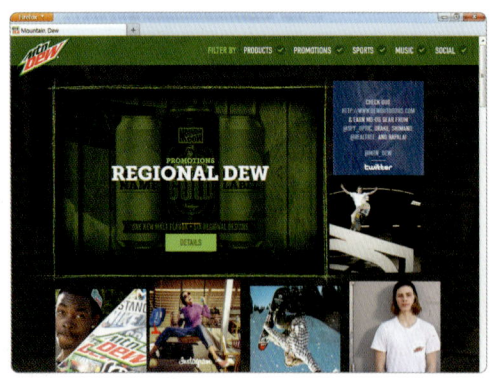

◀ http://mountaindew.com

썸네일 스타일로 구성한 깔끔한 느낌의 웹 사이트입니다. 마우스 롤 오버를 하면 자연스럽고 흥미로운 테두리 효과가 나타납니다.

미리 보기

 3부/gallery/02/ready.html   3부/gallery/02/index.html

썸네일을 클릭하면 연결된 큰 사진이 나타나면서 하단부에 이미지를 설명하는 자막이 부드럽게 올라오는 예제입니다. 자막의 내용에 따라 자막의 크기도 적절하게 변경됩니다.

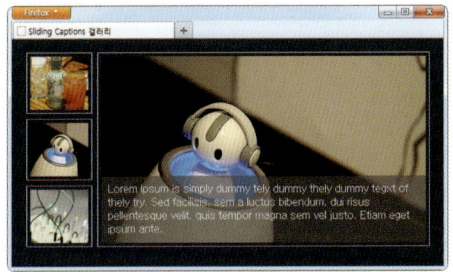
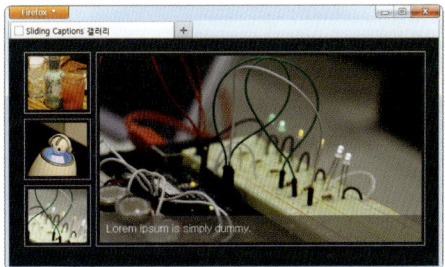

썸네일을 클릭하면 해당 사진이 큰 이미지로 나타나면서 곧바로 자막이 올라오는 예제입니다. 이 예제는 이전 예제를 그대로 활용하여 자막 기능만 추가한 것이기 때문에 추가된 코드를 중심으로 설명하겠습니다.

아이디어 구상 및 HTML 구조

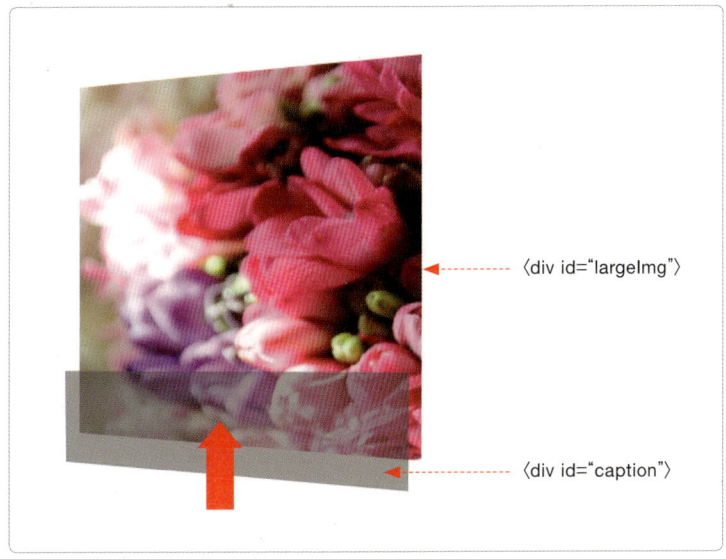

자막 기능은 위의 그림과 같이 생각해보면 쉽게 알 수 있습니다. 큰 이미지를 담는 〈div id="largeImg"〉에 자막을 담당하는 〈div id="caption"〉을 만들어 이미지 위에 자연스럽게 올리면 됩니다. position 값을 사용하여 위치를 자유롭게 이동하고, 자막에 들어갈 내용은 클릭하는 썸네일 〈a〉 태그 다음 노드에 〈em〉 노드를 배치하여 처리합니다. 이를 잘 이해한다면 다양한 캡션 기능의 갤러리를 만들 수 있습니다.

HTML은 아래와 같습니다.

	HTML
1	`<div class="thumbs">`
2	
3	`<a href="images/pic1.jpg" title="image1"><img src="images/th_pic1.jpg" /></a>`
4	`<em>Lorem Ipsum is simply dummy text of the pdrinting and typesetting industry.</em>`
5	
6	`<a href="images/pic2.jpg" title="image2"><img src="images/th_pic2.jpg" /></a>`
7	`<em>Lorem Ipsum is simply dummy tely dummy thely dummy tegxt of thely try. Sed facilisis, sem a luctus bibendum, dui risus pellentesque velit, quis tempor magna sem vel justo. Etiam eget ipsum ante.</em>`
8	
9	`<a href="images/pic3.jpg" title="image3"><img src="images/th_pic3.jpg" /></a>`
10	`<em>Lorem Ipsum is simply dummy.</em>`
11	
12	`</div>`
13	`<div id="largeImg"><img src="images/pic1.jpg" alt="image1" /></div>`

이전 예제와 비교해볼 때 추가된 HTML 구조는 〈em〉 태그입니다. a 링크 다음 형제(next)에 그림에 대한 설명을 담고 있는 〈em〉 태그가 추가되었습니다.

예제 구현을 위한 핵심 jQuery

이 장에서 학습해야 할 필수 jQuery 함수는 아래의 네 가지입니다. 사용 빈도가 매우 많은 함수들이므로 반드시 숙지하시기 바랍니다.

- append( ) – 선택한 노드 내부(inside)의 맨 뒤에 content를 추가합니다. 이 예제는 큰 이미지를 보여주는 div#largeImg의 내부에 자막 처리할 div 노드를 추가할 때 사용합니다.
- remove( ) – append( )로 추가한 노드를 제거할 뿐만 아니라 기존 노드도 제거할 수 있습니다.
- next( ) – 선택한 노드의 바로 다음 형제를 의미합니다.
- height( ) – 선택한 노드의 높이를 반환합니다.

append(content [, content])

`.append(content, [content])`   **Returns: jQuery**

append( ) 함수는 선택된 노드 내부의 가장 뒤에 매개 변수로 전달되는 HTML 문자열, DOM 노드 등을 추가할 수 있습니다.

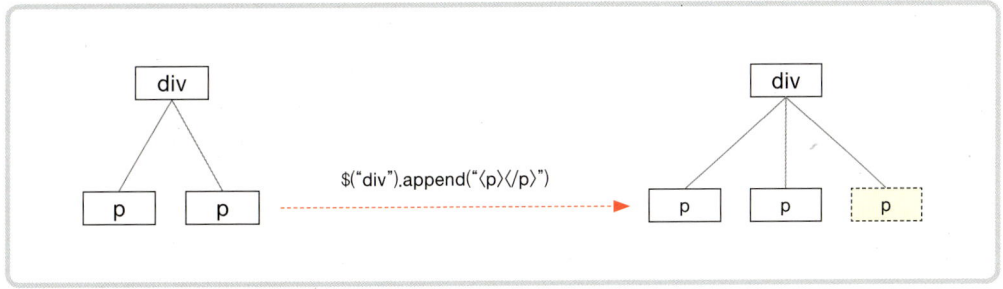

div 태그를 선택한 후 append 함수로 div 내부의 맨 뒤에 p 노드를 추가하는 모습입니다 (append에 대한 자세한 설명은 106쪽을 참조하세요).

remove([selector])

.remove([selector])　　　　　　　　　　　　　　　　　Returns: jQuery

remove( ) 함수는 문서에서 선택한 노드를 전체 DOM 노드에서 제거하는 기능을 가진 함수입니다. 예제에서 append로 자막 처리할 div 노드를 제거하는 역할을 합니다. 만약, remove( )를 하지 않으면 append에 의해 계속해서 선택한 노드 뒤에 신규 노드들이 생성되기 때문에 제거한 후에 사용해야만 하나의 캡션을 사용할 수 있습니다. 아래 그림은 div 태그 중에 마지막 노드를 제거하는 모습입니다.

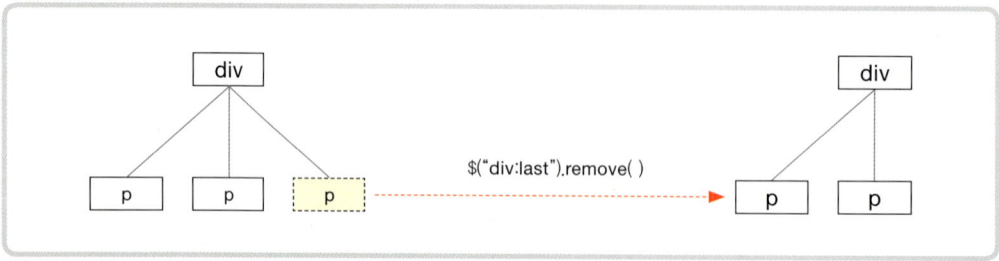

next([selector])

.next([selector])　　　　　　　　　　　　　　　　　　Returns: jQuery

next( ) 함수는 선택한 노드의 바로 다음에 오는 노드를 반환합니다. 이 예제에서는 ⟨a⟩ 태그 다음에 ⟨em⟩ 태그를 선택하여 캡션으로 활용하기 때문에 next( ) 함수를 사용하여 접근하는 것이 효과적입니다. 만약, next(selector)라면 다음 형제 노드 중 selector에 해당하는 노드만 선택됩니다.

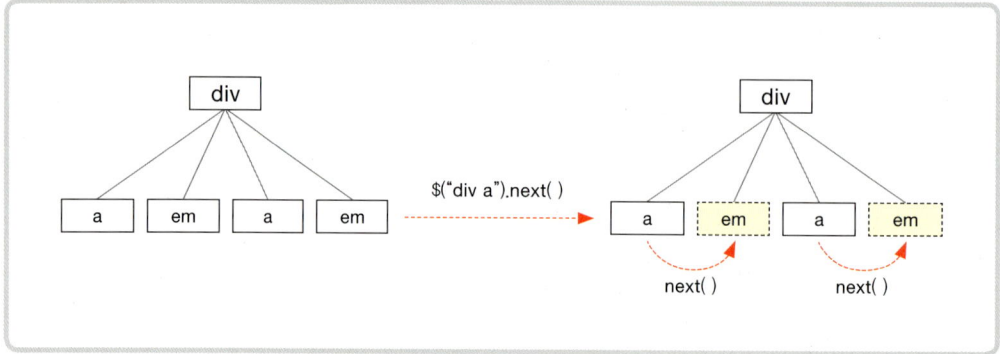

next( ) 함수는 노드를 찾아가는 Traversal(순회) 함수 중 하나입니다. 이 함수에 대한 설명은 101쪽을 참조하세요.

● height( )

| `.height( )` | *Returns: Integer* |

선택된 노드의 높이를 얻을 수 있습니다. 이 예제에서 이 함수가 필요한 이유는 자막의 내용을 담고 있는 〈em〉의 텍스트(내용)가 많으면 자막을 보여주어야 하는 영역이 커지고, 이와 함께 height( )도 커지기 때문입니다. 이에 따라 자막이 올라가는 위치도 조절되어야 하므로 자막의 높이를 알아야 할 필요가 있습니다.

- 아래 BOX 모델에서 보듯이 height는 순수하게 콘텐츠의 높이만을 의미합니다.
- jQuery에서는 css("height")로도 높이를 알 수 있는데, height( ) 함수와의 차이는 단지 반환 값에 단위가 붙느냐, 붙지 않느냐의 차이입니다. 예를 들어 높이가 300이라면 css("height")는 300px을, height( )는 300을 반환하는 것입니다.

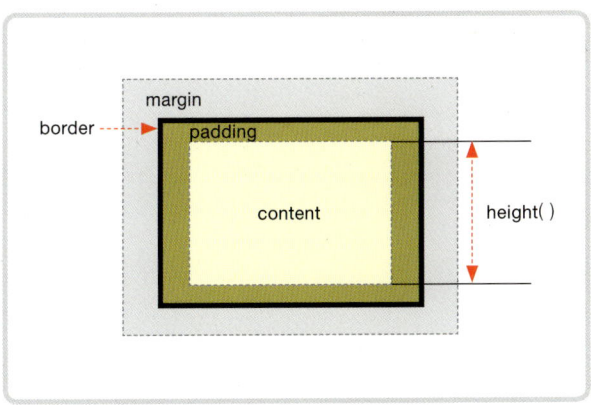

참고로 height(값) 함수의 매개 변수로 값을 지정하면, 해당 노드의 높이를 설정할 수 있습니다 (이 부분에 대한 자세한 사항은 http://api.jquery.com/height을 참조하세요).

> **Q & A**
>
> **jQuery에서는 padding, border, margin 등도 포함하여 길이를 알 수 있는 방법이 없나요?**
>
> | `.outerHeight([includeMargin])` | *Returns: Integer* |
>
> padding, border는 무조건 포함하여 계산합니다. margin은 매개 변수를 true하면 포함되고, false하면 포함되지 않습니다.
>
> | `.innerHeight()` | *Returns: Integer* |
>
> border 값은 제외되고, padding 값은 포함됩니다(좀 더 자세한 사항은 http://api.jquery.com/category/manipulation/style-properties를 참조하세요).

CSS/jQuery Code 작성하기

● CSS

기존 예제에 추가된 부분입니다. jQuery의 append( ) 함수를 사용하면 〈div id ='caption'〉〈/div〉가 추가되는데, 이때 적용되는 CSS입니다.

	CSS
1	`#caption { background:url(captionBg.png) repeat-y;`
2	`    border:#CCC 1px thin;`
3	`    padding:10px;`
4	`    position:relative;`
5	`    color:#FFFFFF; }`

line 1 : background 이미지의 불투명도가 60% 정도되는 높이 1px 크기의 이미지를 설정합니다.

line 2~3 : 외곽선과 내부 여백을 적절하게 처리합니다.

line 4 : position을 relative로 지정하면, 원래 문서 흐름상 놓여야 할 곳에 놓입니다. 이때 top의 위치를 사용하면 위로 이동할 수 있습니다.

line 5 : 텍스트 컬러를 흰색으로 설정합니다.

◉ jQuery

굵게 표시된 부분이 추가 부분입니다.

```
jQuery
1   $(".thumbs em").hide();
2   $(".thumbs a").click(function(){
3       $("#caption").remove();
4       var path = $(this).attr("href");
5       $("#largeImg > img").attr({ src: path });
6       var msg = $(this).next("em").text();
7
8       $("#largeImg").append("<div id ='caption'></div>");
9       $("#largeImg #caption").text(msg);
10      console.log($("#largeImg #caption").css("height"));
11      var posy = $("#largeImg #caption").height()+25;
12      $("#largeImg #caption").animate({top:"-="+posy+"px"},300)
13      return false;
14  });
```

line 1 : 보이는 〈em〉 태그들을 모두 보이지 않게 합니다. hide( )에는 시간 값이 없기 때문에 즉시 보이지 않게 됩니다.

line 3 : #caption 태그가 있으면 DOM에서 제거합니다. 제거하지 않으면 클릭할 때마다 append( )에 의해 #caption 태그가 계속 생기기 때문입니다. 참고로 #caption은 id="caption" 태그를 의미합니다.

line 6 : 현재 클릭한 〈a〉 태그의 바로 이웃하는 형제 노드를 next( )로 선택합니다. 좀 더 분명하게 선택하기 위해 매개 변수에 em을 전달하여 〈a〉 태그 다음 형제 중 〈em〉 태그만 찾습니다. 선택한 〈em〉 태그의 내용을 msg 변수에 저장합니다.

line 8 : $("#largeImg").append("〈div id ='caption'〉〈/div〉"); #largeImg에 append를 사용하여 자막을 담당할 div 태그를 추가합니다. 이 코드가 실행되면 웹 브라우저는 DOM 구조를 아래와 같이 변경합니다.

적용 전 코드
```
<div id="largeImg">
    <img src="images/pic1.jpg" alt="image1" />
</div>
```

```
$("#largeImg").append("<div id ='caption'></div>")
```
▲ jQuery 실행

적용 후 코드
```
<div id="largeImg">
    <img src="images/pic1.jpg" alt="image1" />
    <div id ='caption'></div>
</div>
```

line 9 : append( ) 함수로 생성된 〈div id='caption'〉〈/div〉 안에 담길 내용은 line 6에서 msg에 저장된 값을 사용합니다.

line 10 : 콘솔 창에 div#caption의 높이 값이 에러 없이 잘 출력되었는지 확인합니다.

line 11 : div#caption의 height( )의 높이 값을 알아야 하는 이유는 자막을 이미지 하단에 정확히 맞게 올려주기 위해서는 현재 위치에서 얼마만큼 위로 올라가야 하는지를 알아야 하기 때문입니다. 여기서 주의 깊게 살펴보아야 할 것은 25를 더 추가한 이유입니다. div#caption의 height( ) 값은 순수하게 콘텐츠의 높이만을 알려주기 때문에 패딩 값은 포함하지 않습니다.

자막을 이미지의 하단 부분에 설정하기 위해 높이 값에 25를 더하여 posy에 저장합니다. 아래 그림을 보면 이해하는 데에 도움이 될 것입니다.

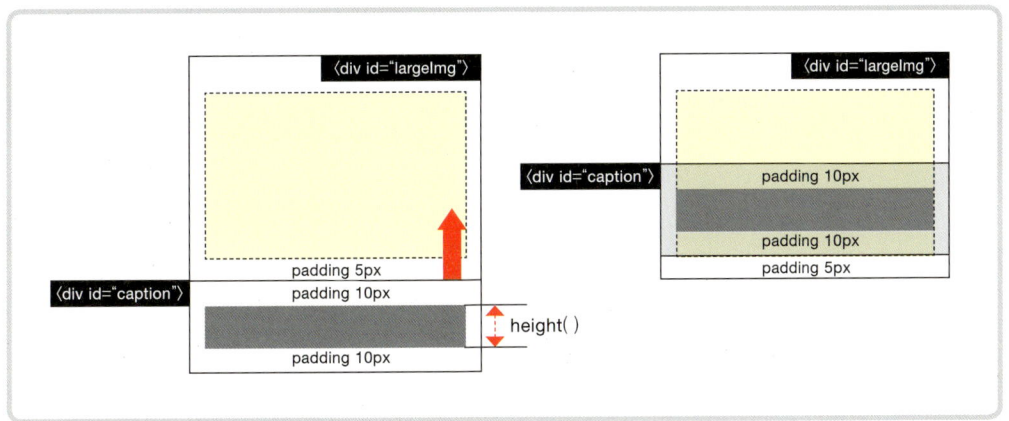

line 12 : div#caption(자막)을 부드럽게 올리기 위해 animate( ) 함수를 사용하여 top의 위치를 현재 위치에서부터 posy 값만큼 위로 부드럽게 올렸습니다. -=은 복합 연산자로, 현재 값에서 상대적인 값을 처리하는 방법으로 많이 사용됩니다(복합 연산자 작업에 대해서는 53쪽을, 문자열 연결 작업에 대해서는 51쪽을 참조하세요).

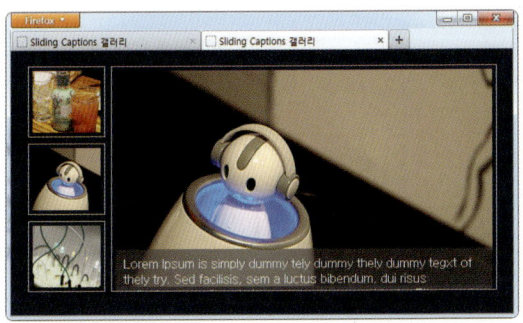

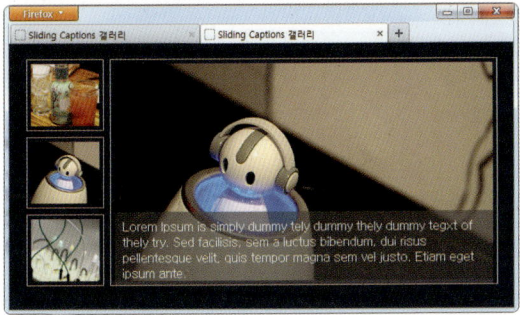

큰 사진이 나타난 후에 곧바로 자막이 올라오는 것을 볼 수 있습니다.

핵심 포인트

이 예제를 통해 아래와 같은 것을 학습하였습니다. 〈div〉 태그를 서로 겹쳐 가면서 다양한 자막 기능을 구현해보세요.

- append( )와 remove( )를 사용하여 동적으로 필요할 때에 노드를 생성하고 삭제할 수 있습니다.
- position이 releative인 경우 현재 위치에서의 animate( ) 함수 등을 사용하여 위치를 조절할 수 있습니다.

자막(caption) 관련 플러그인 웹 사이트

- hover 상태일 때 배경에 회색 반투명과 사용자가 설정한 자막을 만들어주는 jQuery plugIn입니다.

 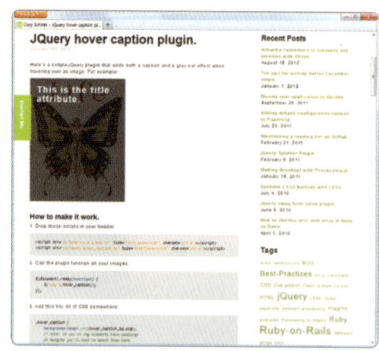

▲ http://coryschires.com/jquery-hover-caption-plugin

- 이미지 위에 hover 상태일 때 이미지가 위로 살짝 올라가면서 자막이 자연스럽게 밑에서 올라오는 형식의 세련된 jQuery plugIn입니다.

▲ http://www.emanuel-kluge.de/tutorial/animierte-image-caption-mit-jquery-unter-wordpress

03 | 부드러운(FadeIn-Out) 장면 전환 갤러리

이번에는 페이드인-아웃(FadeIn-Out)을 구현하여 부드러운 장면 전환 효과를 만들어 보겠습니다.

미리 보기

이미지가 페이드아웃(fadeOut)되고, 다음 이미지가 서서히 나타나는 효과를 볼 수 있습니다.

아이디어 구상 및 HTML 구조

 3부/gallery/03/ready.html   3부/gallery/03/index.html

한 장의 사진 위에 다음 사진이 올라가고 자연스럽게 투명도가 조절되면서 서서히 나타나는 방법을 어떻게 구성해야 할 것인지 함께 생각해보겠습니다.

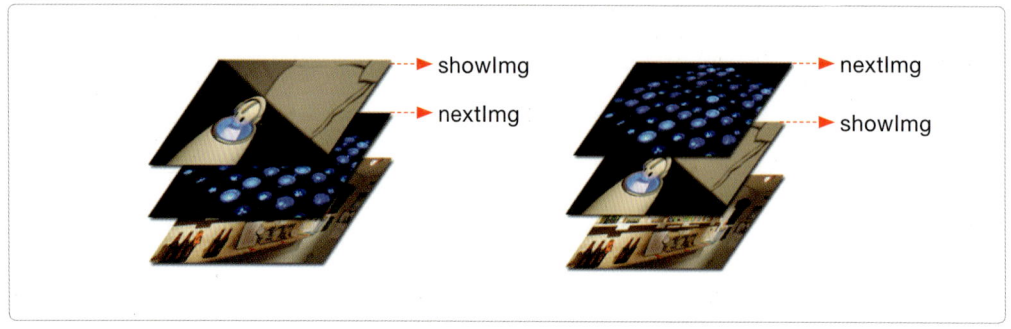

사진 목록 중 맨 위에 보이는 사진을 항상 'showImg'라고 합니다. 그 밑에 바로 나오는 이미지는 'nextImg'라고 합니다. 이 상태에서 두 번째에 있는 nextImg를 맨 위로 올립니다. 그런 다음, nextImg의 불투명도(opacity)를 0으로 하여 보이지 않게 하면 장면이 부드럽게 바뀝니다.

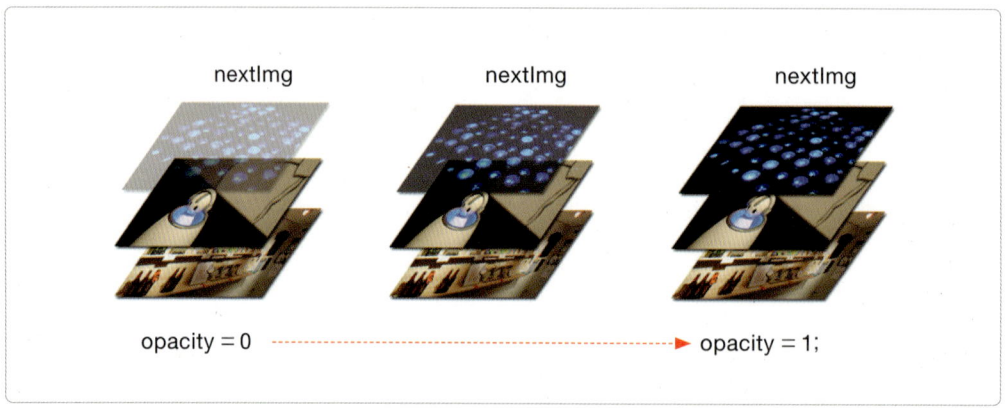

맨 위에 올라간 nextImg의 opacity를 0부터 1까지 시간을 가지고 변화시킵니다. 그러면 두 번째 사진이 자연스럽게 나타나는 효과를 구현할 수 있습니다.

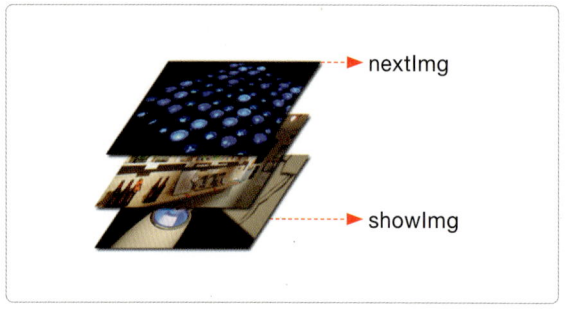

두 번째 사진이 모두 나타나고 나면 첫 번째 이미지인 showImg를 사진 목록에서 맨 뒤로 이동시킵니다. 여기까지가 다음 나올 사진의 부드러운 장면 전환 효과입니다. 이 작업을 지속적으로 반복하면 장면은 순서대로 자연스럽게 전환할 것입니다. HTML은 아래와 같이 이미지를 순서대로 나열하는 것으로 충분합니다.

```html
<div class="fadeShow">
    <img class="active" src="slide1.jpg" alt="image1" />
    <img src="slide2.jpg" alt="image2" />
    <img src="slide3.jpg" alt="image3" />
</div>
```

이미지 목록 중 첫 번째 목록에 class="active" 속성을 부여한 것을 잘 관찰하시기 바랍니다. 이 클래스는 .active {z-index:1}처럼 선언될 클래스이므로, 적용되면 slide1.jpg가 맨 위로 올라갑니다.

예제 구현을 위한 핵심 jQuery

이 예제의 핵심은 아래와 같습니다.
- 현재 보이는 이미지의 다음 이미지 깊이(z-index)를 맨 위로 변경시키는 방법
- 현재 나타난 이미지를 이미지 목록에서 맨 뒤로 이동시키는 방법

● 이미지의 깊이(z-index)를 맨 위로 변경시키는 방법

이미지들의 깊이를 동적으로 변경하기 위해서는 z-index를 변경해야 하는데, 동적인 상황에서 CSS를 적용하거나 삭제하려면 addClass( )와 removeClass( )를 이용해야 합니다.

먼저 깊이를 위로 올려줄 z-index:1 클래스를 작성합니다. 이름은 'acticve'로 하겠습니다.

```css
.active {    z-index:1;    }
```

jQuery에서 addClass로 active 클래스를 적용하면 해당 이미지는 맨 위로 올라갑니다[addClass( )와 removeClass( )에 대한 자세한 설명은 120쪽을 참조하세요].

	jQuery
1	$("img").addClass("active");

○ 이미지의 목록에서 맨 뒤로 이동시키는 방법

이 방법은 append( )를 사용하면 처리할 수 있습니다. 즉, append( ) 함수를 사용하여 이미지 목록의 맨 뒤로 이동시킬 수 있습니다. append( ) 함수는 앞의 예제에서 다루었기 때문에 여기서는 생략하겠습니다[append( )에 대한 자세한 설명은 106쪽을 참조하세요.)

CSS/jQuery Code 작성하기

○ CSS

	CSS
1	body {
2	margin:20px auto;
3	padding:0;
4	width:620px;
5	background:#192839;
6	}
7	.fadeShow {
8	background:#666;
9	width:600px;
10	height:350px;
11	border:2px solid #FDF6DD;
12	}

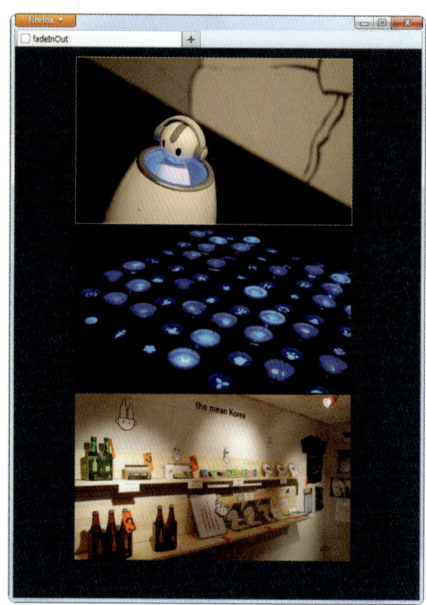

line 1~6 : 전체를 중앙 정렬하고, 가로 폭을 620px로 합니다.

line 7~12 : 이미지를 담고 있는 fadeShow 클래스를 설정합니다.

가로 크기는 600px, 높이는 350px로 설정합니다. 이미지가 inline 형식이기 때문에 가로로 배치되어야 하지만 fadeShow 클래스의 width 설정 때문에 밑으로 내려갔습니다. 이를 맨 위에 가로 600px, 세로 350px 한 장으로 모으려면 img의 position을 absolute로 설정해야 합니다. absolute가 적용되면 문서의 흐름에서 완전히 벗어나 하나의 공간에 함께 있을 수 있고, z-index로 상하를 구분해줄 수도 있습니다.

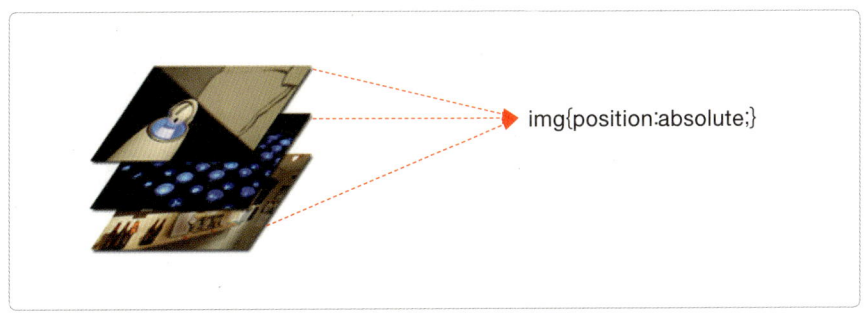

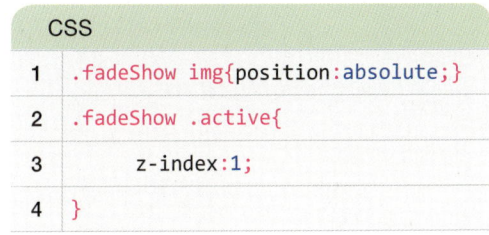

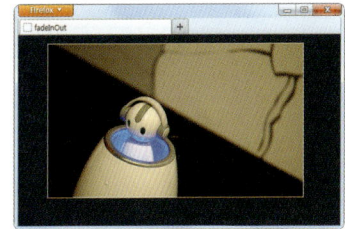

line 1 : ⟨img⟩ 태그들을 position:absolute를 사용하여 모두 한 공간에 모았습니다. 같은 위치에 있지만 공간만 서로 다르게 차지하고 있는 상황입니다.

line 2~4 : z-index가 1인 active 클래스를 선언하고 있습니다. 이 클래스는 이미지 갤러리 동작에서 현재 보이는 사진의 다음 사진이 맨 위로 올라오게 할 때에 동적으로 적용됩니다.

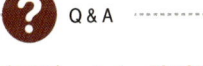

⟨Q&A⟩ z-index가 같으면 어떻게 되나요?
z-index가 같을 때에는 DOM 구조에 따릅니다. DOM 구조에서 맨 마지막 위치에 있는 노드가 맨 위에 보이게 됩니다.

● jQuery

	jQuery
1	`var showImg, nextImg;`
2	
3	`function fadeInOut(){`
4	`    showImg = $("div.fadeShow img:eq(0)");`
5	`    nextImg = $("div.fadeShow img:eq(1)");`
6	`    nextImg.addClass("active");`
7	`    nextImg.css("opacity","0")`
8	`        .animate({opacity:1},1000, function() {`
9	`            $(".fadeShow").append( showImg );`
10	`            showImg.removeClass("active");`
11	`    });`
12	`}`

line 1 : 현재 보이는 이미지와 다음에 보이는 이미지를 저장할 변수를 선언합니다.

line 3~12 : fadeInOut 함수를 작성합니다.

line 4 : fadeShow 클래스 자손들의 〈img〉 태그들 중에서 첫 번째에 있는 img를 showImg에 저장합니다.

line 5 : fadeShow 클래스 자손들의 〈img〉 태그들 중에서 두 번째에 있는 img를 nextImg에 저장합니다. 첫 번째와 두 번째 이미지를 선택할 때에 :eq 실렉터를 사용했습니다. :eq(index) 는 선택된 집합에서 index에 해당하는 객체를 찾는 것입니다. 여기서 주의할 점은 index는 0번부터 시작한다는 것입니다(자세한 내용은 89쪽을 참조하세요).

line 6 : nextImg.addClass("active"); 코드는 nextImg(〈img〉 태그 중 두 번째에 있는 것)에 저장되어 있는 〈img〉 태그에 active 클래스를 동적으로 적용하는 것입니다. active 클래스가 적용되면 z-index가 1로 변경되므로, 맨 위로 올라갑니다.

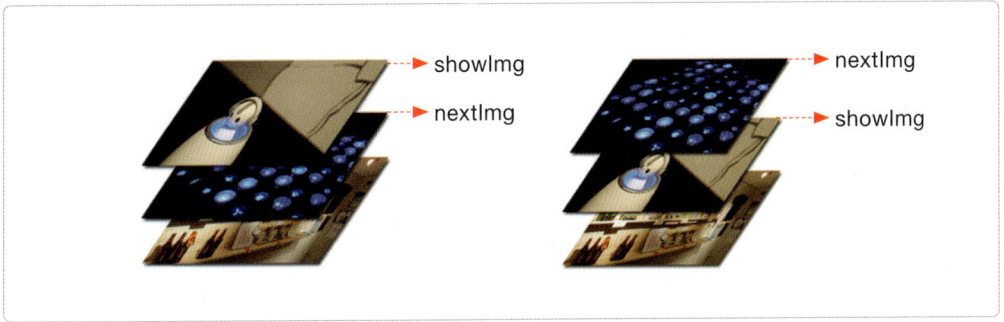

line 7 : nextImg의 불투명도를 0으로 하여 이미지가 보이지 않게 합니다.

line 8 : animate( ) 함수를 사용하여 1초 동안 불투명도가 0에서 1로 변경되면서 자연스럽게 나타납니다. 이 함수가 모두 끝나면 자동으로 line 9와 10이 수행되는 콜백 함수가 작동됩니다.

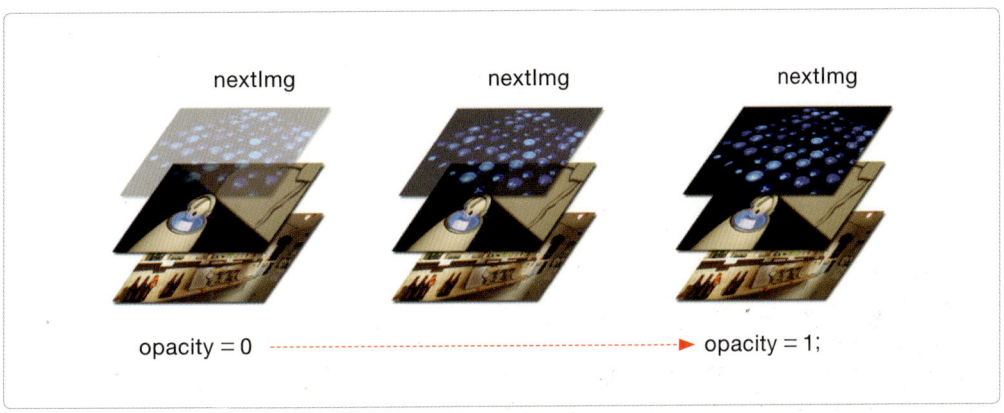

line 9 : animate( )를 모두 끝낸 후 showImg를 〈div class="fadeShow"〉 안에서 태그의 맨 마지막으로 이동시킵니다.

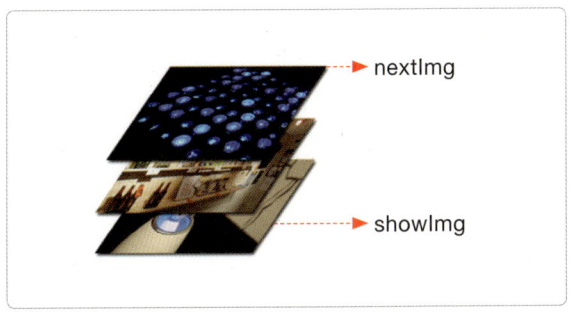

line 10 : 일련의 작업이 모두 끝나면 showImg에 있는 active 클래스를 제거합니다. 그래야만 z-index를 원래 상태로 돌려놓을 수 있습니다.

fadeInOut( ) 함수를 3초에 한 번씩 호출하면 자연스럽게 갤러리 효과를 구현할 수 있습니다. 주기적으로 함수를 호출하려면 setInterval( )을 사용해야 합니다. 아래와 같이 코드를 추가합니다.

```jquery
1  var showImg, nextImg;
2  function fadeInOut(){
3    // 코드 생략
4  }
5  var timer = setInterval("fadeInOut()",3000);
```

line 5 : 3초에 한 번씩 fadeInOut( )를 호출하면서 FadeInOut 효과를 나타나는 갤러리를 볼 수 있습니다. timer라는 변수에 저장하는 이유는 setInterval을 중지시킬 때를 염두에 두어야 하기 때문입니다.

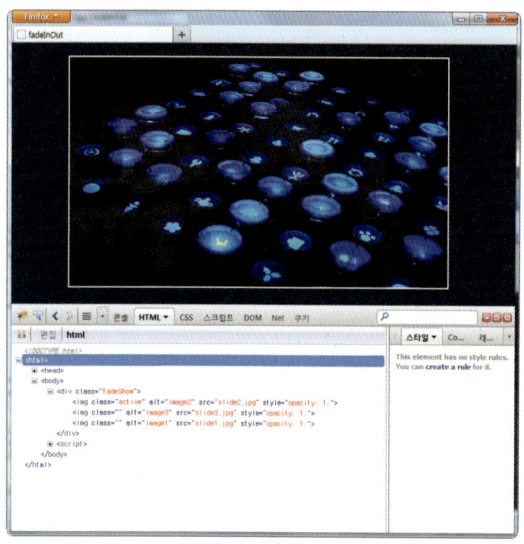

디버그 콘솔 창을 열고 〈img〉 태그에 클래스가 추가되거나 삭제되는지 유심히 살펴보시기 바랍니다.

hover 이벤트 추가

hover 이벤트를 추가할 경우, 이미지에 마우스가 오버되면 사진 전환이 멈추고, 마우스가 아웃되면 사진 전환이 다시 시작됩니다.

```jquery
1   var showImg, nextImg;
2   function fadeInOut(){
3           // 코드 생략
4   }
5   var timer = setInterval("fadeInOut()",3000);
6   $("div.fadeShow").hover(
7           function() {
8                   clearInterval(timer)
9           },
10          function(){
11                  timer = setInterval("fadeInOut()",2000);
12          }
13  );
```

line 6 : div.fadeShow hover 이벤트를 설정합니다.

line 7~9 : 이미지에 마우스 오버되면 clearInterval(timer)을 사용하여 setInterval을 정지시킵니다. 따라서 사진 전환이 멈춥니다.

line 10~12 : 이미지에 마우스 아웃되면 setInterval을 다시 실행시킵니다. 따라서 사진 전환이 다시 시작됩니다(hover 이벤트에 대한 자세한 설명은 128쪽을 참조하세요).

핵심 포인트

이 예제를 통해 아래와 같은 것을 학습하였습니다. 다양한 장면 전환을 시도해보세요.

- addClass( )와 removeClass( )를 사용하여 동적으로 클래스를 추가하거나 제거할 수 있습니다.
- append( )를 사용하여 DOM 노드를 맨 뒤로 보낼 수 있습니다.

- :eq(index) 실렉터를 사용하여 선택된 집합에서 원하는 순서의 DOM을 추출할 수 있습니다.
- animate( )를 사용하여 부드럽게 불투명도를 조절할 수 있습니다.
- setInterval과 clearInterval을 사용하여 주기적으로 함수를 호출할 수 있습니다.
- hover 이벤트를 사용하여 마우스 over와 out에 각각 실행할 함수를 적용할 수 있습니다.

자연스러운 장면 전환 플러그인 웹 사이트

이 웹 사이트는 다양한 장면 전환을 제공해주는 jQuery plugIn으로 이루어져 있으며, 무척 심플해 보이지만 좋은 내용이 많이 담겨 있습니다. cross-fade, Slide and cross-fade, Ken Burns effect 등과 같은 다양한 장면 전환을 감상할 수 있습니다.

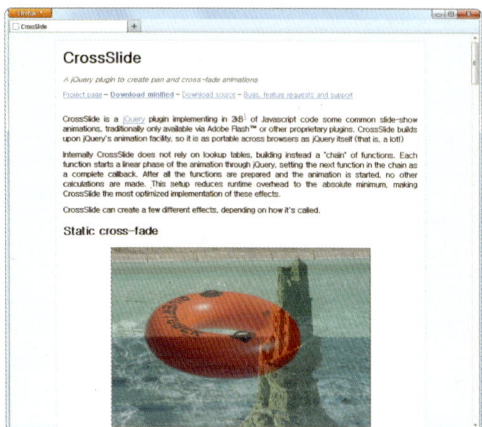
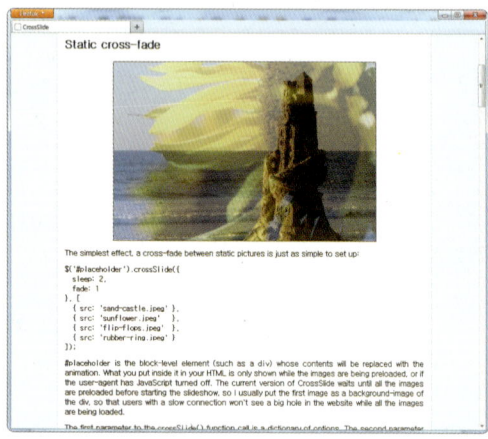
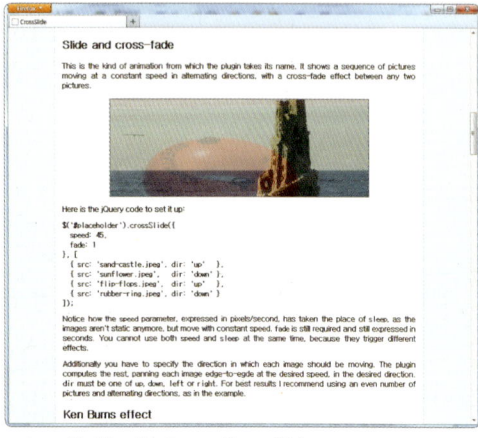
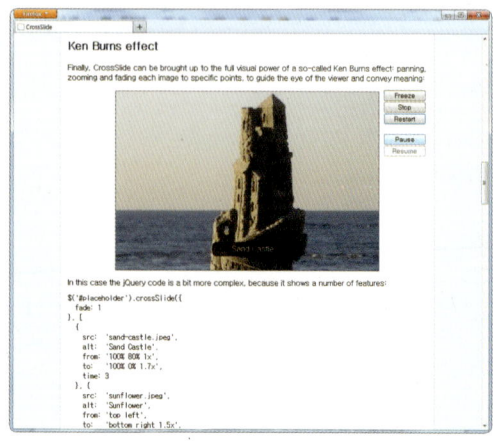

▲ http://tobia.github.com/CrossSlide

04 | lightBox PlugIn

lightBox는 썸네일 갤러리 및 <a> 링크 태그를 대상으로 하는 이미지, 영상, SWF 등과 같은 콘텐츠를 주변 환경은 어둡게 하고, 선택한 콘텐츠가 화면에 크게 나와 돋보이게 하는 효과를 말합니다. 아마도 처음 이러한 효과를 만든 plugIn 제작자가 lightBox라고 이름을 붙인 것이 굳어져 일반적인 이름이 된 듯합니다. 이와 비슷한 예로는 GrayBox, ThickBox, fancyBox 등이 있습니다.

참고 웹 사이트

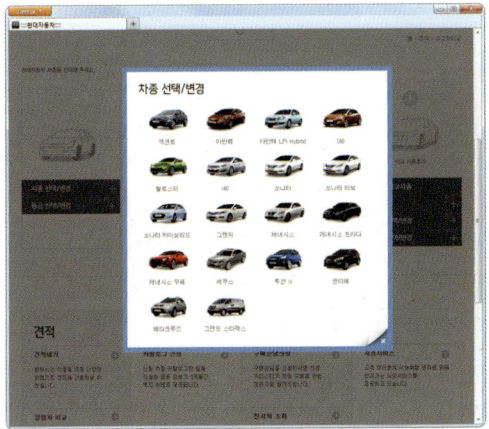

▲ 방문자 스스로 견적을 산출할 수 있는 lightBox 형식으로 만들었습니다(http://www.hyundai.com/kr/estimation/compare.do).

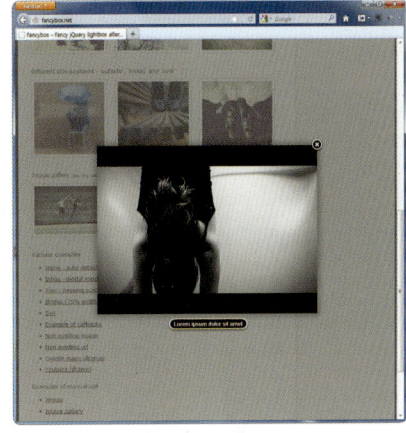

▲ jpg, swf, 유투브 영상도 지원하는 fancybox입니다 (http://fancybox.net).

플러그인에 대한 자세한 내용은 171쪽을 참조하세요.

미리 보기

 예제 파일 3부/gallery/04/ready.html

 완성 파일 3부/gallery/04/index.html

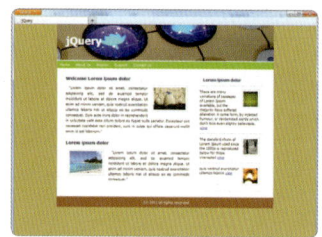 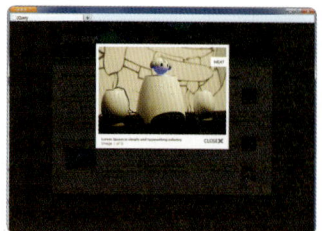 

플러그인 웹 사이트

 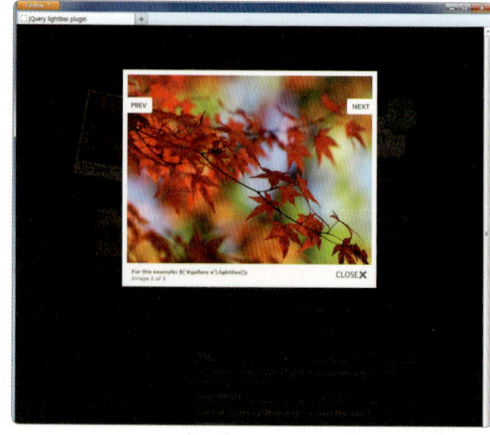

▲ http://leandrovieira.com/projects/jquery/lightbox

필자는 2008년도에 사용해본 경험이 있는데, 아마도 가장 오래되고 지금도 많이 사용되고 있는 lightBox 플러그인 웹 사이트가 아닌가 생각합니다.

사용법

| 다운로드 |

웹 사이트의 왼쪽 중앙에 있는 다운로드 아이콘을 클릭하여 zip 파일을 다운로드합니다.

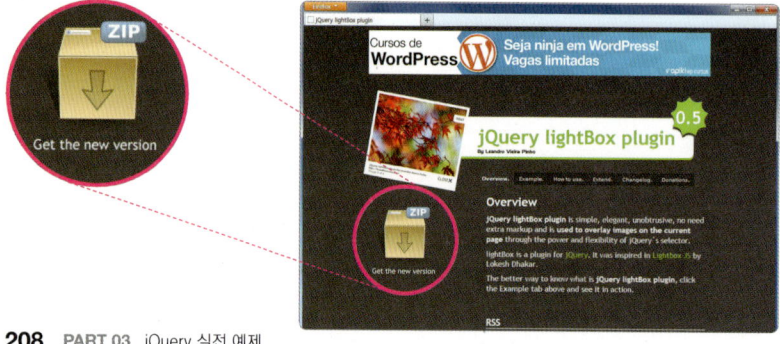

| 폴더 구성 |

1) CSS 폴더

CSS 폴더는 lightBox에서 썸네일이나 링크를 클릭하여 큰 콘텐츠가 나올 때 콘텐츠 주위를 디자인하는 스타일(CSS)입니다. lightBox에서는 아래와 같은 기본 스타일을 제공합니다.

2) images 폴더

lightBox 자체적으로 필요한 이미지들입니다.

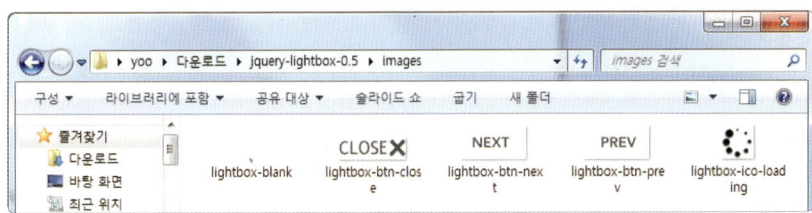

3) js 폴더

js 폴더에는 lightBox를 구현하는 자바스크립트 및 jQuery 코드가 담겨 있습니다. CSS 폴더, images 폴더, js 폴더는 lightBox를 구현해주는 핵심 폴더입니다.

4) photos 폴더

사용자에게 필요한 사진들이 있는 폴더입니다.

5) 데모 파일 열어 보기

index.html을 열어보면 lightBox가 어떻게 구현되는지를 알 수 있는 데모 파일이 있습니다.

| 설치 |

설치에 대한 자세한 설명은 보통 플러그인 제작 페이지에서 볼 수 있습니다. lightBox 역시 잘 설명해주고 있습니다. 웹 사이트 메뉴 중에 'How to use'를 선택하면 됩니다.

위의 내용을 간단히 설명하겠습니다.

1) 관련 파일 연결하기

HTML 문서에서 〈head〉 태그 내부에 아래와 같이 입력합니다.

- js 파일 연결

〈script type="text/javascript" src="js/jquery.js"〉〈/script〉
〈script type="text/javascript" src="js/jquery.lightbox-0.4.js"〉〈/script〉

첫 번째는 jQuery Library 파일입니다. jQuery를 사용하려면 반드시 포함해야 하는 파일입니다. 두 번째는 lightBox를 구현하는 자바스크립트 파일입니다.

- CSS 파일 연결

〈link rel="stylesheet" type="text/css" href="css/jquery.lightbox-0.5.css" media="screen" /〉

여기서 잠깐

반드시 순서를 지켜주세요
jQuery 기본 Library 파일이 먼저 포함되고 난 후에 plugIn 파일들이 포함되어야 plugIn이 제대로 작동합니다.

데모 파일인 index.html 파일의 소스를 보면 쉽게 이해할 수 있습니다.

2) HTML 구성

이제 lightBox를 사용할 준비가 끝났습니다. 이번에는 HTML을 어떻게 구성해야 하는지를 살펴보겠습니다. 일반적인 썸네일이나 링크에 대한 구성과 똑같습니다. 단, lightBox 효과에 자막을 전달할 수 있는 방법이 있는데, 〈a〉 태그의 title 속성에 자막을 입력하면 자동으로 자막 처리된다는 점이 다릅니다. title의 텍스트가 많으면 그만큼 자막의 크기 영역이 자동으로 커집니다.

- 링크

〈a href="image1.jpg" title="Lorem Ipsum is simply and typesetting industry"〉그림1〈/a〉

- 썸네일 링크

\<a href="image1.jpg" title="Lorem Ipsum is simply and typesetting industry"\>\<img src="th1.jpg" alt=" " /\>\</a\>

3) lightBox 작동

jQuery
1    $('a').lightBox();

〈a〉태그 모두에 lighBox가 적용되었습니다. a 링크를 클릭하면 콘텐츠가 중앙에 배치되고, 주변 환경은 어두워지는 효과가 나타납니다.

다른 사례를 들어 좀 더 설명하겠습니다.

$("a[rel*=lightBox]").lightBox( );
// 〈a〉태그에 rel 속성 값이 lightBox인 모든 〈a〉태그에 lightBox 적용

$("#gallery a").lightBox( );
// id 속성이 gallery인 노드의 자손들 중에서 모든 〈a〉태그에 lightBox 적용

$("#gallery a.group1").lightBox( );
// id 속성이 gallery인 노드의 자손들 중에서 클래스 속성이 group 1인 〈a〉태그에 lightBox 적용

〈a〉태그의 클래스 속성을 따로 구성하면 목록 중에서 주제별로 lightbox를 구성할 수도 습니다.

$("#gallery a.ill").lightBox( );
$("#gallery a.photo").lightBox( );
$("#gallery a.movie").lightBox( );

4) 다양한 확장 옵션

lightBox 웹 사이트에는 'Extend'라는 메뉴가 있는데, 이는 lightBox 효과에 대한 부가적인 요소들입니다. lightBox가 실행될 때 배경색을 조절하거나, 투명도를 조절하거나, 사진이 확대될 때의 속도 등을 조절할 수 있는 방법을 소개합니다. 예를 들어 배경색은 빨간색, 투명도는 0.3, 사진이 리사이즈되는 시간을 100(0.1초)로 하려면 아래와 같이 설정해야 합니다.

	jQuery
1	`$('a').lightBox( {`
2	`    overlayBgColor:'#F00',`
3	`    overlayOpacity:0.3,`
4	`    containerResizeSpeed:100`
5	`} );`

웹 사이트에 적용해보기

 예제 파일 3부/gallery/04/ready.html   완성 파일 3부/gallery/04/index.html

준비된 웹 페이지에 lightBox를 적용해보겠습니다.

● 관련 파일 연결하기

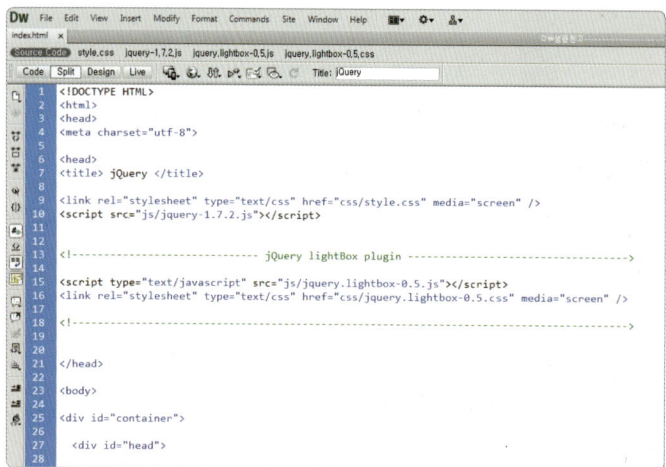

작업할 웹 페이지에는 jQuery library 파일이 준비되어 있기 때문에 CSS 파일, lightBox와 관련된 js 파일만 연결해주면 됩니다.

	HTML
1	`<head>`
2	...
3	`<script type="text/javascript" src="js/jquery.lightbox-0.5.js"></script>`
4	`<link rel="stylesheet" type="text/css" href="css/jquery.lightbox-0.5.css" media="screen" />`
5	...
6	`</head>`

● 필요한 파일 이동하기

다운로드한 lightBox plugIn에서 CSS 파일과 JS 파일을 적용할 웹 페이지가 있는 폴더에 복사하여 이동시킵니다.

| jQuery 파일 본인의 js 폴더로 이동 |

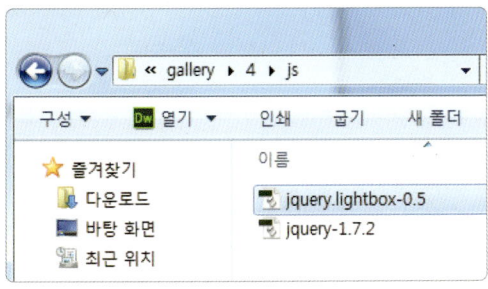

| CSS 파일 본인의 CSS 폴더로 이동 |

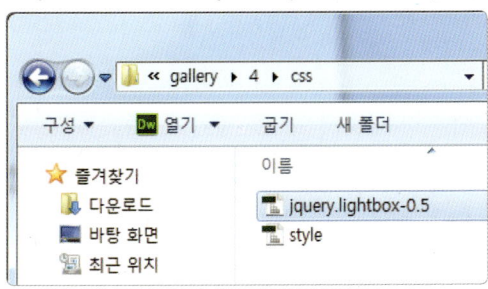

● HTML 구성

준비된 웹 페이지의 첫 번째 이미지에는 <a> 링크가 없습니다. 이미지에 링크를 추가해보겠습니다.

| 링크가 없는 img 태그 |

〈img src="images/img1.jpg" width="110" height="74" border="0" alt=" " class="pic_right" /〉

| 링크가 있는 img 태그 |

〈a href="images/img1.jpg" title="Lorem Ipsum is simply and typesetting industry"〉
　〈img src="images/img1.jpg" width="110" height="74" border="0" alt=" " class="pic_right" /〉
〈/a〉

● lightBox 작동

HTML 문서의 〈/body〉 바로 위에 있는 〈script〉 〈/script〉 부분에 jQuery 코드를 입력합니다.

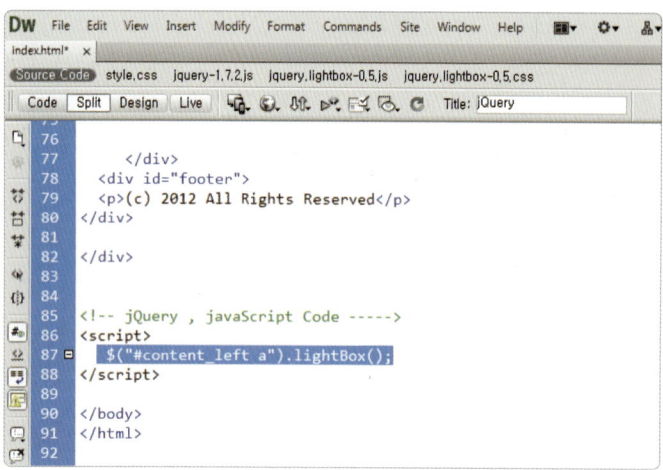

	jQuery
1	`$("#content_left a").lightBox();`

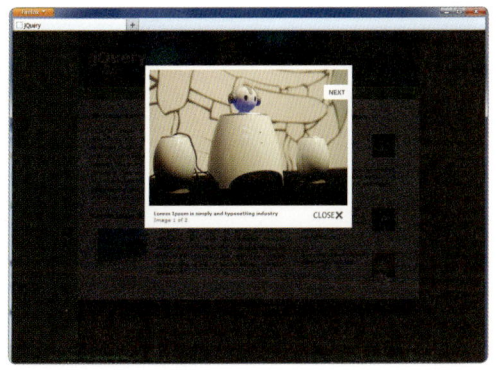 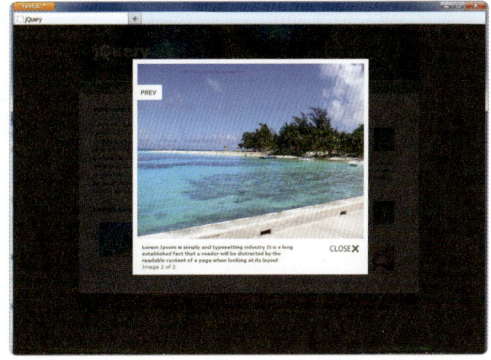

위의 그림과 같이 클릭하면 해당 사진이 나타나면서 주변이 어두워집니다.

| 확장 옵션 |

```
jQuery

$("#content_left a").lightBox( {
    overlayBgColor:'#F00',
    overlayOpacity:0.3,
    containerResizeSpeed:100
} );
```

lightBox( ) 함수 안에 옵션으로 다양한 속성을 설정할 수 있습니다. 위의 코드는 배경색, 투명도, 리사이징 속도 등을 변경하였습니다.

여러분의 웹 사이트에도 멋진 lightBox를 적용해보세요.

CHAPTER 01 Gallery 217

추가로 활용하기 좋은 플러그인 소개

● video lightBox

다양한 템플릿을 사용하여 비디오를 보여줄 수 있는 플러그인입니다.

▲ http://videolightbox.com/index.html

video lightBox는 비상업적으로 사용할 때에만 무료로 사용할 수 있습니다.

● fancyBox

fancyBox는 SWF, 유투브 영상, 주제별 분류, Ajax 형식 등과 같은 다양한 포맷이 지원되는 lightBox 형태입니다. 꼭 한번 방문하여 사용해보시기 바랍니다.

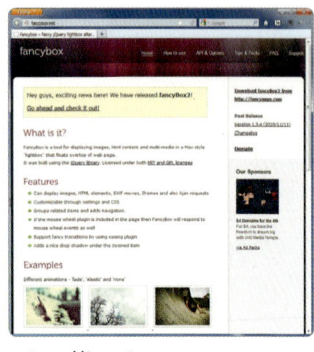

▲ http://fancybox.net

더 많은 lightBox를 찾고 싶으면 구글 웹 사이트에서 jQuery lightBox plugin을 검색해보세요.

05 | Gallery PlugIn – skitter

웹 페이지에서는 갤러리 형식의 구성을 많이 보게 되는데, 이 장에서 소개할 skitter jQuery plugin은 이미지 장면 전환이나 썸네일 효과 등을 완벽하게 제공하고, IE 6까지 지원하는 갤러리 플러그인입니다.

- IE 6 지원
- 크로스 브라우징 가능
- 다양한 이팩트
- 다양한 내비게이션 형태 지원
- 풀 스크린 기능 지원

미리 보기

 3부/gallery/05/index.html

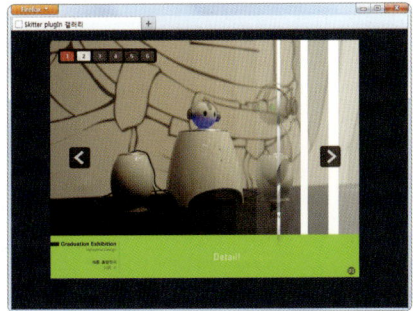

▲ number 형식

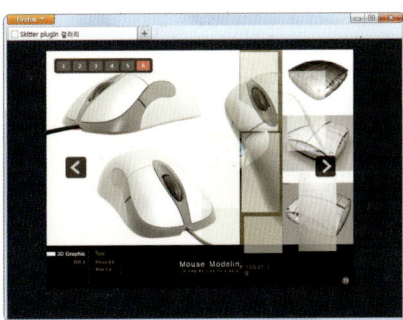

▲ 수십 개의 장면 전환 효과

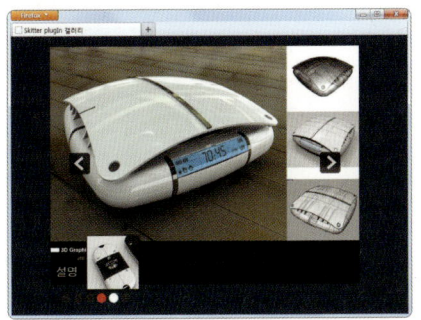

▲ dor 미리 보기 효과

▲ 썸네일 형식

skitter plugIn 웹 사이트

▲ http://thiagosf.net/projects/jquery/skitter

◉ 사용법

| 다운로드 |

웹 사이트의 오른쪽에 다운로드 메뉴가 있는데, 여기에서 Stable version을 클릭하여 zip 파일을 다운로드합니다.

| 폴더 구성 |

다운로드한 파일의 폴더 구조는 아래와 같습니다.

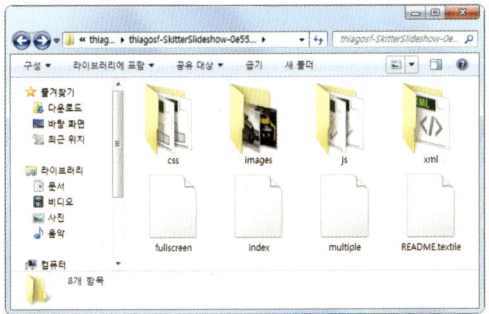

1) CSS 폴더

CSS 폴더는 Skitter의 다양한 스타일을 제공하는 CSS 파일을 담고 있습니다. 다운로드한 CSS 폴더 안에는 여러 개의 CSS 파일들이 있는데, 사용자가 skitter를 사용하는 데에는 1개의 CSS만 필요합니다. 나머지는 index.html을 위해 필요한 CSS입니다.

skitter.styles.css

Dot 컬러, 갤러리 Size, 썸네일, 레이블 등 실제 보이는 skitter의 스타일을 정의해 놓은 파일입니다.

 썸네일 사진의 반쪽이 겹쳐 보이는 문제 해결 방법

혹시 썸네일 사진의 반쪽이 겹쳐 보일 경우, * {padding:0;} 값을 〈style〉〈/style〉에 정의하면 문제를 해결할 수 있습니다.

2) image 폴더

Skitter 자체적으로 필요한 이미지들입니다.

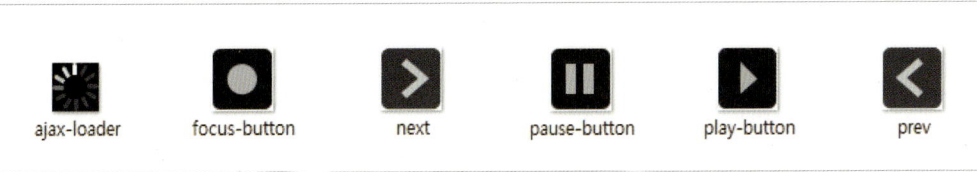

3) js 폴더

js 폴더에는 Skitter를 구현하는 자바스크립트 및 jQuery 코드가 담겨 있습니다.

jquery-1.6.3.min.js

- jQuery 라이브러리입니다.

jquery.animate-colors-min.js

- 컬러 애니메이션을 위한 js입니다.

jquery.skitter.min.js

- skitter 기능을 위한 js입니다.

jquery.easing.1.3.js

- 다양한 가·감속의 효과를 구성하는 js입니다.

| 데모 파일 보기 |

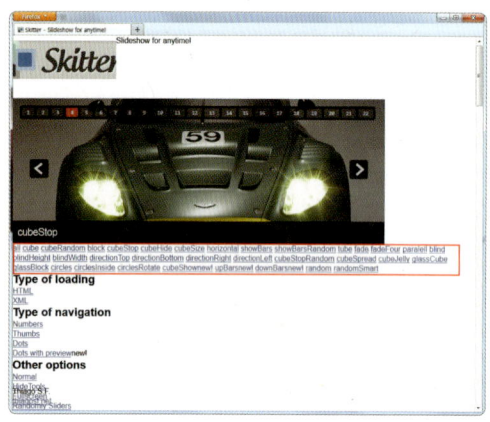 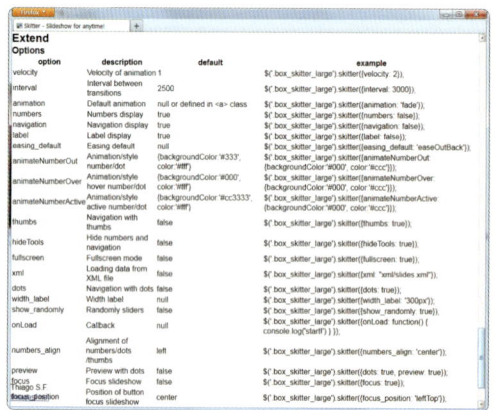

index.html을 열어보면 skitter를 어떻게 사용하는지를 알 수 있습니다(데모 파일).

다양한 effect 효과와 썸네일을 구성하는 방식 등을 직접 클릭하여 변경해볼 수 있습니다. 이러한 조작은 아래의 Extned 부분을 통해 여러분이 직접 설정하여 구현할 수 있도록 다양한 옵션들을 제공하고 있습니다.

| 설치 |

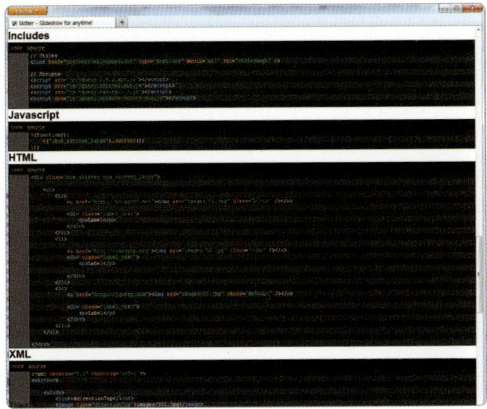

index.html 파일(데모 파일)의 중간쯤에 포함되어야 할 파일(js, CSS)은 물론 jQuery, HTML, XML 형식까지 설치 방법이 자세히 나와 있습니다.

위의 내용을 간단히 알아보겠습니다.

1) 관련 파일 연결하기

skitter 적용하고자 하는 html 문서의 〈head〉 태그 내부에 아래와 같이 입력합니다.

- CSS 파일 연결

〈link href="css/skitter.styles.css" type="text/css" media="all" rel="stylesheet" /〉

- js 파일 연결

〈script src="js/jquery-1.7.2.min.js"〉〈/script〉
〈script src="js/jquery.skitter.min.js"〉〈/script〉
〈script src="js/jquery.easing.1.3.js"〉〈/script〉
〈script src="js/jquery.animate-colors-min.js"〉〈/script〉

 여기서 잠깐

반드시 순서를 지켜주세요
jQuery 기본 Library 파일이 먼저 포함되고 나서 plugIn 파일들이 포함되어야 plugIn이 제대로 작동하게 됩니다.

2) HTML 구성

skitter를 사용하려면 아래와 같은 구조로 HTML을 작성해야 합니다. 보일 이미지는 이미지 한 개당 〈li〉 태그 안에 있고, 이미지의 설명은 〈div〉 태그 안의 〈p〉 태그에 입력합니다.

위의 그림을 HTML 코드로 입력하면 아래와 같습니다.

	HTML
1	`<div class="box_skitter box_skitter_large">`
2	
3	`    <ul>`
4	`        <li>`
5	`            <a href="http://thiagosf.net"><img src="images/01.jpg" class="random" /></a>`
6	
7	`            <div class="label_text">`
8	`                <p>설명</p>`
9	`            </div>`
10	`        </li>`
11	`     ················ 이하 생략 ················`
12	`    </ul>`
13	
14	`</div>`

line 5의 〈img〉 태그에서 class 속성은 이미지 전환 효과를 의미합니다. 따라서 여러분이 특별한 이미지 효과를 나타내고 싶다면 이곳을 수정하면 됩니다. 참고로 'random'은 아래의 효과 목록 중에서 임의로 선택되는 것입니다.

– 이미지 전환 효과 목록

> cube, cubeRandom, block, cubeStop, cubeHide, cubeSize, horizontal, showBars, showBarsRandom, tube, fade, fadeFour, paralell, blind, blindHeight, blindWidth, directionTop, directionBottom, directionRight, directionLeft, cubeStopRandom, cubeSpread, cubeJelly, glassCube, glassBlock, circles, circlesInside, circlesRotate, cubeShownew!, upBarsnew!, downBarsnew!, random, randomSmart

– 갤러리 크기 조절

여러분의 웹 사이트에 갤러리를 추가하려면 갤러리 사이즈 조절이 필요합니다. 이러한 부분을 관리하는 파일이 'skitter.styles.css'입니다. 이 파일을 연 후에 line 71의 근처에 가면 .box_skitter_large 클래스를 볼 수 있습니다. 여기서 width와 height를 조절하면 됩니다. 필자는 600px, 450px로 설정하였습니다.

```
skitter.styles.css
71  .box_skitter_large {width:600px;height:450px;}
```

참고로 이 파일에는 skitter를 구성하는 다양한 스타일이 정의되어 있습니다. 썸네일, 도트 등의 색상 및 크기를 수정할 수 있습니다.

3) skitter 작동

```
jQuery
1  $('.box_skitter_large').skitter();
```

위와 같이 skitter( ) 함수만 호출해주면 멋진 갤러리가 나타납니다.

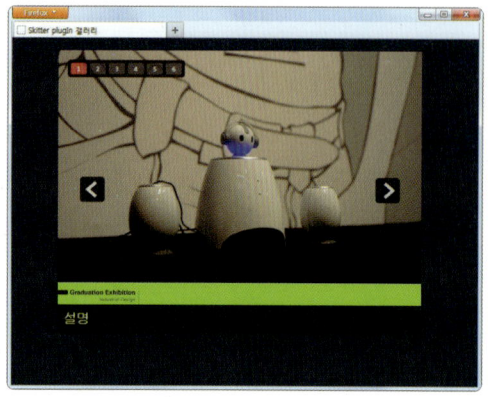

4) 다양한 확장 옵션

skitter 옵션을 사용하여 다양한 변화를 살펴보겠습니다.

jQuery

```
1   $('.box_skitter_large').skitter({thumbs: true, label: false});
```

썸네일 형식으로 보고, 자막은 사용하지 않습니다.

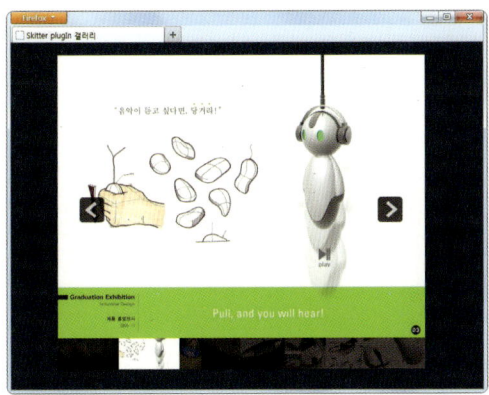

jQuery

```
1   $('.box_skitter_large').skitter({dots: true});
```

dot(점) 형식으로 썸네일을 제공합니다.

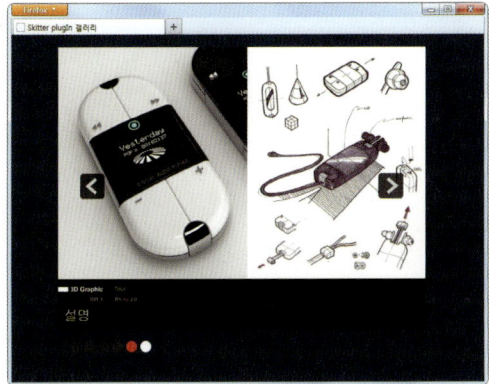

jQuery

```
1   $('.box_skitter_large').skitter({dots: true, review: true});
```

dot(점) 형식으로 썸네일을 제공하면서 미리 보기를 지원합니다.

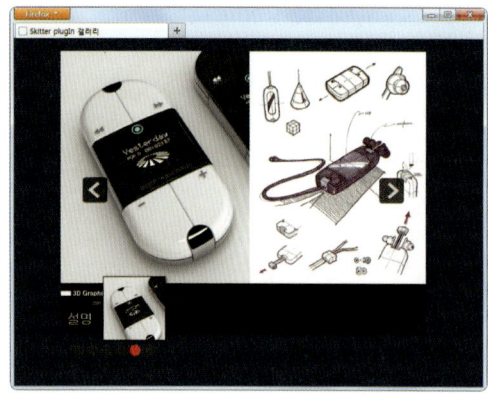

완성 예제를 열고 직접 고쳐 가면서 여러분의 멋진 갤러리를 만들어 보세요.

더 많은 Gallery를 찾고 싶다면 구글 웹 사이트에서 'jQuery gallery plugin'을 검색해보세요.

CHAPTER 02
내비게이션

웹 페이지에서 사용자가 현재 어떤 페이지를 보고 있으며, 어떤 페이지로 이동해야 하는지를 제시하는 내비게이션은 웹 사이트 구조에서 큰 비중을 차지합니다. 또 제한된 공간에 많은 링크와 방향성을 제시하기 위해서는 각 메뉴들이 동적으로 구성되어야 합니다. 이러한 내비게이션에 jQuery를 사용하면 메뉴들을 플래시처럼 다이내믹하게 구성할 수 있습니다. 여러분도 사용자의 경험을 잘 살릴 수 있는 내비게이션을 설계해보세요.

01 | Tree형 내비게이션

참고 웹 사이트

▲ www.infobank.net

스마트 모바일 서비스 선도 기업인 'infobank'의 웹 사이트입니다. 세로형 Tree 내비게이션을 사용했으며, 전체 웹 사이트를 역동적으로 구성했습니다.

미리 보기

 3부/naviation/01/ready.html
 3부/naviation/01/index.html

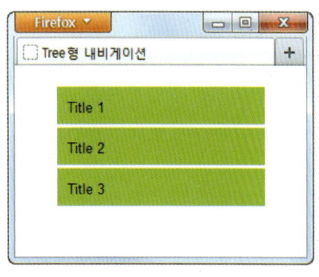
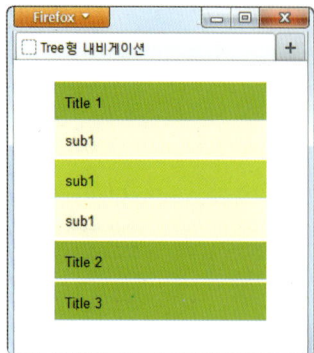
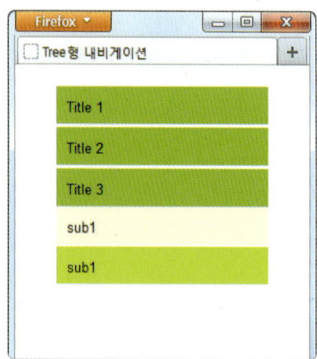

아이디어 구상 및 HTML 구조

1개에 메인 메뉴와 2~3개의 서브 메뉴를 가지고 있는 형식으로 만들 예정입니다. HTML 구성은 일반적인 세로 메뉴 형식으로 작성하면 됩니다.

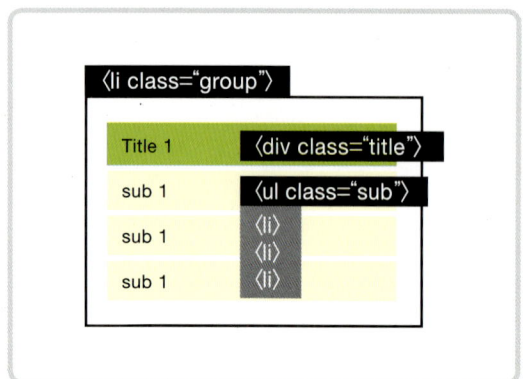

▲ 메인 메뉴 1개와 서브 메뉴 구성도

이러한 메뉴 1개의 구성을 3개 정도 더 만들면 Tree형 내비게이션이 됩니다. 일반적인 HTML/CSS를 사용하여 아래 그림과 같이 세로로 길게 나열한 후 jQuery 코드를 추가해보겠습니다. 플래시로 제작하는 것보다 구현하기가 쉽고, 유지 보수도 간단합니다.

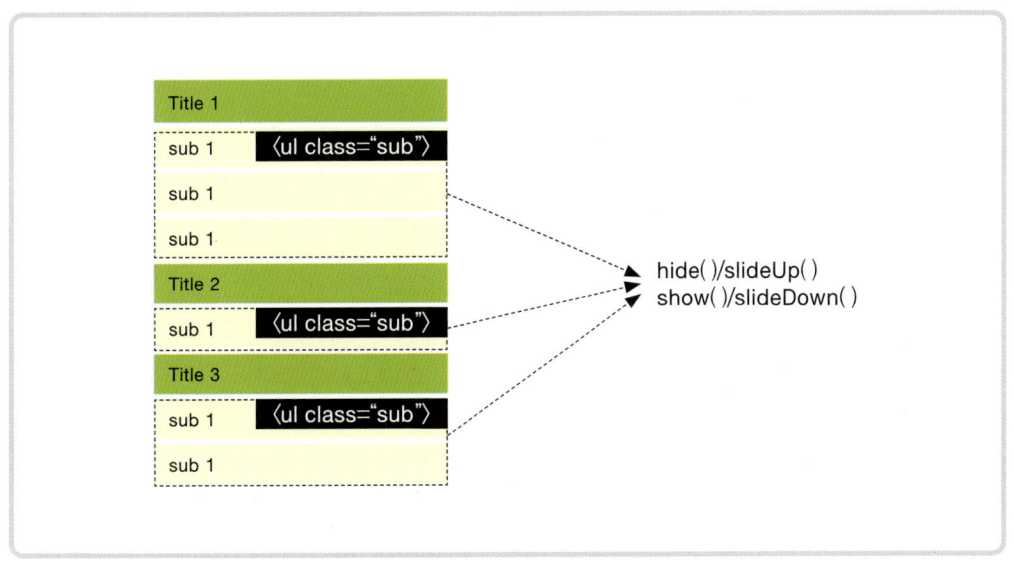

하나의 메인 메뉴(li)에 타이틀(div)과 서브 메뉴(ul)를 구성하는 마크업을 구성한 후, 서브 메뉴(ul)들을 jQuery로 보이도록 하거나 감추면서 간단하게 제작할 수 있습니다. 보이도록 하는 함수에는 show( ), slideDown( ) 등이 있고, 감추도록 하는 함수에는 hide( ), slideUp( ) 등이 있습니다. 이 부분을 잘 이해하면 디자인과 effect를 사용하여 좀 더 부드러운 내비게이션을 구현할 수 있고, 접었다 폈다 하는 어코디언 스타일도 제작할 수 있습니다.

jQuery의 hide( )/slideUp( ) 함수는 지정한 jQuery 객체의 display 속성을 none 상태로 변경할 수 있습니다. display 상태가 none이 되면, 객체는 사라지고 사라진 빈 공간에 자동으로 밑의 메뉴들이 올라오면서 쉽게 구현되는 것입니다. 반대로 show( )/slideDown( ) 함수는 display 상태를 block이나 inline로 변경하고, 보이도록 하는 작업을 할 수 있습니다. HTML 구조는 아래와 같습니다.

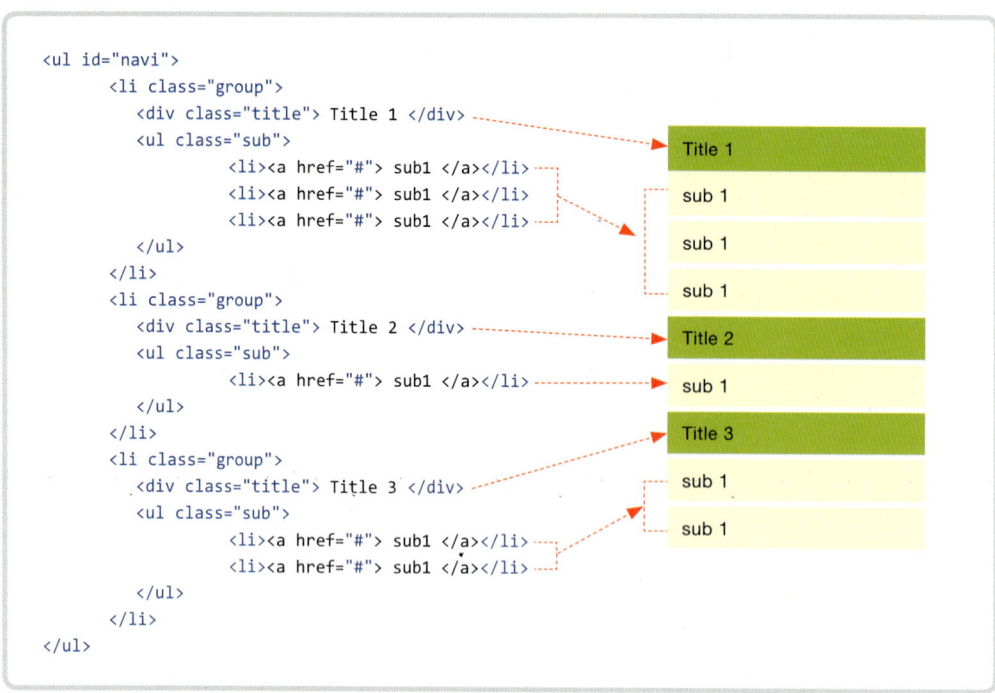

예제 구현을 위한 핵심 jQuery

이 예제는 HTML 마크업 구조와 jQuery의 hide( )/show( ), slideUp( )/slideDown( ) 함수만 이해하면 제작할 수 있습니다. 아래 함수는 모두 앞에서 설명한 기능들입니다. 여기서는 생략하겠습니다.

함수 이름	기능	쪽
next( )	선택된 요소 객체의 바로 다음 형제 요소를 의미합니다. 이 예제에서는 〈div〉 태그 다음 형제가 〈ul〉 태그입니다.	101쪽
hide( );	선택된 요소를 감춥니다.	134쪽
show( );	선택된 요소를 보이게 합니다.	135쪽

CSS/jQuery Code 작성하기

● CSS

CSS	
1	`body {`
2	`margin:20px auto;`
3	`padding:0;`
4	`width:200px;`
5	`font-size:13px;`
6	`font-family:Arial, Helvetica, sans-serif;`
7	`}`

line 1~7 : 〈body〉 태그의 CSS입니다. 내비게이션의 가로 크기를 200px, width를 200px로 설정하였습니다. 정렬은 중앙으로 하고, 폰트의 크기는 13px로 설정하였습니다.

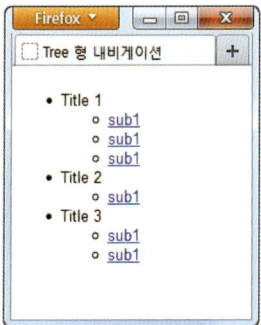

| 메인 메뉴 CSS |

각각의 메뉴 항목 중에서 메인 메뉴에 대한 스타일 정의입니다.

CSS	
1	`ul#navi {`
2	`width:200px;`
3	`text-indent:10px;`
4	`}`
5	

```
 6  ul#navi, ul#navi ul {
 7      list-style:none;
 8      margin:0px;
 9      padding:0px;
10  }
11
12  li.group {
13      margin-bottom:3px;
14  }
15
16  div.title {
17      height:35px;
18      line-height:3;
19      background:#9AB92E;
20      cursor:pointer;
21  }
```

line 1~4 : 내비게이션 전체의 가로 크기를 200px, 오른쪽으로 들여쓰기를 10px로 설정합니다.

line 6~10 : 모든 〈ul〉 태그의 리스트 스타일을 없애고, 마진과 패딩을 0으로 설정합니다.

line 12~14 : 메뉴 항목 아래쪽에 3px 마진을 설정합니다.

line 16~21 : 각 메뉴의 제목이 되는 〈div〉 태그의 설정입니다. 높이와 라인 간격 배경색과 커서를 마우스 포인터로 하였습니다.

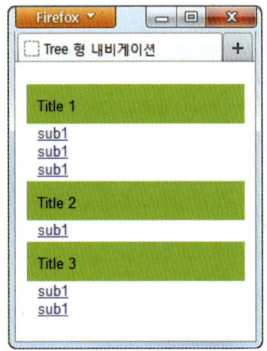

| 서브 메뉴 CSS |

각각의 메뉴 항목 중에서 서브 메뉴에 대한 스타일 정의입니다.

```css
1  ul.sub li{
2      height:35px;
3      margin-bottom:2px;
4      line-height:3;
5      background:#FDF6DD;
6      cursor:pointer;
7  }
8
9  ul.sub li a{
10     text-decoration:none;
11     display:block;
12     width:100%;
13     hiehgt:100%;
14     color:#000;
15 }
16
17 ul.sub li:hover{        background:#CCFF00;        }
```

line 1~7 : 각 메뉴들의 서브 메뉴 목록에 대한 스타일입니다. line-height의 3은 현재 글씨의 3배 정도 간격을 의미하며, 여기서 '3'이라고 설정한 것은 제목을 가운데로 이동하기 위한 것입니다. 기타 나머지 설정은 높이, 아래쪽 마진, 커서의 모양 정도입니다.

line 9~15 : 서브 메뉴 안에 있는 <a> 태그에 대한 설정입니다. 밑줄은 없애고 display:block로 하여 가로, 세로 영역을 li와 일치하도록 채웠습니다. 그리고 텍스트 컬러는 검은색으로 설정하였습니다.

line 17 : li 영역에 hover할 경우, 배경색을 변경합니다.

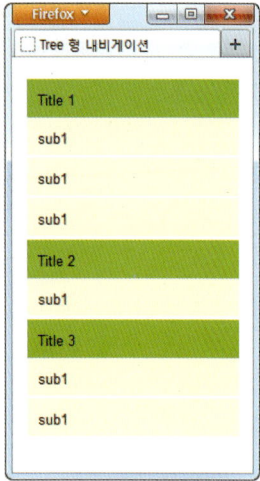

○ jQuery

	jQuery
1	`$(".sub").hide();`
2	`$("div.title").click(function() {`
3	`    $(".sub").hide();`
4	`    $(this).next().show();`
5	`});`

line 1 : 처음에는 모든 서브 메뉴(.sub)들을 감춥니다. 이렇게 되면 메인 메뉴 항목만 보이게 됩니다.

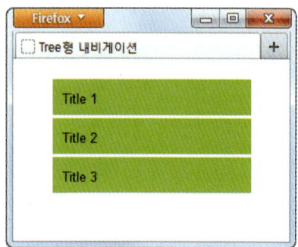

line 2~4 : 메인 메뉴를 클릭하면 서브 메뉴들은 모두 감추고 현재 클릭한 메인 메뉴의 next( )에 해당하는 ul을 선택하여 보이도록 합니다.

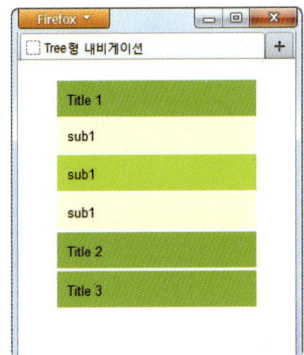 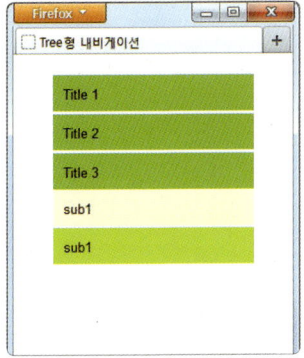

간단하게 구현되었습니다. 선택된 메뉴가 펼쳐지면 그 아래 메뉴들의 위치가 저절로 조절되어 밀려 내려가기 때문에 특별히 다른 메뉴의 움직임에 신경 쓸 필요가 없습니다. 또한 추가 메뉴를 구성하려면 HTML에 추가만 해주면 되기 때문에 유지 보수하기도 좋습니다.

슬라이딩 효과 추가

 3부/naviation/01/index2.html

위의 내비게이션 중의 slide 효과로 부드럽게 펼쳐지고 접히도록 하기 위해 slideUp( ) 함수와 slideDown( ) 함수를 사용합니다.

```jQuery
1  $(".sub").hide();
2  $("div.title").click(function() {
3      $(".sub").slideUp("fast");
4      $(this).next().slideDown("fast");
5  });
```

slideUp("fast")는 0.2초 동안 height가 줄어들면서 점차 가려지는 것이고, slideDown("fast")는 0.2초 동안 height가 원래 높이로 펼쳐지기 때문에 부드럽게 처리됩니다. 하지만 한 가지 더 주의할 점은 펼쳐진 서브 메뉴가 있는 메인 메뉴를 클릭하면 서브 메뉴가 다시 접히고 펼쳐지는 오류가 발생한다는 것입니다. 왜냐하면 전체 (".sub")에 적용되는 명령이기 때문입니다. 이를 예방하려면 아래 코드와 같이 if( )문으로 현재 서브 메뉴가 펼쳐진 상태에서 slidUp( ) 함수를 실행하지 않도록 합니다.

```jQuery
1  $(".sub").hide();
2  $("div.title").click(function() {
3      if($(this).next().css("display") == "none") {
4          $(".sub").slideUp("fast");
5      }
6      $(this).next().slideDown("fast");
7  });
```

line 3 : 현재 클릭한 메인 메뉴 중의 서브 메뉴 display 상태를 조사합니다. jQuery의 css( ) 함수를 사용하면 display 값을 얻을 수 있습니다. display가 none이면 닫혀져서 보이지 않는 상태가 됩니다. 서브 메뉴가 열리고 display가 block이면 현재 펼쳐진 상태이기 때문에 line 4의 코드인 $(".sub").slideUp("fast")을 실행하지 않습니다. 이렇게 되면 펼쳐진 서브 메뉴의 메인 메뉴를 클릭해도 아무런 효과도 적용되지 않습니다.

 Q & A

if문 조건에서 == 의 의미는?
== 연산자는 비교 연산자로 좌변과 우변이 같은지, 아닌지를 판단해줍니다. 좌변과 우변이 같으면 true를, 다르면 false를 나타냅니다. 반면 = 연산자는 대입 연산자로, a = b와 같이 사용되며, 이는 a에 b의 값을 대입하는 것을 의미합니다.

핵심 포인트

- 세로형 2depth 메뉴를 구성하면 show( )/hide( )만으로도 인터랙션 메뉴를 만들 수 있습니다.
- slideUp( )/slideDown( ) 함수가 적용된 상태에서 펼쳐진 상태와 닫힌 상태를 구분하려면 display의 상태를 조사해야 합니다.
- jQuery의 css( ) 함수를 사용하면 display 값을 얻을 수 있습니다.
- 각 메뉴의 색상 대신에 배경 이미지를 사용하면 디자인이 추가된 메뉴를 구현할 수 있습니다.

02 | 어디서나 펼쳐지는 내비게이션

참고 웹 사이트

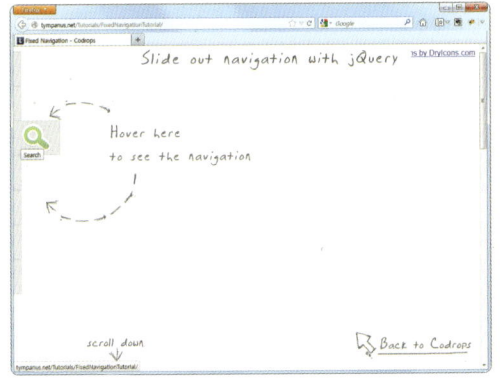
▲ http://tympanus.net/Tutorials/FixedNavigationTutorial

▲ http://tympanus.net/Tutorials/ThumbnailsNavigationGallery

왼쪽 사이드에 항상 떠 있는 듯한 형식으로 사용자가 어떤 페이지 위치에 있든지 메뉴를 선택할 수 있는 내비게이션입니다.

미리 보기

 예제 파일 3부/naviation/02/ready.html

 완성 파일 3부/naviation/02/index.html

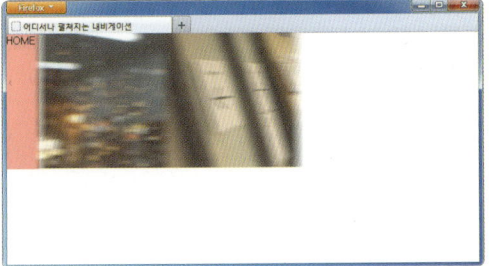
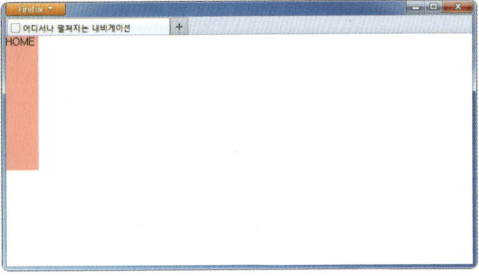

홈 버튼을 클릭하면 메뉴가 왼쪽에서 오른쪽으로 펼쳐지고, 다시 클릭하면 펼쳐진 상태에서 왼쪽으로 사라집니다.

아이디어 구상 및 HTML 구조

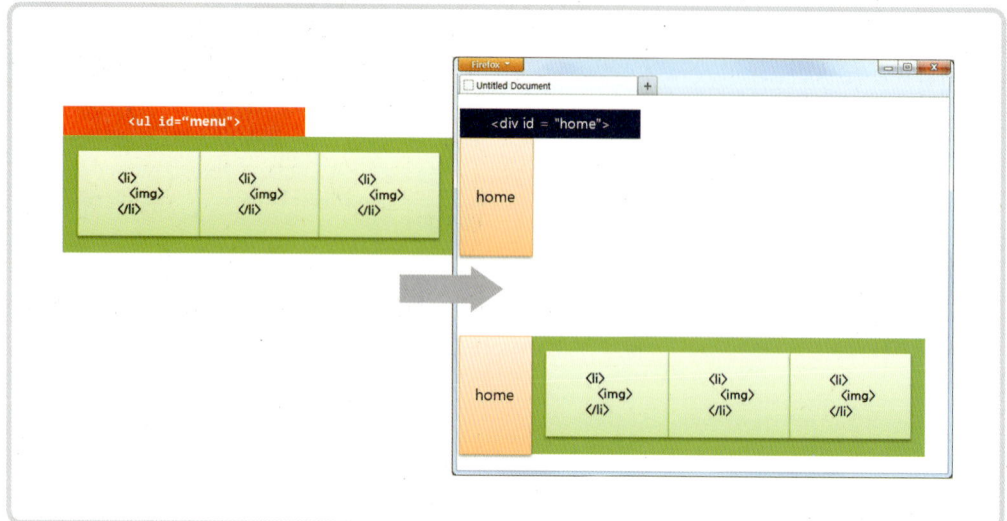

▲ home 버튼에 마우스 오버를 하면 ul#menu가 오른쪽으로 이동

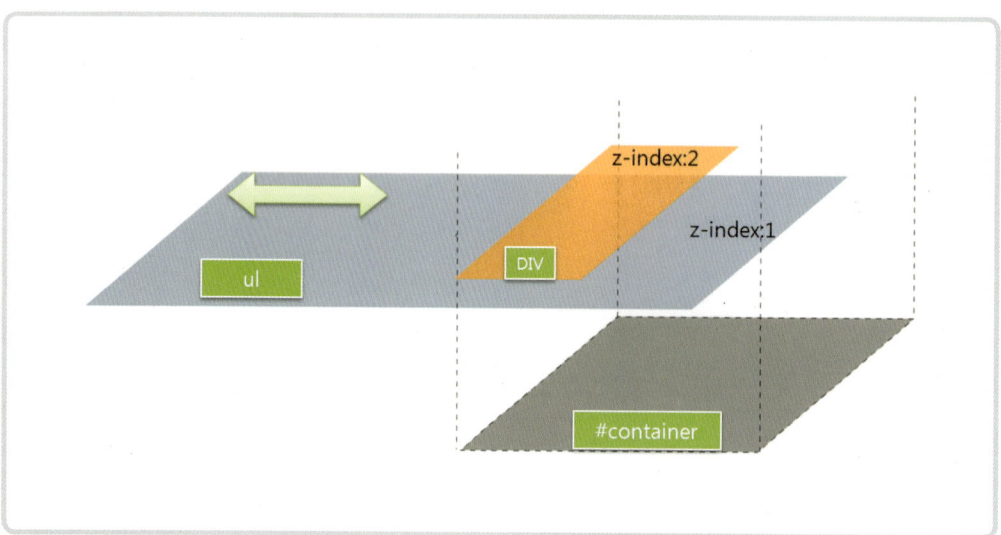

▲ 입체적으로 본 ul#menu 이동 모습

메뉴를 구성하는 〈ul〉 태그와 홈 버튼을 의미하는 〈div〉 태그에 position 속성과 z-index를 설정하여 깊이를 서로 다르게 한 후 홈 버튼은 고정하고 〈ul〉 태그를 좌우로 이동하는 원리입니다.

● HTML 구성

```html
1  <div id="container">
2      <div id = "home">HOME</div>
3
4      <ul id ="menu">
5          <li><img src="th_bg1.jpg" /></li>
6          <li><img src="th_bg2.jpg" /></li>
7          <li><img src="th_bg3.jpg" /></li>
8      </ul>
9  </div>
```

line 1 : 제작할 내비게이션의 두 가지 요소는 홈 버튼을 의미하는 div#home 태그와 메뉴 항목을 의미하는 ul#menu 태그입니다. 이 두 가지를 포함하는 컨테이너 역할을 하는 태그는 div#container입니다.

line 2 : 홈 버튼으로 사용할 〈div〉 태그입니다.

line 4~8 : 세 가지 서브 메뉴를 가진 〈ul〉 태그입니다. li 항목은 이미지를 포함하고 있습니다.

예제 구현을 위한 핵심 jQuery

이 예제를 구현하기 위해서는 다음 사항을 이해하고 있어야 합니다.

`.toggle(handler(eventObject), handler(eventObject) [, handler(eventObject)]`

3부/navigation/2/toggle.html

● 매개 변수

클릭하면 실행되는 함수이고, 1개 이상 가능합니다.

toggle( )은 click 이벤트입니다. 하지만 일반적인 click 이벤트와 다른 점은 toggle 함수에 매개 변수로 전달된 함수를 모두 순차적으로 실행시켜준다는 것입니다. 예를 들어 보겠습니다.

```
.toggle(함수 1, 함수 2, 함수 3)
```

- 함수 1은 첫 번째 클릭 시 실행
- 함수 2는 두 번째 클릭 시 실행
- 함수 3은 세 번째 클릭 시 실행

그렇다면 네 번째 클릭 때에는 어떤 함수가 실행될까요? 다시 함수 1이 실행됩니다. 다섯 번째 클릭 때에는 함수 2가 실행됩니다. 결국 이러한 스타일이 반복되는 것입니다. 이러한 toggle 이벤트를 따로 구현하기 위해서는 여러 가지를 고려하여 만들어야 하지만 jQuery에서는 이러한 함수를 제공해주기 때문에 편리하게 사용할 수 있습니다.

● 실습 예제

아래는 toggle 이벤트를 사용하여 세 가지 색상을 순서대로 변경하는 예제입니다.

HTML
```
1  <div></div>
```

line 1 : 색상을 표현할 〈div〉 태그입니다.

CSS
```
1  div {width:200px; height:100px; background:#F00;}
```

line 1 : div의 가로 크기는 200px, 세로 크기는 100px로 설정하고, 배경은 빨간색으로 설정합니다.

	jQuery
1	`$("div").toggle(`
2	`function () {`
3	`$(this).css({"background-color":"yellow"});`
4	`},`
5	`function () {`
6	`$(this).css({"background-color":"black"});`
7	`},`
8	`function () {`
9	`$(this).css({"background-color":"green"});`
10	`}`
11	`);`

line 1 : 〈div〉 태그에 toggle 이벤트를 설정하고, 세 가지 함수를 매개 변수로 전달합니다.

line 2~4 : 첫 번째 함수로 배경을 노란색으로 변경합니다.

line 5~7 : 두 번째 함수로 배경을 검은색으로 변경합니다.

line 8~10 : 세 번째 함수로 배경을 녹색으로 변경합니다.

▲ 처음 상태   ▲ 처음 클릭 시

▲ 두 번째 클릭 시   ▲ 세 번째 클릭 시

여러분도 toggle.html 파일을 직접 실행하여 확인해보세요.

 Q & A

toggle( ) 함수는 hide( )와 show( ) 상태를 변경시키는 함수로도 사용되는데, 충돌이 생기지는 않나요?
전달되는 매개 변수로 구분합니다. 함수가 전달되면 이벤트로, 시간이 전달되면 hide( )/show( )로 사용됩니다. 이렇게 함수명은 같지만 파라미터 타입이나 개수를 다르게 하여 작성하는 방법을 프로그래밍 전문 용어로 'overload'라고 합니다.

CSS/jQuery Code 작성하기

◯ CSS

```css
*{    margin:0; padding:0;      }

div#container {
    width:600px;
    height:200px;
    left:0px;
    top:0px;
    position:relative;
}

div#home {
    width:50px;
    height:200px;
    background:#FF9999;
    left:0px;
    top:0px;
    position:absolute;
    z-index:2;
}
```

```css
21  ul {
22      width:600px;
23      height:200px;
24      list-style:none;
25      left:-600px;
26      top:0px;
27      position:absolute;
28      z-index:1;
29  }
30
31  ul.li {
32      width:200px;
33      height:200px;
34      float:left;
35      opacity:0.7;
36  }
```

line 1 : 전체 요소의 마진과 패딩을 0px로 설정합니다.

line 3~9 : div#container는 내비게이션 요소를 담고 있는 컨테이너 역할을 하는 노드입니다. 가로 크기는 600px, 높이는 200px이고, 왼쪽 위에 고정시킵니다.

line 11~19 : 홈 버튼을 의미합니다. 이 홈 버튼은 가로 크기가 50px, 높이가 200px입니다. 홈 버튼은 메뉴보다 위에 있어야 하므로 position을 absolute로 하고 z-index 값을 2로 설정하였습니다.

line 21~29 : li 항목을 포함하고 있는 〈ul〉 태그입니다. 내부 메뉴 항목 1개의 가로 크기가 200px이고, 3개가 있기 때문에 〈ul〉 태그는 600px로 설정했습니다. 〈ul〉 태그는 메뉴보다 밑에 있어야 하므로 position을 absolute로 하고 z-index 값을 1로 설정하였습니다. 처음 왼쪽의 위치는 -600px로 이동시켜 웹 브라우저 밖으로 나가 있는 상태입니다.

line 31~36 : li 목록은 가로, 세로 200px이며, float:left를 하여 가로로 늘어선 형태로 만들었습니다. 불투명도는 0.7로 설정하였습니다.

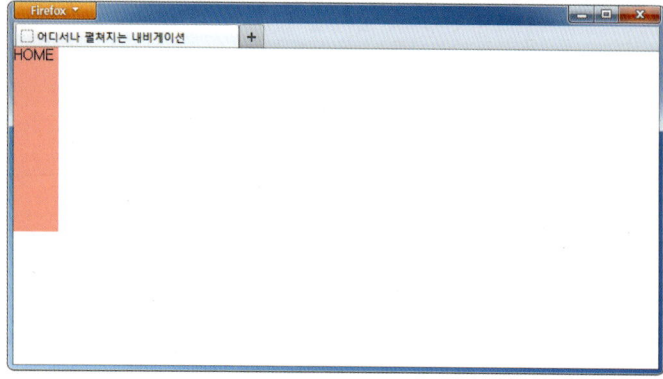

CSS만을 적용하여 실행해보면 메뉴(ul)는 웹 브라우저 왼쪽 -600px 떨어진 곳에 위치하여 보이지 않고 홈 버튼만 왼쪽에 보이게 됩니다.

```jquery
1   $('#home').toggle(
2       function() {
3           $('ul').stop().animate({left:"50px"} ,500);
4       },
5       function() {
6           $('ul').stop().animate({left:"-600px"} ,500);
7       }
8   );
9
10  $('li').hover(
11      function() {
12          $(this).animate({opacity:1},300)
13      }, function() {
14          $(this).animate({opacity:0.7},300)
15      }
16  );
```

line 1~8 : 홈 버튼에 toggle 이벤트를 설정하기 때문에 클릭할 때마다 line 3과 6이 번갈아 실행됩니다.

line 2~4 : 메뉴(ul) 항목의 left가 −600px에서 50px 위치로 0.5초 동안 애니메이션됩니다.
line 5~7 : 메뉴(ul) 항목의 left가 50px에서 −600px 위치로 0.5초 동안 애니메이션됩니다.

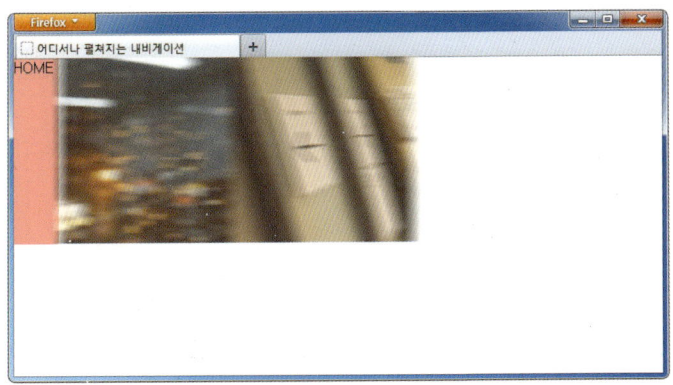

line 10~16 : 서브 메뉴(li)의 이미지를 불투명도를 조절하는 것으로, 마우스 오버하면 불투명도를 1로 변경하여 선명하게 하고, 마우스 아웃되면 다시 0.7로 돌아가 약간 투명하게 합니다.

추가 효과

● 마우스 따라다니기

홈 버튼에 마우스 오버를 하려면 내비게이션의 left를 고정하고, top의 위치를 조절하여 항상 내비게이션이 마우스를 따라가게 이동하려면 아래와 같이 코드를 추가하면 됩니다.

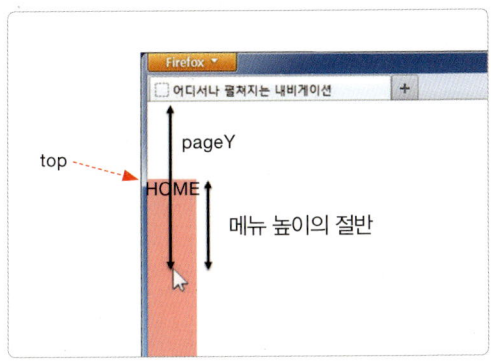

top의 위치는 (마우스의 y 위치−메뉴 높이의 절반)으로 구할 수 있습니다.

```
jQuery
1  $("#home").mousemove( function(e){
2      var pos = e.pageY -  parseInt($("#container").css("height"))/2+ "px";
3      $("#container").css({"top":pos});
4  });
```

line 1 : 홈 버튼에 마우스 무브(mousemove) 이벤트가 감지되었을 때에 실행되는 함수입니다. 홈 버튼 위에서 마우스를 움직이면 작동한다는 뜻입니다.

line 2 : 내비게이션의 top 위치를 계산하여 pos에 저장합니다. 내비게이션의 top 위치는 앞에서 설명했듯이 '마우스의 y 위치−내비게이션 높이의 절반'을 사용하여 구합니다. 또한 e.pageY는 마우스의 y 위치를 의미하는데, 매개 변수(e)를 사용하여 구할 수 있습니다. 매개 변수는 마우스의 정보를 전달해주는데, 전달된 정보에서 pageY 속성을 사용하면 마우스의 y 위치를 구할 수 있습니다. parseInt( ) 함수는 문자열 속의 숫자를 숫자형으로 변환해주는데, 이 함수를 사용하는 이유는 css("height") 함수이기 때문입니다. 요소의 높이가 50px이라면 css("height")는 "50px"를 반환하기 때문에 나누기와 같이 사칙연산을 할 수 없습니다. 그래서 parseInt( ) 함수를 사용하여 문자열 "50px"을 숫자 50으로 변환해줍니다[parseInt( ) 함수는 59쪽을 참조하세요].

line 3 : 내비게이션의 top 위치를 css( ) 함수를 사용하여 이동합니다.

 Q & A

function(e)에서 'e'는 무엇인가요?
마우스와 관련된 이벤트에 의해 호출된 콜백 함수는 매개 변수로서 마우스 정보를 전달해줍니다. 이 마우스 정보에는 마우스 위치나 이벤트 타입 등을 알 수 있는 속성들이 포함되어 있습니다. 마우스 정보를 사용할 때에는 매개 변수를 전달하면 되고, 마우스 정보를 사용하지 않을 때에는 전달하지 않아도 됩니다. 물론 매개 변수의 이름은 자유롭게 정할 수 있습니다.

핵심 포인트

- 2개의 block 요소를 z와 같은 공간에 다른 깊이를 가지게 한 후 아래쪽에 있는 block 요소를 이동하여 구성한 내비게이션을 만들 수 있습니다.
- 마우스의 위치에 따라 내비게이션 위치를 변경할 수 있습니다.
- easing을 사용하여 좀 더 다양한 슬라이드 기능을 구현할 수 있습니다.

03 | 슬라이딩 내비게이션(바네이 메뉴)

이번에 만들어 볼 예제는 플래시 시절부터 유명한 바네이 내비게이션 스타일입니다. 간단하게 말해 부드럽게 슬라이딩되면서 나타나는 내비게이션이라고 생각하면 됩니다.

참고 웹 사이트

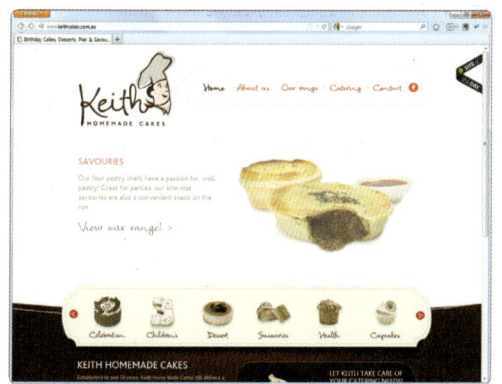
▲ http://www.keithcakes.com.au

▲ http://www.thesharp.co.kr/webzine

슬라이딩 형식의 내비게이션을 선보이고 있습니다. 오른쪽 웹 사이트는 화면 전체를 슬라이딩하는 스크롤을 활용한 방법을 소개하고 있습니다.

미리 보기

 3부/naviation/03/ready.html   3부/naviation/03/index.html

4장의 사진을 가로로 길게 배치한 후 버튼을 클릭하면 해당 이미지가 부드럽게 슬라이딩되는 내비게이션입니다.

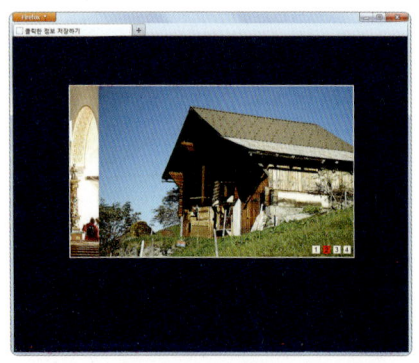

아이디어 구상 및 HTML 구조

웹 표준에서 바네이 스타일을 구현하려면 아래와 같은 구조를 가져야 합니다. 이 내비게이션의 구성 요소에는 크게 이미지들을 담아 움직여 줄 div#viewer, 내비게이션 목록 요소들을 담아 놓은 ul#btnGroup, div#viewer와 ul#btnGroup를 감싸는 div#slider가 필요합니다.

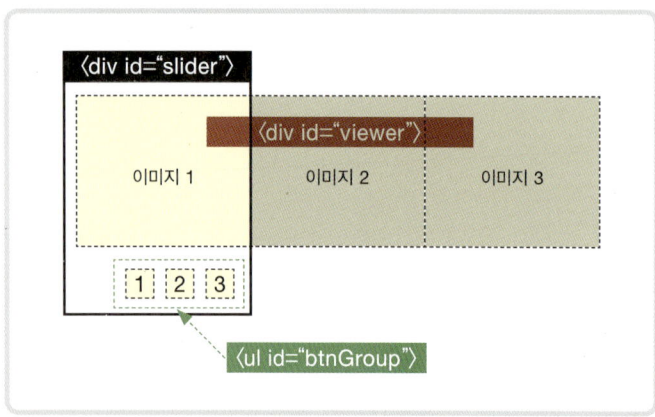

div#slider의 가로 크기를 고정한 후 overflow:hidden으로 하면 div#slider를 벗어나는 이미지들은 보이지 않습니다. 그리고 버튼을 클릭하여 해당 이미지가 div#slider 영역으로 이동할 수 있도록 코드를 작성하면 구현될 것입니다.

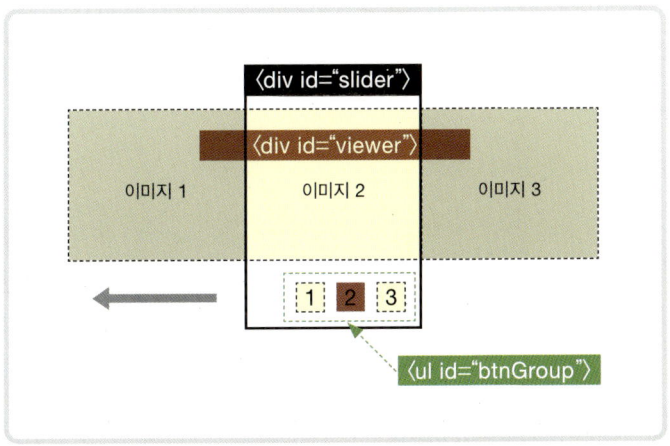

	HTML
1	`<div id="slider">`
2	
3	`    <div id="viewer">`
4	`        <img id="image1" src="image/slide1.jpg" alt="">`
5	`        <img id="image2" src="image/slide2.jpg" alt="">`
6	`        <img id="image3" src="image/slide3.jpg" alt="">`
7	`        <img id="image4" src="image/slide4.jpg" alt="">`
8	`    </div>`
9	
10	`    <ul id="btnGroup">`
11	`        <li id="btn0"><a href="image/slide1.jpg">1</a></li>`
12	`        <li id="btn1"><a href="image/slide2.jpg">2</a></li>`
13	`        <li id="btn2"><a href="image/slide3.jpg">3</a></li>`
14	`        <li id="btn3"><a href="image/slide4.jpg">4</a></li>`
15	`    </ul>`
16	
17	`</div>`

line 1 : div#slider는 목록(ul)과 이미지를 포함하는 내비게이션 전체를 의미합니다.

line 3~8 : div#viewer는 이미지 요소 4장을 포함하고 있습니다.

line 10~17 : 〈ul〉 태그에 li 항목 4개가 포함되어 있습니다. 〈li〉 태그의 id 속성이 btn0~3까지 설정되어 있는 것에 주목하세요. 이 버튼의 이름을 사용하여 이미지의 위치를 찾을 것입니다.

예제 구현을 위한 핵심 javaScript

이 예제에서는 〈li〉 태그의 id에 btn0, btn1, btn2 등의 문자열을 설정했습니다. 이 문자열의 마지막 숫자만을 추출하여 슬라이드 이동 시 중요한 정보로 활용하고 있는데, 여기서는 javaScript 문자열 함수인 substr을 사용하였습니다.

substr(start, length) 메서드는 start 매개 변수부터 시작하여 length 개수만큼 문자열을 가져옵니다. start 매개 변수가 음수이면 시작 위치는 문자열의 끝에서 결정됩니다. -1은 마지막 문자입니다. length 매개 변수를 지정하지 않으면 문자열의 시작부터 끝까지의 모든 문자가 포함됩니다.

예 var str = "have a good time";
　　str.substr(3, 4); // " e a "

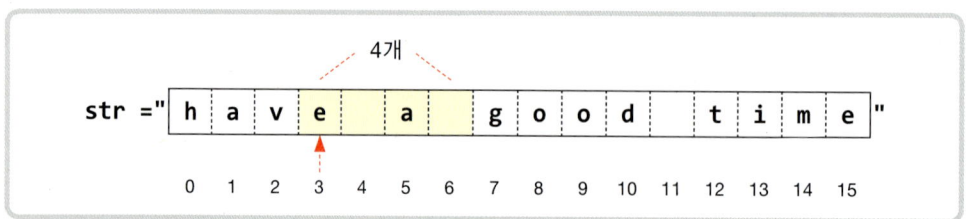

예 str.substr(-5, 4); // " tim"
　　음수는 뒤에서 시작하고, -1은 맨 뒤의 글자를 의미합니다.

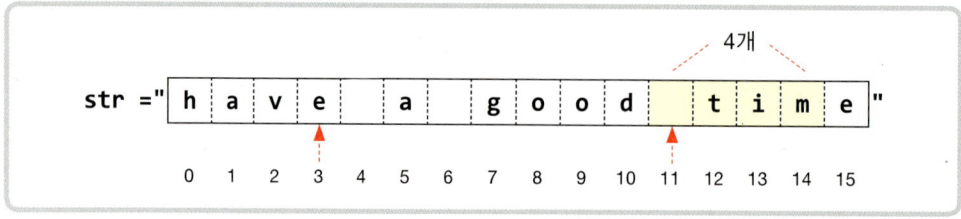

예 str.substr(3); // "e a good time"
length를 지정하지 않으면 문자열의 끝까지를 의미

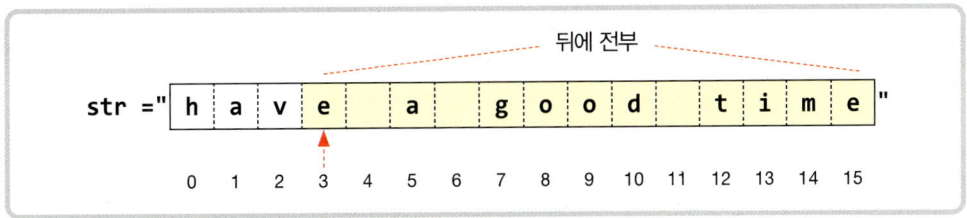

이 함수 외에도 문자열을 조작하는 함수는 많이 있습니다.

CSS/jQuery Code 작성하기

○ CSS

| 내비게이션 CSS |

```css
body {
    margin:20px auto;
    padding:0;
    width:600px;
    font-size:13px;
    font-family:Arial, Helvetica, sans-serif;
    background:#05184D;
}

div#slider {
    margin:0 auto;
    background:#FFF;
    width:600px;
    border:#FDF6DD 2px solid;
    margin-top:100px;
    overflow:hidden;
    position:relative;
}
```

```css
19
20  div#viewer {
21      height:350px;
22      position:relative;
23  }
24
25  img{
26      position:absolute;
27  }
28
29  img#image1{    left:0px;       top:0px;      }
30  img#image2{    left:600px;     top:0px;      }
31  img#image3{    left:1200px;    top:0px;      }
32  img#image4{    left:1800px;    top:0px;      }
```

line 1~8 : 일반적인 body 정의입니다. 가로는 600px이며, 항상 가운데를 기준으로 정렬합니다.

line 10~18 : div#slider는 내비게이션 전체 요소입니다. 가로의 크기는 600px이며, 보더(border)를 가지고 있습니다. 가장 눈여겨보아야 할 라인은 line 16과 17입니다.

line 16 : <div#slider> 요소의 크기를 벗어난 부분은 보이지 않게 합니다.

▲ div#slider { overflow:hidden; }

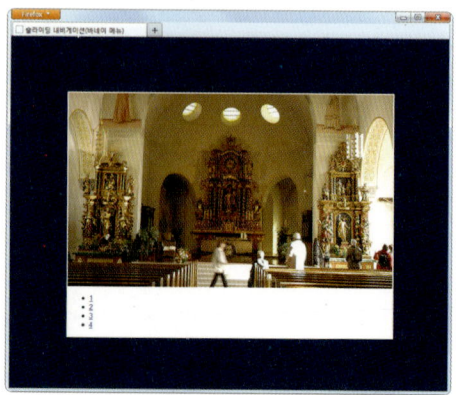
▲ div#slider { overflow:hidden; }

line 17 : div#slider에 position:releative를 설정한 이유는 버튼을 의미하는 <ul> 태그가 위치를 잡을 때에 기준으로 삼기 위해서입니다.

line 20~23 : div#viewer는 이미지를 담고 있는 〈div〉 요소입니다. 실제로 이 요소가 슬라이딩 됩니다. position을 releative라고 하는 이유는 div#viewer 요소 내부의 이미지들이 position 값을 absolute로 설정하여 각각의 이미지들을 특정 위치로 이동시키기 때문입니다. 즉, 부모인 div#viewer 요소가 위치의 기준을 잡기 위해 position:relative; 값을 사용하는 것입니다.

line 26 : 이미지 요소에 position:absolute;를 설정하여 위치 이동을 할 준비를 합니다.

line 29 : 첫 번째 이미지의 위치는 left:0이고, top도 0입니다.

line 30 : 두 번째 이미지의 위치는 left:600px이고, top은 0입니다.

line 31 : 세 번째 이미지의 위치는 left:1200px이고, top은 0입니다.

line 32 : 네 번째 이미지의 위치는 left:1800px이고, top은 0입니다.

▲ div#viewer 내부의 이미지 배치 모습

| 메뉴 버튼에 대한 CSS |

line 1~7 : li 목록 4개를 가지고 있는 〈ul〉 태그의 설정입니다. position:absolute;로 설정한 후 부모 요소인 div#slider의 맨 오른쪽 아래에 배치합니다.

```css
ul#btnGroup {
    position:absolute;
    bottom:2%;
    right:0;
    margin:0;
    padding:0;
}

ul#btnGroup li {
```

```
10          float:left;
11          width:16px;
12          height:16px;
13          list-style:none;
14          margin-right:6px;
15          background-color:#60F;
16          cursor:pointer;
17      }
18
19      ul#btnGroup li a{
20          text-decoration:none;
21          text-align:center;
22          background:#FDF6DD;
23          display:block;
24          width:100%;
25          hiehgt:100%;
26          color:#000;
27      }
28
29      ul#btnGroup li a:hover{ background:#CCFF00;           }
```

line 9~17 : ⟨ul⟩ 태그의 ⟨li⟩ 항목 요소들에 대한 스타일입니다.

line 10 : float:left를 사용하여 항목들을 가로로 나열했습니다.

line 11~12 : 가로, 세로 크기는 각각 16px입니다.

line 13 : 목록 스타일을 제거합니다.

line 14~15 : 배경색, 마진 등을 적절하게 설정합니다.

line 16 : 마우스 커서를 손가락 모양으로 변하게 합니다.

line 19~27 : ⟨a⟩ 태그에 대한 스타일 정의입니다.

line 20 : 밑줄을 제거합니다.

line 21 : 텍스트의 정렬을 가운데로 합니다.

line 22 : 배경색을 설정합니다.

line 23~25 : display:block로 하여 가로, 세로 높이를 li에 채웁니다.

line 26 : 텍스트 컬러를 설정합니다.

line 29 : ⟨a⟩ 태그에 hover 시 배경색을 변경합니다.

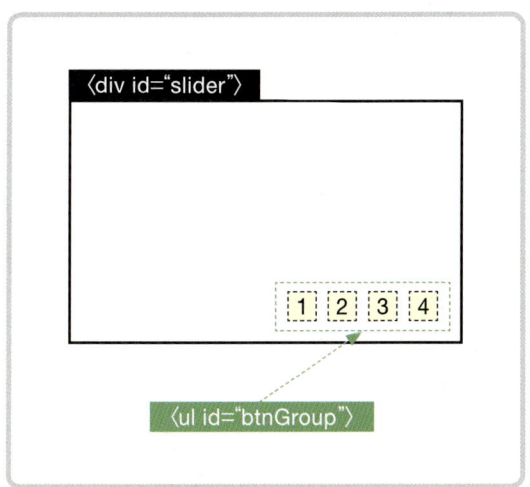

▲ ul#btnGroup CSS 적용 결과

● jQuery

이미지의 슬라이딩은 ⟨a⟩ 태그를 클릭할 때 그 위치가 결정됩니다. ⟨a⟩ 태그의 부모인 li에 설정된 id 값에서 맨 마지막 번호를 사용하여 위치 이동의 정보로 활용합니다.

```jquery
1  $('ul li a').click(function() {
2      var strName = ( $(this).parent().attr('id') );
3      slideTarget( strName.substr(3,1) );
4      return false;
5  });
6
7  function slideTarget(n){
8      var pos = Number( n ) * - 600;
9      $('#viewer').animate( {left:pos}, 1500);
10 }
```

line 1 : ⟨a⟩ 태그를 클릭하면 해당 이미지가 슬라이딩되는 이벤트 함수입니다.

line 2 : 현재 클릭한 〈a〉 태그의 부모 요소, 즉 〈li〉 태그의 id 속성을 읽어와 strName 변수에 저장합니다.

line 3 : slideTarget( ) 함수의 매개 변수에 strName에 저장된 문자열의 네 번째 값을 전달합니다. 예를 들어 strName이 btn2이면 2가 전달되고, btn0이면 0이 전달됩니다[substr( ) 함수는 252쪽을 참조하세요].

line 7~10 : 이미지가 담긴 div#viewer가 이동할 위치를 전달받은 후 animate( ) 함수를 사용하여 이동하는 함수입니다.

line 8 : 이미지 1장의 가로 크기가 600px이므로, 전달된 n 값을 곱하여 pos 변수에 저장합니다. 마이너스 부호(-)가 붙은 이유는 위치를 왼쪽으로 이동해야 하기 때문입니다.

line 9 : 1.5초 동안 pos 값의 위치로 이미지가 담긴 div#viewer를 이동시킵니다.

easing 효과 추가

 3부/naviation/3/index2.html

이미지 슬라이딩에 다양한 easing을 추가해보시기 바랍니다. easing을 사용하려면 easing API를 먼저 포함시킨 후 animate( ) 함수에 easing 문자열을 추가해야 합니다(자세한 설정 및 사용법은 161쪽을 참조하세요).

HTML
```
1  <script type="text/javascript" src="jquery-ui.min.js"></script>
```

jQuery
```
1  $('#viewer').animate( {left:pos}, 500, "easeOutBounce");
```

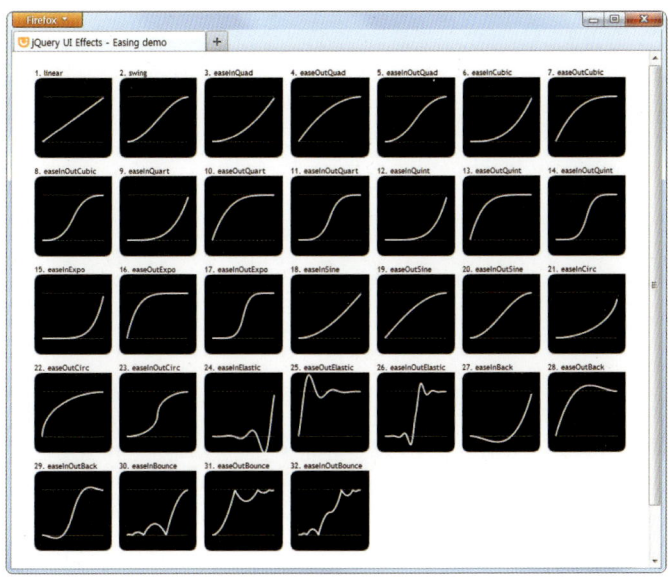

▲ http://jqueryui.com/demos/effect/easing.html

클릭한 정보 저장하기

 3부/naviation/3/index3.html

지금까지 실행해본 예제의 〈a〉 태그에는 hover 시 색상을 #CCFF00로 변경하는 것만 적용되었습니다. 마우스가 a 영역을 벗어나면 다시 원래 색상으로 돌아가게 됩니다. 여기서는 사용자가 클릭하면 〈a〉 태그의 배경을 빨간색으로 설정하여 사용자가 어떤 사진을 보았는지의 정보를 알려줄 수 있습니다.

```
CSS
1   ul#btnGroup li a.act{background:#F00;}
```

기존 CSS에 배경을 빨간색으로 설정하는 act 클래스를 추가합니다.

	jQuery
1	`$('ul li a').click(function() {`
2	`    var strName = ( $(this).parent().attr('id') );`
3	`    slideTarget( strName.substr(3,1) );`
4	`    $(this).addClass("act");`
5	`    return false;`
6	`});`

line 4 : 현재 클릭한 〈a〉 태그에 act 클래스를 적용합니다. 따라서 클릭을 하면 배경색이 빨간색으로 유지됩니다[addClass( ) 함수의 사용법은 120쪽을 참조하세요].

사용자가 클릭한 이미지를 기억합니다.

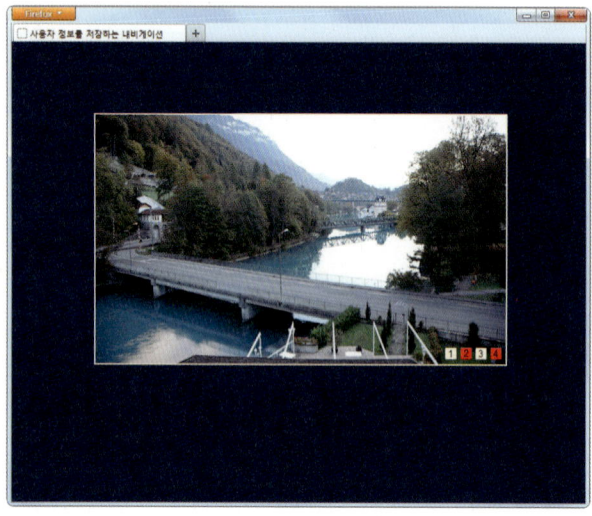

핵심 포인트

- 바네이 내비게이션을 제작할 수 있습니다.
- javaScript의 subStr( ) 함수를 사용하여 문자열에서 원하는 부분만 가져올 수 있습니다.
- addClass( )를 사용하여 사용자가 클릭한 요소의 상태를 변경하거나 유지할 수 있습니다.
- position, left, top을 사용하여 이미지의 위치를 조절할 수 있습니다.

CHAPTER 03
다양한 이미지 효과

이 장에서는 웹 페이지를 제작하는 데에 필요한 다양한 이미지 효과들에 대해 알아보겠습니다. 배경 이미지의 이동, 배경 이미지와 〈img〉 태그를 활용한 이팩트 줌 효과, 이미지 상하좌우 움직임, 이미지의 채도, 명도를 실시간으로 조절할 수 있는 플러그인 등과 같은 다양한 예제를 통해 이미지의 활용도를 높여 보겠습니다.

01 | 배경 이미지를 활용한 역동적 오버 효과

참고 웹 사이트

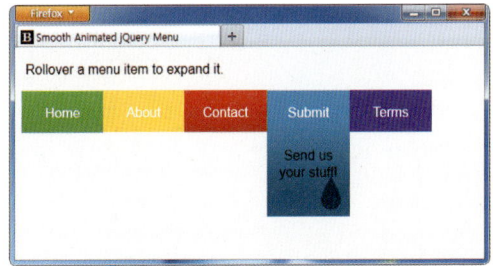 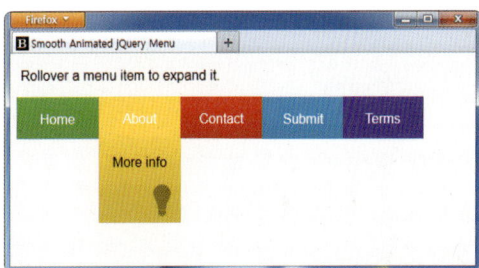

▲ http://buildinternet.com/live/smoothmenu/animated-menu.html

배경 이미지를 활용한 가로 내비게이션 튜토리얼(tutorial) 웹 사이트입니다. 부드럽게 애니메이션되는 것을 알 수 있습니다.

미리 보기

 3부/imageEffect/01/ready.htm   3부/imageEffect/01/index.html

내비게이션 목록에 마우스 오버를 하면 오른쪽으로 이동함과 동시에 높이가 커지면서 확장됩니다. 이때 배경 이미지가 부분만 보이다가 높이가 커졌을 때에 전체가 보이는 마스크 효과를 보는 것처럼 사용할 수 있습니다.

 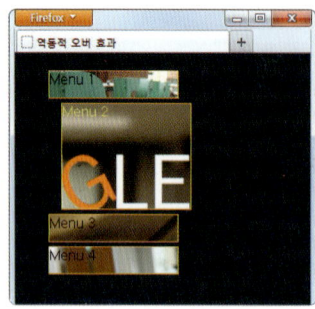 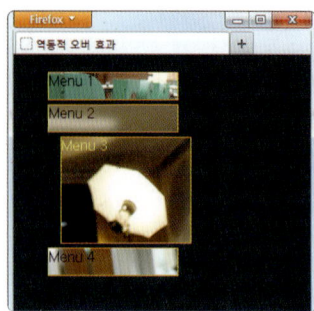

아이디어 구상 및 HTML 구조

jQuery를 사용하여 세로 펼침 메뉴 스타일을 구성하는 것은 플래시로 만드는 것보다 훨씬 쉽고 유지 보수도 간편합니다. 세로 내비게이션 항목에서 특정 항목이 커질 때에는 다른 메뉴 항목들의 위치도 상대적으로 변경해야 하기 때문에 일일이 신경을 써야 했지만 jQuery는 웹 브라우저가 CSS를 해석하면서 저절로 해결해주기 때문에 쉽고 편리합니다.

아래 예제는 가로 150px, 세로 30px의 세로 메뉴인데, 사용자가 마우스 오버를 하면 세로 크기가 100px까지 커지면서 배경 이미지가 자연스럽게 나타납니다. animate 함수를 사용하면 이러한 효과를 간단하게 구현할 수 있습니다.

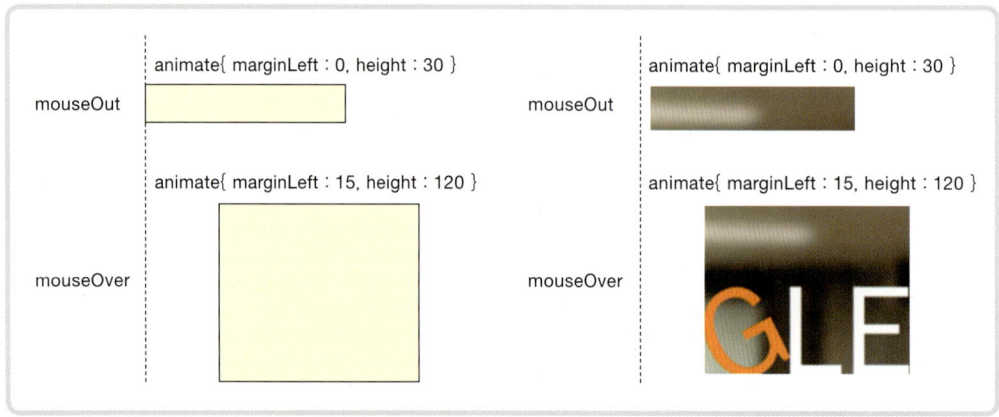

내비게이션 항목에 마우스 오버를 하면 margin-left가 15px로 설정된 후 왼쪽에 여백이 약간 생기면서 높이가 120px로 확대됩니다. 마우스 아웃을 하면 원래 상태로 돌아갑니다. 여기서 항목에 배경 이미지를 설정하면 좀 더 멋진 효과를 볼 수 있습니다.

◎ HTML

HTML	
1	`<ul id="navigation">`
2	`<li><a href="#" data-img="bg1.jpg">Menu 1</a></li>`
3	`<li><a href="#" data-img="bg2.jpg">Menu 2</a></li>`
4	`<li><a href="#" data-img="bg3.jpg">Menu 3</a></li>`
5	`<li><a href="#" data-img="bg4.jpg">Menu 4</a></li>`
6	`</ul>`

HTML 구조는 일반적인 〈ul〉, 〈li〉, 〈a〉 태그를 사용해 구성하였습니다.

line 2~5 : 〈a〉 태그의 사용자 속성인 data-img 값에 배경 이미지의 경로를 설정했습니다. jQuery의 attr( ) 함수로 data-img 값을 가져와 배경 이미지로 설정할 것입니다.

예제 구현을 위한 핵심 jQuery

이 예제를 구현하기 위해서는 아래 사항을 이해하고 있어야 합니다.

◎ each

.each(function(index, Element))　　　　　　　　　　　　　　　　　**Returns: jQuery**

 3부/imageEffect/01/each.html

| 매개 변수 |

index : 객체에 접근하기 위한 index 값입니다. 0에서부터 시작합니다.

Element : 현재 each 함수에 의해 선택된 객체를 말합니다(jQuery 객체가 아니라 HTML 객체입니다).

.each( ) 함수는 선택된 jQuery 집합에서 요소들을 자동으로 하나씩 꺼내 함수에 적용할 수 있도록 만들어진 함수입니다. for문이나 기타 반복문을 사용하지 않고도 쉽게 반복 처리를 할 수 있을 뿐만 아니라 this 키워드를 사용하여 각각의 〈DOM〉 요소에 쉽게 접근할 수도 있습니다. 아래와 같은 HTML에서 〈li〉 태그에 있는 텍스트와 속성 값을 모두 출력하기 위해 each 함수를 사용해보겠습니다.

HTML
```
1  <ul id = "과일">
2      <li data-test="1">포도</li>
3      <li data-test="2">바나나</li>
4      <li data-test="3">사과</li>
5  </ul>
```

line 1~5 : 기본적인 리스트형인 〈ul〉 태그입니다. 안에는 〈li〉 태그가 3개 있습니다.

jQuery
```
1  $('li').each(function(index, element) {
2      console.log ("index =" + index );
3      console.log ("element =" + element );
4      console.log ("this =" + this );
5      console.log ("text =" + $(this).text() );
6      console.log ("data-test =" + $(this).attr("data-test") );
7      console.log ("======================================");
8  });
```

현재 〈li〉 요소가 3개이므로 each 함수의 function은 3번 반복됩니다. 이때 반복을 구분하기 위해 매개 변수로 index와 element를 사용하고 있습니다.

line 1 : each 함수 선언입니다. 매개 변수로 index와 element를 전달할 수 있습니다.

line 2 : index 값을 확인해보면 0, 1, 2처럼 나타납니다.

line 3 : element 값을 확인해봅니다. 이는 현재 선택된 객체(〈html〉 요소 객체)입니다. jQuery 객체로 활용하려면 $( ) 함수를 사용해야 합니다.

line 4 : each 함수 내에서 this의 의미를 확인하기 위해 출력해보았습니다. this는 jQuery 객체가 아닌 〈HTML〉 요소 객체라고 출력됩니다. 따라서 line 4의 element와 this는 같은 것임을 알 수 있습니다.

line 5 : jQuery text( ) 함수를 사용해 각 〈li〉 태그의 텍스트를 출력합니다.

line 6 : jQuery attr( ) 함수를 사용해 각 〈li〉 태그의 data-test 속성 값을 출력합니다.

아래 결과를 보면 알 수 있습니다. 여러분도 each.html 파일을 직접 실행하여 확인해보세요.

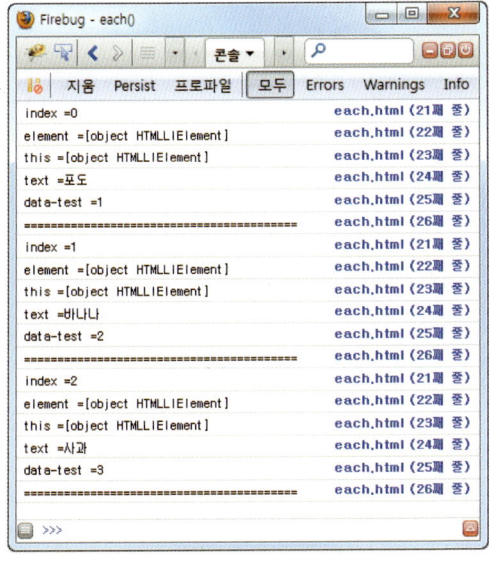

> **Tip** 기타 알고 있어야 할 함수
> 아래 함수는 모두 앞에서 설명한 기능들입니다. 여기서는 생략하겠습니다.
>
> | 함수 이름 | 기능 | 쪽 |
> |---|---|---|
> | animate( ) | CSS 속성에 대한 애니메이션을 처리합니다. | 149쪽 |
> | attr( ) | 태그 요소의 속성 값을 입·출력합니다. | 180쪽 |

CSS/jQuery Code 작성하기

● CSS

일반적인 세로 내비게이션을 만드는 CSS입니다.

```css
body {
    margin:20px auto;
    padding:0;
    width:620px;
    background:#192839;
}

ul#navigation { list-style: none;      }

ul#navigation li a
{
    display:block;
    width:150px;
    height:30px;
    margin-bottom:5px;
    color:#000;
    border:1px solid #FC0;
    text-decoration:none;
}

ul#navigation li a:hover {      color:#ffff66;   }
```

line 8 : 목록 스타일을 설정하지 않습니다.

line 10~19 : <li> 태그 안의 <a> 태그에 대한 설정입니다. 가로, 세로 영역을 확보하기 위해 display:block로 하였고, 크기는 가로 150px, 세로 30px이며 텍스트 컬러는 검은색입니다.

line 21 : <a> 태그를 마우스 오버했을 때에 텍스트 색상을 '#ffff66'로 변경합니다.

jQuery

앞에서 배운 each 함수를 사용하면 선택된 <a> 태그 모두에 적용되는데, 각 <a> 태그의 data-img 속성을 가져와 배경 이미지로 설정합니다.

```
jQuery
1  $("li a").each(function(index, element) {
2      var bgimg = $(this).attr("data-img");
3      $(this).css("background-image", "url(" + bgimg + ")");
4  });
```

line 1 : <li> 태그 안에 있는 모든 <a> 태그에 적용될 each 함수입니다.

line 2 : each에 의해 현재 선택된 요소에서 attr( ) 함수로 data-img 속성 값을 읽어 bgimg 변수에 저장합니다.

line 3 : jQuery의 css( ) 함수로 배경 이미지를 설정합니다. 배경 이미지 설정 시 url이 없어서는 안 됩니다.

목록의 배경에 이미지가 나타납니다. 이제 목록에 마우스 오버할 때 오른쪽으로 밀리면서 높이가 커지는 효과를 구현해보겠습니다. 아래와 같이 jQuey 코드가 추가됩니다.

	jQuery
1	`$("li a").hover(`
2	`    function(){`
3	`        $(this).stop().animate({ marginLeft:"15px",height:120},200);`
4	`    },`
5	`    function(){`
6	`        $(this).stop().animate({ marginLeft:"0px",height:30},200);`
7	`    }`
8	`);`

line 1 : hover 이벤트로 마우스 오버와 아웃 이벤트를 구현하였습니다.

line 2~4 : 마우스가 오버되면 현재 애니메이션되는 효과를 멈춘 후 새롭게 {marginLeft: "15px",height:120} 효과를 0.2초 동안 애니메이션합니다.

line 5~6 : 마우스가 아웃되면 현재 애니메이션되는 효과를 멈춘 후 새롭게 {marginLeft: "0px",height:30} 효과를 0.2초 동안 애니메이션합니다.

animate( ) 함수 앞에 stop( )을 사용하지 않으면 기존 애니메이션을 모두 처리하고 난 후 새로운 애니메이션이 시작되기 때문에 떨림 현상이 발생할 수도 있는데, 이를 방지하기 위해서입니다[자세한 animate( ) 함수는 149쪽을 참조하세요].

● 실행 화면

 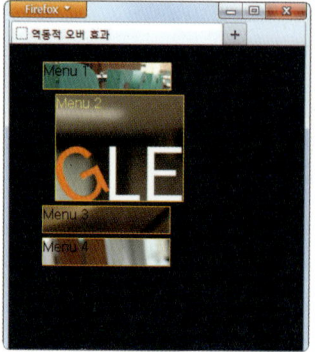 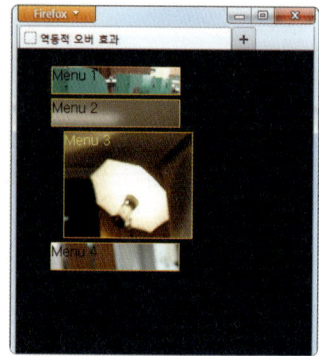

실행한 후 목록에 마우스 오버를 하면 메뉴가 부드럽게 열리면서 배경 이미지가 모두 나타나는 것을 알 수 있습니다.

핵심 포인트

- 이미지를 배경으로 사용하여 일종의 마스크 효과를 구현할 수 있습니다.
- each( ) 함수를 사용하여 어떤 집합의 요소들을 한 번에 설정하거나 처리할 수 있습니다.
- animate( ) 함수를 사용하여 margin-left와 height를 애니메이션할 수 있습니다.

02 | 연속 이미지를 사용하여 애니메이션 제어하기

참고 웹 사이트

▲ http://www.howtolivesmart.com/galaxynexus/main.html

위의 웹 사이트에서 스크롤바를 내려보면 그 위치에 맞추어 휴대폰 이미지가 회전하는 것을 볼 수 있습니다. 자동차 및 휴대폰 프로모션 웹 사이트에서 주로 플래시를 사용합니다. 플래시에서는 간단하게 타임라인으로 처리하면 되지만, 웹 표준에서 jQuery는 어떤 방식으로 처리해야 할까요?

미리 보기

 3부/imageEffect/02/ready.html   3부/imageEffect/02/index.html

마우스 오버를 하면 앞으로 애니메이션되고, 마우스 아웃을 하면 뒤로 애니메이션됩니다. 위 그림은 연속된 이미지를 사용하여 play( ) 와 reversePlay( )를 구현한 것입니다.

아이디어 구상 및 HTML 구조

웹 표준에는 플래시처럼 타임라인을 가지고 있는 무비클립에 해당하는 HTML 요소가 없습니다. 따라서 타임라인도 당연히 없겠지요. 그러면 위와 같은 애니메이션은 어떻게 제작해야 할까요? 물론 gif 애니메이션이 있기는 하지만, 이 애니메이션은 PNG 포맷처럼 투명 처리가 지원되지 않고, 결정적으로 인터랙션을 구현할 수 없습니다(정지, 재생). 따라서 다른 방식을 찾아보겠습니다.

〈HTML〉 태그에서 하나의 독립된 공간을 만들어 그 안에 이미지들을 담을 수 있는 요소로는 〈p〉나 〈div〉 같은 block level element가 있습니다. 여기서는 이 중에서 〈DIV〉 태그를 사용해보겠습니다. 〈DIV〉 태그에 순차적 이미지들을 담아 모두 감춘 후, 설정해 놓은 시간 간격에 따라 한 장씩 순서대로 보여주겠습니다. 아래 그림을 보면 이해하기가 쉬울 것입니다.

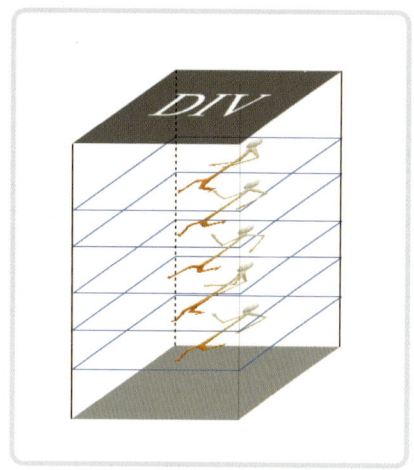

div 안의 모든 〈img〉 태그를 position:absolute로 설정하면, depth 관계를 형성하면서 모을 수 있습니다.

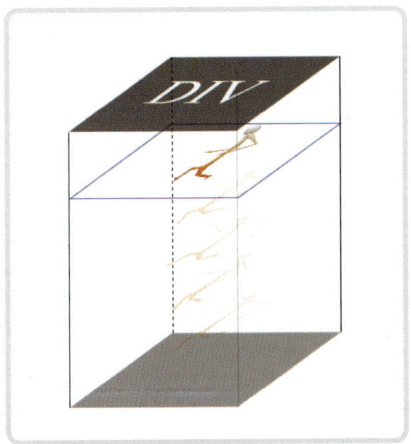

맨 위에 있는 사진만 남기고 나머지 이미지를 감추면 보이게 될 사진만 남습니다.

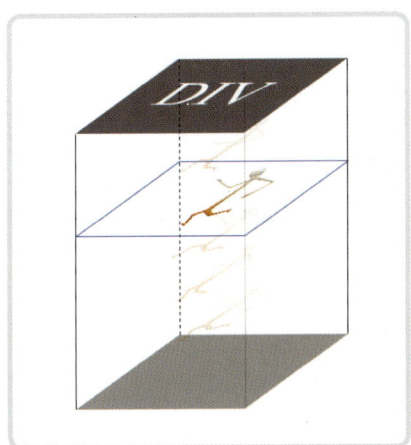

두 번째에 있는 사진만 남기고 나머지 이미지를 감추면 보이게 될 사진만 남습니다.

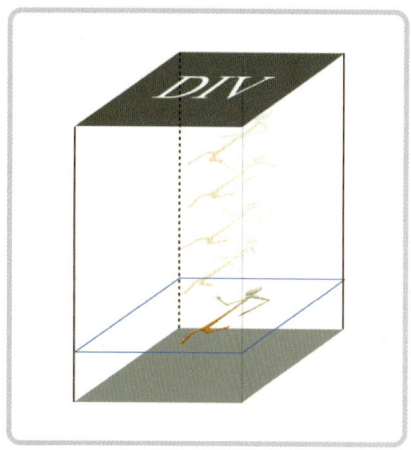

맨 밑에 있는 사진만 남기고 나머지 이미지를 감추면 보이게 될 사진만 남습니다.

위의 그림과 같이 〈div〉 요소와 같은 block level element 요소에 이미지를 담아 한곳에 모은 후 시간 간격을 설정하여 모든 이미지를 감추고, 보일 이미지만 선택하여 보여주면 애니메이션 효과를 구현할 수 있습니다.

○ HTML

```
HTML
1   <div id="ani"></div>
```

이미지를 담을 〈div〉 태그입니다. id 속성 값으로 'ani'를 지정하였습니다. 〈img〉 태그는 어디 있냐고요? 〈img〉 태그는 jQuery를 사용하여 동적으로 추가하겠습니다.

예제 구현을 위한 핵심 jQuery

이 예제를 구현하기 위해서는 아래 사항을 이해하고 있어야 합니다.

함수 및 이벤트	기능	쪽
setInterval( )	일정 시간 간격으로 함수를 호출합니다.	55쪽
clearInterval( )	setInterval을 제거합니다.	54쪽
hover 이벤트	mouseenter/mouseleave 이벤트를 구현합니다.	128쪽
:eq(index)	실렉터에 의해 선택된 집합에서 지정된 인덱스에 해당하는 객체를 선택합니다.	89쪽
css( )	동적으로 CSS를 변경합니다.	119쪽
hide( )/show( )	요소를 감추거나 나타나게 합니다.	134쪽

이 기능들은 앞에서 모두 설명한 내용이기 때문에 여기서는 바로 코드 해설로 들어가겠습니다.

CSS/jQuery Code 작성하기

● CSS

```css
1  div#ani {
2      width:320px;
3      height:240px;
4      position:relative;
5      background:url(img/bg.jpg);
6  }
7
8  div#ani img{
9      position:absolute;
10     display:none;
11 }
```

line 1~5 : 이미지를 담을 그릇에 해당하는 id 이름이 ani인 〈div〉 요소입니다.

line 2~3 : div의 크기를 이미지의 크기대로 설정합니다(width : 320px, height : 240px).

line 4 : div 안에 담겨질 자식 요소인 〈img〉 태그를 position:absolute로 설정해야 하기 때문에 〈img〉 요소들의 위치 기준을 잡기 위해 〈div〉 요소를 position:relative;로 설정합니다.

line 5 : 이미지들이 png이므로 여백 확인을 위해 배경 이미지로 bg.jpg를 사용합니다.

line 8~11 : div에 담기는 〈img〉 태그들에 대한 설정입니다.

line 9 : position을 absolute로 하면 모든 이미지가 〈div〉 요소의 왼쪽 위에 모이게 됩니다.

z-index는 auto로 자동 설정되고, 맨 마지막 〈img〉 태그가 나타납니다.

line 10 : 〈img〉 태그 전체가 보이지 않도록 display:none로 설정합니다.

jQuery

이 부분의 코드는 〈div〉 태그 안에 〈img〉 태그를 삽입하는 것입니다. 현재는 seq 0~20이라는 이름을 가진 21개의 png 파일이 준비되어 있습니다.

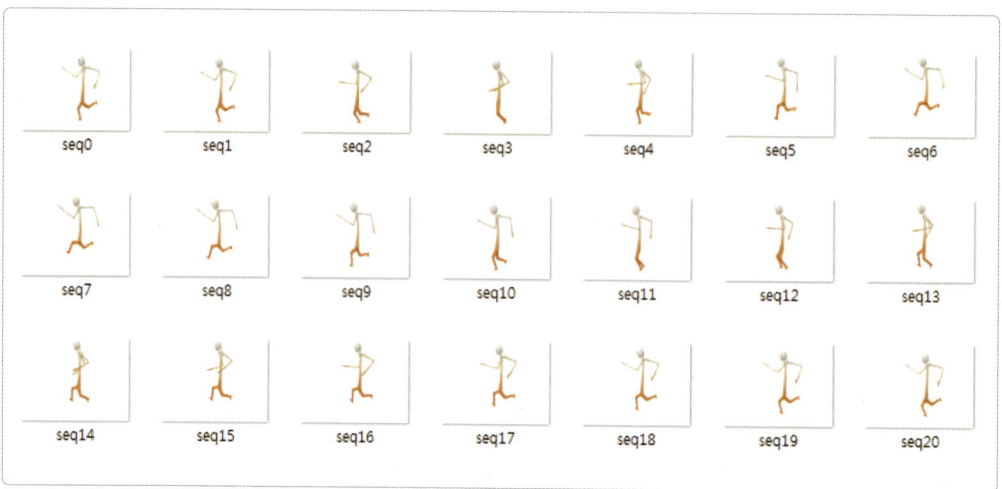

▲ seq 폴더 안에 있는 이미지의 모습

```
jQuery
1   var timerInterval;
2   var count=0;
3   function arrangeImg(){
4       for(var i=0;i<21;i++){
5           $("div#ani").append("<img src ='seq/seq"+i+".png' />");
6       }
7       $("div#ani img:first").show();
8   }
9
10  arrangeImg();
```

line 1 : setInterval 함수를 호출할 때 setInterval에서 id를 주는데, 이때의 id값을 저장할 변수입니다. 이는 clearInterval 시 필요합니다.

line 2 : count 변수입니다. 이 변수에는 setInterval에서 주기적으로 함수를 호출할 때 img의 위치가 저장됩니다.

line 3~8 : 이미지를 〈div〉 태그에 삽입할 for문입니다.

line 4 : for문을 사용하여 i 값이 0부터 21이 될 때까지 반복합니다. 총 22번 반복합니다(for문에 대한 자세한 내용은 49쪽을 참조하세요).

line 5 : append( ) 메서드로 div#ani 요소의 내부에 〈img〉 태그를 삽입합니다. 이미지의 이름은 seq0.png~seq20.png까지 준비되어 있기 때문에 for문의 i 값을 사용하여 문자열 연결 연산 처리하였습니다.

line 7 : CSS에서 img의 display 상태를 none로 설정했기 때문에 전체 이미지가 보이지 않습니다. 이 중에 맨 처음에 삽입된 〈img〉 태그만 보이도록 하기 위해 :first을 사용하여 처리하였습니다. 물론 eq(0)도 가능합니다.

line 10 : arrangeImg( ) 함수를 호출하여 이미지를 추가하는 작업을 시작합니다.

:eq(0)에 해당하는 seq0.png 파일만 나타납니다.

만약 CSS에 img가 설정된 display:none를 제거하면 모든 이미지가 아래와 같이 나타날 것입니다.

```
div#ani img{
    position:absolute;
    display:none;
}
```

이제 이벤트를 설정하는 코드를 추가해보겠습니다. 〈div〉 태그에 마우스 오버를 하면 앞으로 가는 애니메이션이 작동되고, 마우스 아웃을 하면 뒤로 가는 애니메이션이 작동됩니다.

```jQuery
1  $("div#ani").hover(
2      function() {
3          if(timerInterval) { clearInterval(timerInterval); }
4              timerInterval = setInterval("nextFrame()",50)
5      },
6      function() {
7          if(timerInterval) { clearInterval(timerInterval); }
8          timerInterval = setInterval("prevFrame()",50)
9      }
10 );
```

line 1~5 : 〈div〉 태그에 마우스 오버를 하면 setInterval( ) 함수로 0.05초마다 한 번씩 nextFrame( ) 함수를 호출합니다.

line 6~10 : 〈div〉 태그에 마우스 아웃을 하면 setInterval( ) 함수로 0.05초마다 한 번씩 prevFrame( ) 함수를 호출합니다.

line 4, line 8 : timerInterval 변수에 setInterval( ) 함수를 인식하는 식별자를 저장합니다. 이는 line 3와 line 7에서 setInterval을 해제하는 식별자가 됩니다[setInterval( )과 clearInterval( ) 함수의 사용법에 대한 자세한 내용은 55쪽을 참조하세요].

이제 이 예제의 핵심 코드인 2개의 함수에 jQuery 코드를 추가해보겠습니다.

nextFrame( ) – 연속 이미지를 앞에서 뒤로 나타나도록 하는 함수
prevFrame( ) – 연속 이미지를 뒤에서 앞으로 나타나도록 하는 함수

```jquery
1   function nextFrame(){
2       count=count+1;
3       if(count>20){
4           count = 20;
5           clearInterval(timerInterval);
6       }
7       $("div#ani img:visible").hide();
8       $("div#ani img:eq("+count+")").css("display","inline");
9   }
10  function prevFrame(){
11      count=count-1;
12      if(count<0){
13          count = 0;
14          clearInterval(timerInterval);
15      }
16      $("div#ani img:visible").hide();
17      $("div#ani img:eq("+count+")").css("display","inline");
18  }
```

line 2 : count 에 담겨 있는 변수 값을 1씩 증가하여 다시 count에 저장합니다. 이 count 변수는 이미지 이름 중(seq0.png, seq1.png, seq2.png…)에서의 번호를 의미합니다.

line 3~6 : count가 20보다 크면 count를 20으로 고정합니다. 준비된 이미지는 'seq20.png' 파일이 마지막입니다.

line 5 : clearInterval( ) 함수를 사용하여 count가 20보다 크면 더 이상 nextFrame( ) 함수를 호출하지 않습니다.

line 7 : div#ani의 내부에 있는 이미지 중에 현재 보이는 것들은 모두 hide( ) 함수를 사용해 감춥니다.

line 8 : eq 선택자 필터로 count 값에 해당하는 요소를 1개 선택한 후 CSS 함수로 display 속성을 inline으로 하여 눈에 보이도록 합니다. eq는 선택된 집합에서 오직 1개를 뽑아내는 필터입니다. 이렇게 count 값을 증가시켜 이미지를 선택한 후, 그 이미지만 보이게 하는 방식을 선택하면 재생(play)되는 효과를 구현할 수 있습니다.

line 10~18 : nextFrame( ) 함수와 거의 비슷하지만, 단지 count 값을 1 빼주는 것이 다릅니다. count 값이 줄어들면서 이미지의 모습도 seq5.png, seq4.png, seq3.png처럼 번호가 작은 쪽으로 선택됩니다. 이렇게 count 값을 감소시켜 이미지를 선택한 후, 그 이미지만 보이게 하는 방식을 선택하면 역재생(reversePlay)되는 효과를 구현할 수 있습니다.

line 14 : clearInterval( ) 함수를 사용하여 count가 0보다 작으면 더 이상 prevFrame( ) 함수를 호출하지 않습니다.

실행 결과

마우스 오버를 하면 앞으로 애니메이션되고, 마우스 아웃을 하면 뒤로 애니메이션됩니다.

핵심 포인트

- 여러 장의 이미지를 같은 공간, 같은 위치에 배치한 후 번갈아 가며 보여줄 수 있습니다.
- 연속 이미지를 사용하여 정지와 재생 등과 같은 인터랙션 요소를 구현할 수 있습니다.
- append( )를 사용하여 동적으로 이미지를 배치할 수 있습니다.
- :eq 실렉터로 연속 이미지에서 특정 이미지만을 선택할 수 있습니다.

이 예제는 여러 장의 이미지를 하나의 위치에 놓고 슬라이드와 같이 한 장씩 보여주는 방식이었습니다. 이는 갤러리에도 응용할 수 있습니다. 제품 이미지 및 3D 결과물을 위와 같이 연속 이미지 형태로 제작한 후 위와 같은 방식을 적용하면 유용합니다.

FLASH CreateJs를 사용한 웹 표준(HTML5+CSS3+jQuery) 방법 소개

> **Tip** FLASH CreateJS를 사용한 웹 표준(HTML5+CSS3+jQuery) 변환 방법
>
>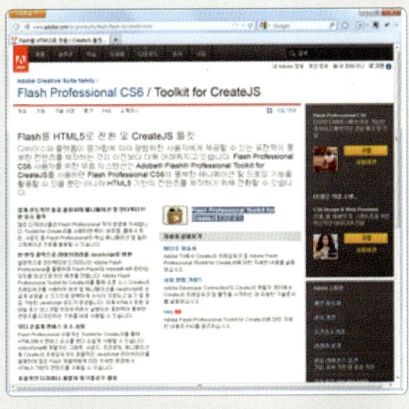
>
> ▲ http://www.adobe.com/kr/products/flash/flash-to-html5.html
>
> cs6이 출시되면서 CreateJs라는 툴킷(Toolkit)도 함께 발표되었습니다. 이 툴킷은 웹상에서 SWF를 사용하지 않고도 플래시에서 작업한 모션 작업을 HTML5 기반의 웹 표준 방식으로 변환해주는 것입니다. 예전에도 이와 비슷한 몇 가지 방법이 소개되었지만 베타 버전에서 모두 끝나버렸습니다. 어도비(Adobe) 사에서는 'Edge'라는 인터랙션과 모션을 구현할 수 있는 새로운 툴을 만들어 배포하기도 했지만 플래시만큼 표현력이 좋은 도구는 아닙니다. 반면, CreateJs는 액션 스크립트를 지원하지 않지만 javaScript를 지원하여 무비클립의 프레임을 충분히 제어할 수 있는 방법을 제공하기 때문에 사용 가능성이 무척 높습니다. 링크 웹 사이트를 참조하여 학습하시기 바랍니다.

03 | 이미지 이동을 사용한 pan 효과

참고 웹 사이트

▲ http://themeforest.s3.amazonaws.com/116_parallax/tutorial-source-files/tut-index.html

최근에는 다양한 이미지 이동 효과를 사용해 웹 사이트 전체를 이동하는 Parallax Scrolling 방식부터 제한된 영역에서 큰 사진을 자연스럽게 보여주는 방식에 이르기까지 다양하게 소개되고 있습니다.

미리 보기

 예제 파일 3부/imageEffect/03/ready.html   완성 파일 3부/imageEffect/03/index.html

일정한 시간 간격으로 이미지가 파노라마처럼 이동합니다. 큰 이미지를 사용해 전체를 임의로 자연스럽게 흘러 다니도록 할 수도 있습니다.

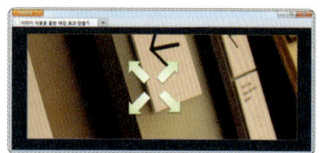  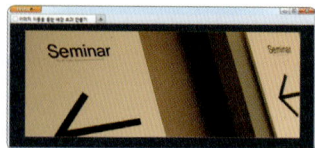

▲ 일정 시간 간격으로 이미지가 임의의 위치로 부드럽게 이동

아이디어 구상 및 HTML 구조

큰 이미지를 〈div〉 태그 안에 담아 이동하는 방법입니다. CSS를 overflow:hidden으로 하여 div 영역을 벗어나는 부분은 나타나지 않도록 합니다. 이미지가 div 영역을 완전히 벗어나지만 않게 이동하면 파노라마와 같은 세련된 슬라이딩 효과를 구현할 수 있습니다.

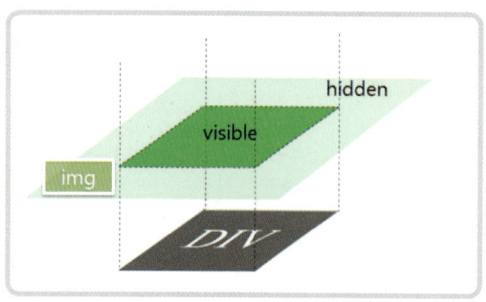 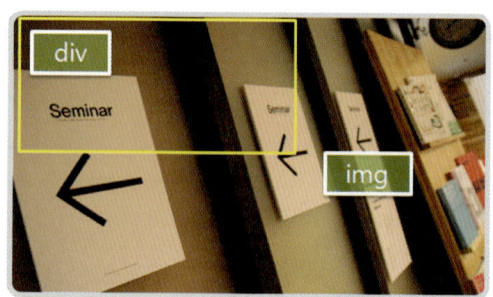

● HTML

	HTML
1	`<div id="background">`
2	`    <img src="img/bg.jpg" />`
3	`</div>`

〈img〉 태그를 포함하는 〈div〉 태그를 작성합니다.

예제 구현을 위한 핵심 jQuery

이 예제를 구현하기 위해서는 아래 사항을 이해하고 있어야 합니다.

● load(handler(eventObject))

.load(handler(eventObject))	Returns: jQuery

이 예제에서 사용할 이미지는 큰 이미지입니다. 이미지가 로딩되고 나면 자동으로 이미지의 가로와 세로 크기를 알아야 하기 때문에 load 이벤트를 사용합니다. load 이벤트는 모든 요소 또는 특정 요소의 콘텐츠가 모두 로드되고 난 후에 발생하는 이벤트로, window 객체, images와 같은 특정한 요소들에 사용할 수 있습니다. 예를 들어 설명하면 아래와 같습니다.

```html
<img src="book.png" alt="Book" id="book" />
```

아래와 같이 〈img〉 태그가 book.png를 로드합니다.

```jquery
$('img').load(function() {
    // #book에 이미지가 모두 로드되면 호출되는 코드
});
```

jQuery의 load 이벤트를 사용하여 book.png가 모두 로드되면 line 2 코드가 작동합니다. 이 이벤트는 로드된 이미지의 정보를 알고 싶을 때에 사용하는 경우가 많습니다. 만약 로딩된 이미지의 높이가 100보다 클 경우에만 addClass('bigImg')가 적용되게 하려면 코드를 아래와 같이 작성해야 합니다.

```jquery
$('img').load(function(){
    if($(this).height() > 100) {
        $(this).addClass('bigImg');
    }
})
```

line 1 : 〈img〉 태그에 load 이벤트를 설정합니다. 이 이벤트는 〈img〉 태그에 해당 이미지가 로딩되었을 때에 호출됩니다.

line 2 : 로딩된 이미지의 높이를 구하여 100보다 큰지를 비교합니다.

line 3 : 이미지에 'bigImg' 클래스를 적용합니다.

 여기서 잠깐

기타 알고 있어야 할 함수

아래 함수는 모두 앞에서 설명한 기능들이므로, 여기서는 생략하겠습니다.

함수 이름	기능	쪽
delay( )	애니메이션을 지연시키는 함수입니다.	158쪽
Math.random( )	0~1 사이의 모든 수를 반환합니다.	56쪽
Math.ceil( )	올림 함수로서 소수점 이하를 없애고 올림 처리를 합니다.	58쪽
width( )/height( )	요소의 가로, 세로 크기를 알아옵니다.	191쪽

CSS/jQuery Code 작성하기

● CSS

```css
body {
    margin:20px auto;
    padding:0;
    width:800px;
    background:#192839;
}
div{
    padding:0px;
    overflow:hidden;
    width:800px;
    height:300px;
    border:#F00 thin solid;
}

img{ position:relative; }
```

line 1~6 : 일반적인 body 설정입니다.

line 7~13 : 이미지를 담고 있는 〈div〉 태그의 설정입니다. 가장 중요한 코드는 line 9의 overflow:hidden;입니다. div를 벗어나는 경우 보이지 않도록 합니다.

line 15 : div 안에 있는 img가 left, top 등을 사용해 현재 위치에서 이동해야 하므로 position:releative로 설정합니다.

jQuery

```
1   var imgw, imgh;
2   $('img').load(function() {
3       imgw = $(this).width();
4       imgh = $(this).height();
5   });
6
7   function start() {
8       var posx = Math.ceil( Math.random()* (800-imgw) );
9       var posy = Math.ceil( Math.random()* (300-imgh) );
10      var delayTime = Math.ceil(Math.random()*5000+2000);
11      $("div#background img").delay(delayTime).animate({left:posx, top:posy}, 5000, replay);
12  }
13
14  function replay(){
15      var posx = Math.ceil( Math.random()* (800-imgw) );
16      var posy = Math.ceil( Math.random()* (300-imgh) );
17      var delayTime = Math.ceil(Math.random()*5000+2000);
18      $(this).delay(delayTime).animate({left:posx, top:posy}, 5000, replay);
19  }
20
21  start();
```

line 1 : 이미지의 크기를 담기 위한 변수 선언

line 2~5 : img가 모두 로딩되면 이미지의 가로와 세로 크기를 각각 imgw와 imgh 변수에 저장합니다. 이미지의 크기를 알기 위해서 jQuery의 width( )와 height( ) 함수를 사용합니다.

line 7 : 이미지를 이동하기 위한 start( ) 함수입니다.

line 8~9 : 이미지가 이동할 때에 이동할 범위를 산정합니다.

여기서 왜 이미지의 가로와 세로 크기를 알아야 하는지를 살펴보겠습니다.

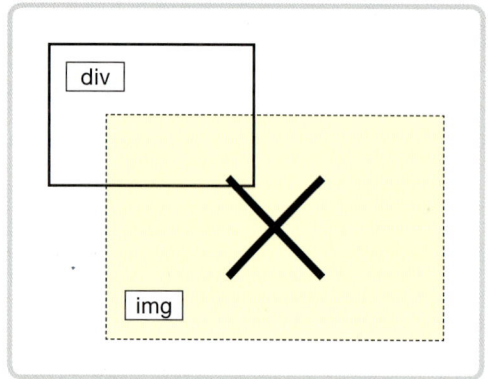 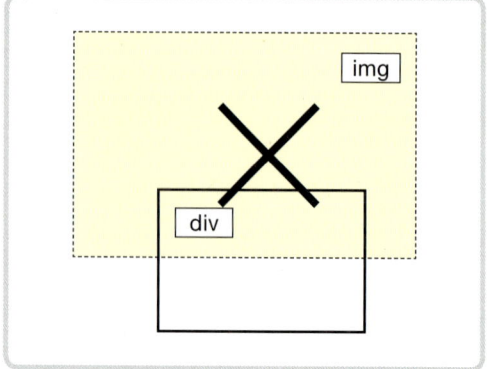

이미지 이동 시 그림과 같은 상황이 발생하지 않도록 하려면 div 영역을 이미지로 무조건 채워야 합니다. 그래야만 div 의 여백이 보이지 않게 됩니다.

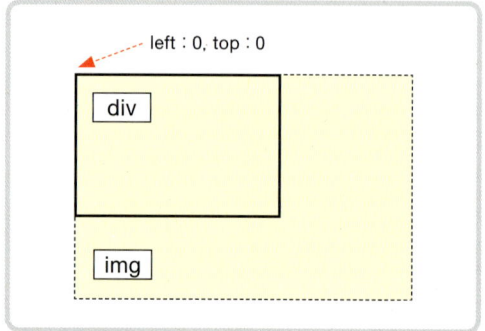

div는 그림과 같은 영역을 가져야 합니다. 이미지의 위치는 left가 0보다 크거나 top이 0보다 클 수 없습니다. 만약 크다면 div의 여백이 보이게 됩니다. 그렇다면 이미지의 오른쪽 아래는 어디까지 이동할 수 있을까요?

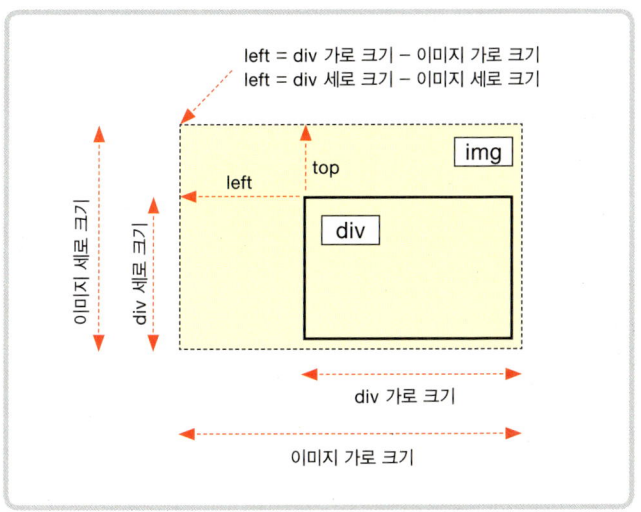

이미지의 크기는 위의 그림과 같이 이동할 수 있습니다.

left = div 가로 크기 - 이미지 가로 크기
top = div 세로 크기 - 이미지 세로 크기

코드를 다시 설명하면 아래와 같습니다.

line 8 : random은 0~(800-imgw) 사이의 수가 나오고, Math.ceil( ) 올림 함수로 정수 처리합니다.

line 9 : random은 0~(300-imgh) 사이의 수가 나오고, Math.ceil( ) 올림 함수로 정수 처리합니다.

line 10 : delay 함수의 매개 변수를 설정하는 코드로, 2000~7000 사이의 정수가 나옵니다. 이는 밀리세컨드 값으로, 이미지 움직임이 끝난 후 다시 움직일 때까지의 간격으로 사용됩니다.

line 11 : 이미지의 움직임을 delayTime 변수에 저장된 시간만큼 지연하였다가 5초 동안 left, top 속성을 animate 처리하여 이동시킵니다. 5초가 흘러 이미지의 이동이 끝나면 replay 함수를 호출하여 다시 이동시킵니다.

line 14~19 : 11번 animate( )에 의해 반복되는 콜백 함수로, 이미지를 새로운 지점으로 animate하여 이동시킵니다.

line 18 : 유심히 살펴보면 코드가 $(this)로 시작하는데, $(this)는 이 함수를 호출한 객체를 의미합니다. 여기서는 $("div#background img")를 나타냅니다.

● 실행 화면

일정 시간 간격으로 이미지가 자연스럽게 움직이는 모습을 볼 수 있습니다.

핵심 포인트

- ⟨div⟩ 요소 안의 ⟨img⟩ 태그를 상하좌우 임의의 지점으로 이동할 수 있습니다.
- ⟨div⟩를 overflow:hidden하여 보이는 부분만을 활용할 수 있습니다.
- 이미지의 위치가 ⟨div⟩ 요소를 벗어나지 않도록 할 수 있습니다.
- 랜덤 함수와 delay( ) 함수를 지루하지 않게 반복할 수 있습니다.

텍스트 또는 다른 콘텐츠도 이미지를 움직이는 방법과 같이 응용할 수 있습니다. 또 1개 이상의 콘텐츠를 구성하여 입체감을 유도할 수도 있습니다.

배경 이미지를 이동시키는 방법 소개

animate( )를 사용해 배경 이미지를 자유롭게 이동해도 pan 효과를 구현할 수 있습니다. 하지만 파이어폭스는 left와 top 속성에 대한 animate 처리가 기본적으로 지원되지 않기 때문에 이미지를 이동하는 방법을 사용했습니다. 여기서는 요소의 배경 이미지를 css( ) 함수를 사용해 처리하는 웹 사이트를 소개하겠습니다.

배경 이미지를 사용하여 pan시키는 것에는 많은 장점이 있습니다. 배경 이미지는 repeat를 사용하여 이미지를 크게 하지 않아도 pan 이동 효과를 무한정 나타낼 수 있습니다.

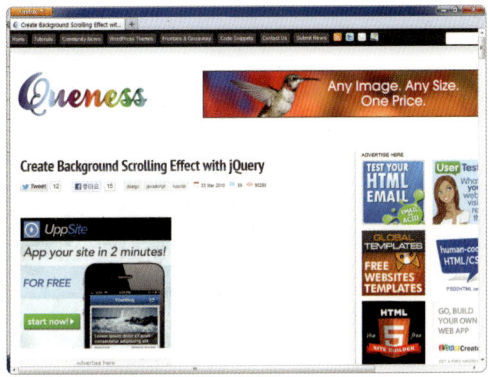

▲ http://www.queness.com/post/2607/create-background-scrolling-effect-with-jquery

04 | 색상 애니메이션을 활용하여 배경 컬러 바꾸기

참고 웹 사이트

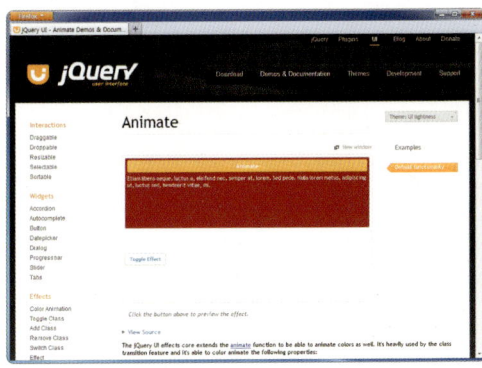

▲ http://jqueryui.com/demos/animate

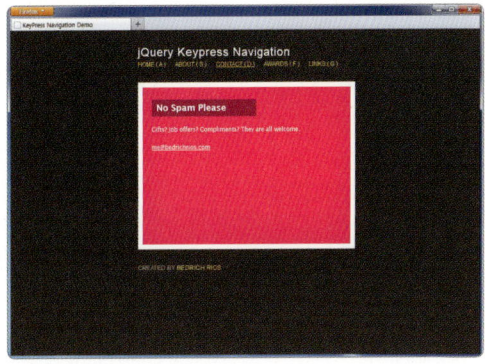

▲ http://d2o0t5hpnwv4c1.cloudfront.net/013_keypress/demo/demo.html#home

jQuery UI API를 사용하면 컬러도 쉽게 애니메이션 할 수 있으며, 요소의 배경색 또는 border, 텍스트 색상 등을 다양하게 적용할 수도 있습니다.

미리 보기

 3부/imageEffect/04/ready.html   3부/imageEffect/04/index.htm

컬러 값이 원하는 색상으로 변할 때에 중간 부분의 컬러들을 연산을 통해 처리하여 부드럽게 변하도록 합니다.

처음 상태에서 빨간색 버튼을 누름.

 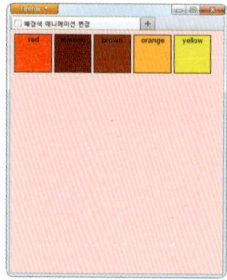 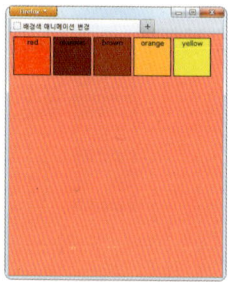 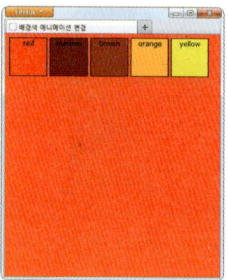

빨간색에서 노란색 버튼 누름.

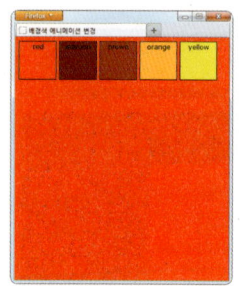 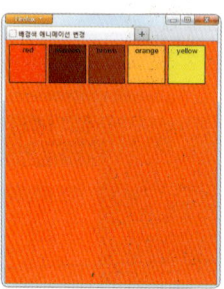 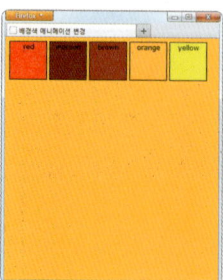 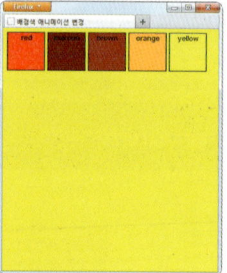

아이디어 구상 및 HTML 구조

이 예제에서는 animate( )를 사용해 배경 색상을 애니메이션으로 처리합니다. 기본 jQuery에서는 컬러 애니메이션을 지원하지 않기 때문에 jQuery UI API를 추가로 포함해야 합니다(jQuery

UI API를 다운로드하거나 추가하는 방법은 161쪽을 참조하세요).

	HTML
1	`<html>`
2	`<head>`
3	`    <script type="text/javascript" src="jquery-1.7.2.min.js"></script>`
4	`    <script type="text/javascript" src="jquery-ui.min.js"></script>`
5	`</head>`
6	
7	`<div id = "colorPicker">`
8	`    <div>red</div>`
9	`    <div>maroon</div>`
10	`    <div>brown</div>`
11	`    <div>orange</div>`
12	`    <div>yellow</div>`
13	`</div>`
14	`</html>`

line 3 : jQuery를 사용하려면 당연히 line 2와 같이 기본 API가 포함되어야 합니다. 이 책의 모든 예제에는 이 API가 포함되어 있습니다.

line 4 : 색상 애니메이션 또는 다양한 easing을 사용하고 싶다면 jQuery UI API를 포함해야 합니다.

line 7~13 : div#colorPicker 태그 안에 5개의 색상 이름을 가진 ⟨div⟩ 태그가 있습니다.

예제 구현을 위한 핵심 jQuery

CSS 속성을 부드럽게 애니메이션하여 보여주는 jQuery의 함수는 animate( )입니다. 이 예제는 배경색을 변경하는 것이기 때문에 아래와 같이 animate( ) 함수를 적어주면 됩니다. 기본 jQuery API에서 animate( ) 함수는 비수치형에 대해 애니메이션을 작동하지 않습니다. 하지만 jQuery UI API를 포함하면 가능합니다. 아래와 같은 두 가지 표현 모두 가능합니다[ainmate( ) 함수에 대한 자세한 내용은 149쪽을 참조하세요].

$("요소").animate({backgroundColor:color},500)

$("요소").animate({"background-color":color},500)

CSS/jQuery Code 작성하기

● CSS

```css
1  body {
2      font-family:Verdana, Geneva, sans-serif;
3      font-size:13px;
4  }
5  #colorPicker div{
6      float:left;
7      width:70px;
8      height:70px;
9      text-align:center;
10     color:#000;
11     border:#000 thin solid;
12     margin-right:5px;
13 }
```

line 1~3 : 폰트 종류와 크기를 설정합니다.

line 5~12 : #colorPicker 내부에 〈div〉 태그들을 설정합니다.

line 6 : float:left를 사용해 요소가 왼쪽으로 흐르도록 설정합니다.

line 7~8 : 박스의 크기는 가로 70px, 세로 70px입니다.

line 9 : 텍스트를 가운데 정렬합니다.

line 10 : 텍스트 컬러를 검은색으로 설정합니다.

line 11 : border를 검은색, 가는 직선으로 설정합니다.

line 12 : 오른쪽 margin 여백을 5px로 설정합니다.

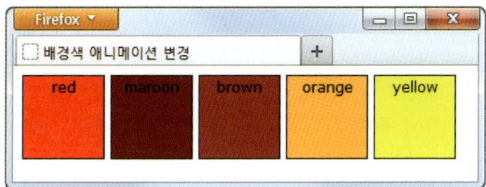

▲ CSS 적용 모습

○ jQuery

```
jQuery
1  $("#colorPicker div").each(function(index, element) {
2      $(this).css("background-color", $(this).text());
3  });
4
5
6  $("#colorPicker div").click(function(e) {
7      var color = $(this).text();
8      $("body").animate({backgroundColor:color},1000);
9  });
```

line 1~3 : #colorPicker의 내부에 있는 div 의 콘텐츠에는 색상을 의미하는 텍스트가 있습니다. 이 텍스트를 읽어서 배경색으로 지정합니다.

line 1 : each( ) 함수를 사용하면 선택된 요소들이 각각 개별적으로 each 매개 변수에 있는 함수에 실행됩니다(each 함수에 대한 내용은 263쪽을 참조하세요).

line 2 : $(this).text( )은 현재 선택된 <div> 태그의 내용, 즉 텍스트를 css( ) 함수를 사용하여 현재 선택된 <div> 태그의 배경색으로 설정합니다.

line 6~9 : 클릭하면 그 클릭한 태그의 콘텐츠(텍스트)를 body의 배경색으로 애니메이션 처리합니다.

핵심 포인트

• jQuery UI API를 문서에 포함하여 컬러, easing 등을 사용할 수 있습니다.

- animate( ) 함수를 사용하여 배경 색상을 변경할 수 있습니다.

이 방법은 모든 요소의 배경에 적용될 수 있습니다. 내비게이션의 목록 또는 콘텐츠에 맞게 색상을 부드럽게 변경하므로 웹 사이트를 좀 더 고급스럽게 꾸밀 수 있습니다.

활용하기 좋은 color animation plugIn 소개

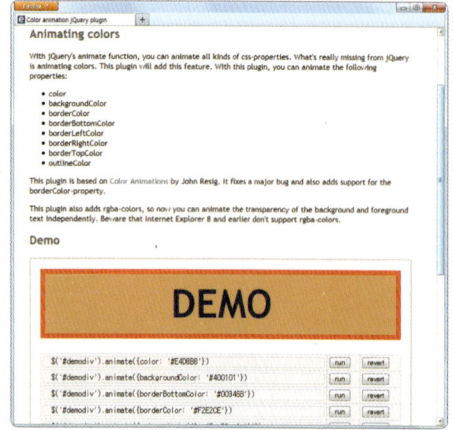

▲ http://www.bitstorm.org/jquery/color-animation

이 웹 사이트에서 제공하는 플러그인은 아래 항목에 대해서만 color animation 처리를 할 수 있습니다. jQuery UI API는 컬러뿐만 아니라 UI에 대한 라이브러리 등이 있기 때문에 용량이 큰데, 이 웹 사이트에서 제공하는 플러그인은 컬러 애니메이션만 제공하기 때문에 크기가 1.98Kb 정도에 불과합니다.

- color
- backgroundColor
- borderColor
- borderBottomColor
- borderLeftColor
- borderRightColor
- borderTopColor
- outlineColor

jQuery UI를 사용할 때 순수하게 컬러만 애니메이션하고 싶다면 이 웹 사이트에서 제공하는 API를 다운로드하여 사용하면 됩니다.

05 | 직접 만들어 보는 이미지 hover 효과

참고 웹 사이트

 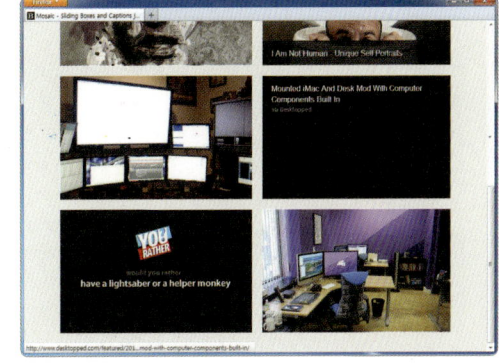

▲ http://buildinternet.com/project/mosaic

이미지 hover 효과는 하나의 공간에 두 가지의 내용을 보여주면서 정보 전달과 사용자의 관심을 더 끌어들이는 방법으로 많이 사용되고 있습니다. 여기서는 배경 이미지와 〈img〉 태그를 사용하여 간단하지만 다이내믹한 hover 효과를 만들어 보겠습니다. 여러분도 다양하게 응용해보세요.

미리 보기

 예제 파일 3부/imageEffect/05/ready.html   완성 파일 3부/imageEffect/05/index.html

 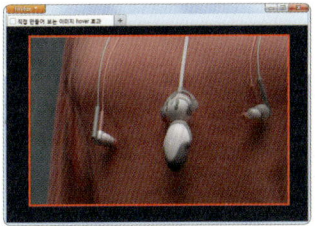 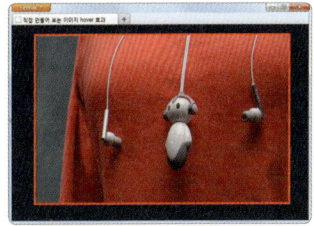

▲ 처음 상태   ▲ 이미지에 마우스 오버일 때   ▲ 효과가 끝난 후

아이디어 구상 및 HTML 구조

아래 그림처럼 하나의 div 안에 배경 이미지가 있고, div 안에 〈img〉 태그가 있습니다.

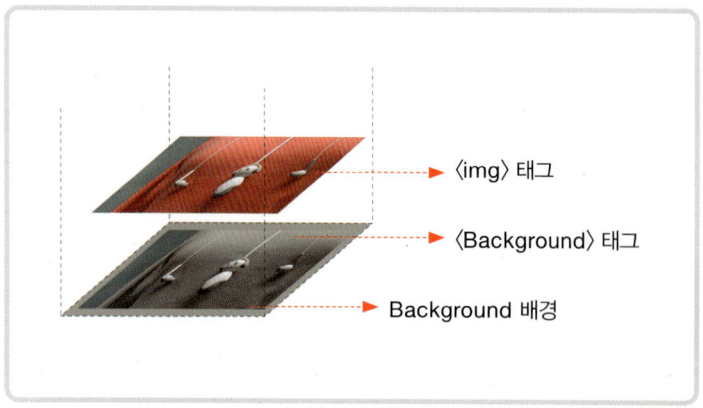

처음에는 위에 있는 〈img〉 태그가 보이지 않도록 하고, 〈div〉에 마우스 오버가 되었을 때 〈img〉 요소의 크기와 불투명도를 애니메이션하면서 나타내면 다이내믹한 효과를 만들 수 있습니다. 구체적인 내용은 그림으로 설명하겠습니다.

처음에는 〈img〉 태그를 display:none시켜 보이지 않도록 합니다.

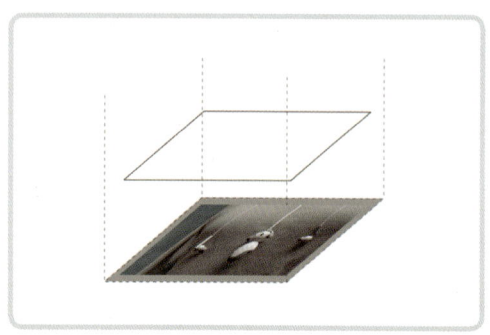 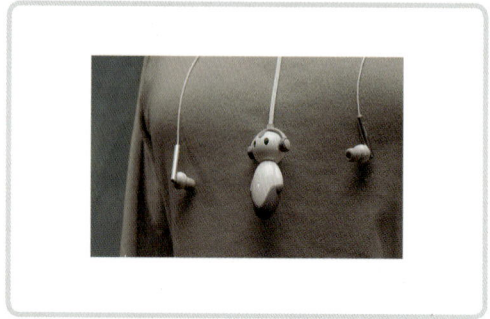

▲ 입체도　　　　　　　　　　　　　　　　▲ 실제 보이는 모습

마우스 오버가 되면 img의 opacity 값은 0에서 1로 변경되어 보이도록 하고, 크기는 처음 사진보다 크게 하며, 점점 처음 크기가 작아지도록 합니다. 그리고 left, top을 사용하여 img의 위치를 왼쪽 위부터 원래 위치로 이동하도록 하면 사진이 겹치면서 점점 본래 img 모습이 나타나게됩니다. 〈div〉 태그에 overflow:hidden을 설정하면 벗어나는 영역은 보이지 않게 됩니다.

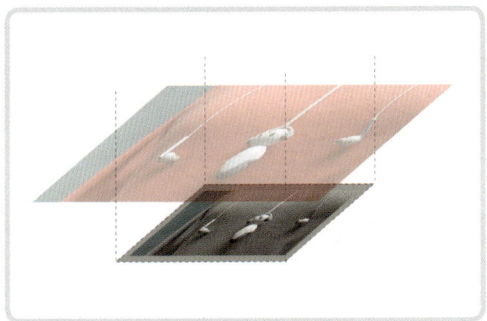
▲ 입체도

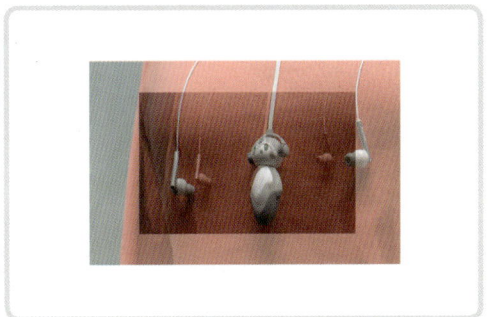
▲ 실제 보이는 모습

img의 opacity가 1이기 때문에 밑에 있는 배경 이미지는 보이지 않게 됩니다.

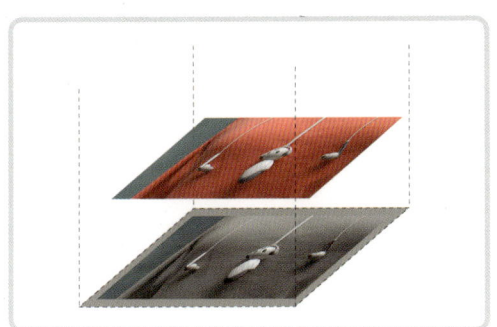
▲ 입체도

▲ 실제 보이는 모습

마우스 아웃되면 그 자리에서 opacity를 1에서 0으로 fadeOut( ) 애니메이션을 하게 되면서 원래 상태인 배경 이미지만 보이게 됩니다.

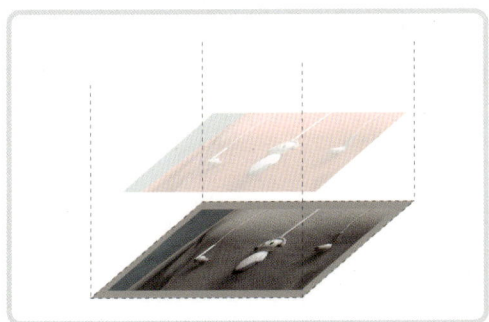
▲ 입체도

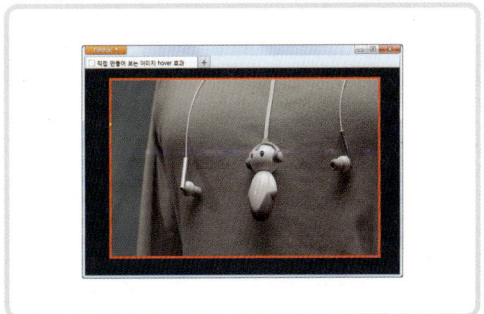
▲ 실제 보이는 모습

◯ HTML

HTML	
1	`<div><img src="img/pic.jpg" /></div>`

이를 구현하는 〈HTML〉 태그는 div 안에 있습니다(이미지 1개).

예제 구현을 위한 핵심 jQuery

이 예제에서 사용되는 주된 함수는 기본적인 것들입니다.

함수 이름	기능	쪽
animate( )	CSS 속성에 대한 애니메이션을 처리합니다.	149쪽
fadeOut( )	선택 요소의 opacity를 1에서 0으로 조절하고, display:none 상태로 변경합니다.	140쪽
find( )	선택된 집합 내에서 찾고 싶은 요소를 찾아줍니다.	100쪽

CSS/jQuery Code 작성하기

◯ CSS Code

```css
body {
    margin:20px auto;
    padding:0;
    width:600px;
    background:#192839;
}

div {
    background-image:url(img/pic_bg.jpg);
    width:600px;
    height:379px;
    border:5px #EF4018 solid;
    overflow:hidden;
}
```

```
15
16  div img{
17      display:none;
18      position:relative;
19  }
```

line 1~6 : 〈body〉 태그의 기본적인 설정입니다.

line 8~13 : img를 담는 그릇 역할을 하는 div입니다.

line 9 : 배경 이미지를 설정합니다. 이는 기본적으로 보이게 되는 배경 이미지입니다. 마우스 오버를 하면 div 안에 있는 img에게 가려져서 보이지 않게 됩니다.

line 10~11 : 〈div〉 태그의 가로 크기를 600px, 세로 크기를 379px로 설정합니다.

line 12 : border로 div의 테두리를 설정합니다.

line 13 : div의 영역 밖으로 나간 부분들은 보이지 않게 됩니다. 앞에서 이미 언급한 내용입니다. div의 〈img〉 태그의 크기가 커졌다가 원래 상태로 돌아오게 되는데, 커졌을 때 div 영역 밖으로 나가는 부분이 보이지 않도록 하기 위해서는 overflow:hidden;을 설정해야 합니다.

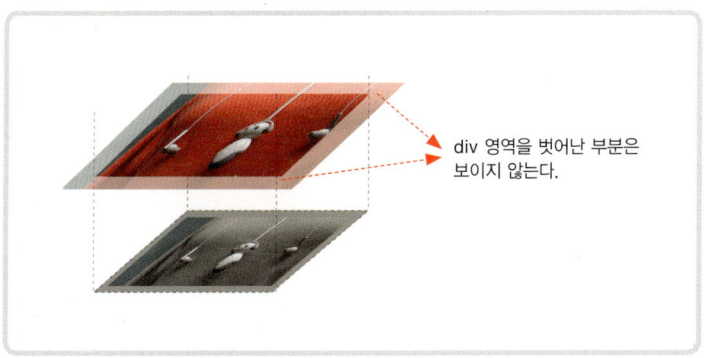

line 17 : 처음에는 〈img〉 태그가 보이지 않게 합니다.

line 18 : position:relative를 준 것은 마우스 오버 시 left, top 속성을 사용하여 현재 위치에서 이동해야 하기 때문입니다.

● jQuery

	jQuery
1	`$("div").hover(`
2	`    function() {`
3	`        $(this).find("img").css({left:"-50px",`
4	`                                top:"-50px",`
5	`                                width:"700px",`
6	`                                opacity:0,`
7	`                                display:"inline"})`
8	`                        .stop()`
9	`                        .animate({left:"0px",`
10	`                                   top:"0px",`
11	`                                   opacity:1,`
12	`                                   width:"600px"},`
13	`                                   500)`
14	
15	`    }, function() {`
16	`        $(this).find("img")`
17	`               .stop()`
18	`               .fadeOut();`
19	`    }`
20	
21	`);`

line 1 : hover 이벤트를 사용하여 마우스 오버일 때와 마우스 아웃 상태일 때의 함수를 정의합니다.

line 2~7 : 마우스 오버 시 〈div〉 태그 안에 있는 〈img〉 태그를 찾은 후(find) css( ) 함수를 사용하여 현재 있는 위치(position:relative;)에서 왼쪽으로 50px, 위로 50px 이동합니다. 가로 크기는 700px로 하고, opacity는 0으로 하여 보이지 않게 합니다. 마지막의 display:inline에서 처음 img는 display:none로 되어 있기 때문에 display 상태를 inline으로 바꿔주어야 합니다. animate( ) 함수는 display 상태를 자동으로 none에서 block이나 inline으로 바꿔주지 못합니다.

line 8 : 기존 애니메이션이 있다면 중지하고 새롭게 애니메이션할 준비를 합니다.

line 9~13 : animate( ) 함수로 0.5초 동안 부드럽게 모든 것을 원상태로 돌려놓습니다.

line 15 : 마우스 아웃일 때의 함수 정의입니다.

line 16~19 : 현재 작동 중인 애니메이션이 있다면 〈img〉 태그를 선택하여 중지하고, fadeOut( ) 처리를 합니다. fadeOut( ) 함수는 선택된 요소의 opacity를 1에서 0으로 변경한 후 자동으로 display:none로 변경합니다.

핵심 포인트

- 2장의 사진을 같은 공간에 놓고, 위쪽에 있는 사진을 변경하면 다양한 효과를 얻을 수 있습니다.
- 요소를 움직이기 위해 left, top을 사용할 때 반드시 요소에 position 속성을 설정하는 것을 잊어버리면 안 됩니다. position을 설정하지 않으면 animate( )을 사용해도 절대로 요소의 위치를 변경할 수 없습니다.
- find( ) 함수를 사용하여 요소 내부에서 찾고 싶은 요소를 찾을 수 있습니다.

이 예제를 이해한다면, 흑백 사진과 컬러 사진, 서로 연관성 있는 사진 등과 같이 많은 아이디어로 여러분의 상상력을 발휘해보세요.

활용하기 좋은 hover effect plugIn 소개

다이내믹한 hover 효과는 물론, 캡션 기능까지 포함하고 있는 플러그인입니다. 작동하는 원리 또한 상세히 설명하고 있습니다.

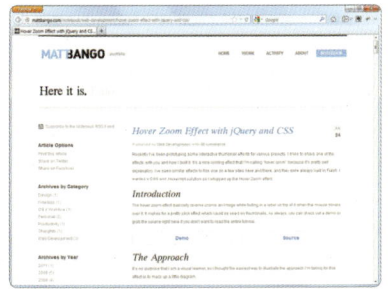 

▲ http://mattbango.com/notebook/web-development/hover-zoom-effect-with-jquery-and-css

여러 가지 hover 효과를 구현할 수 있는 플러그인입니다. 적용하는 방법도 상세히 나와 있습니다.

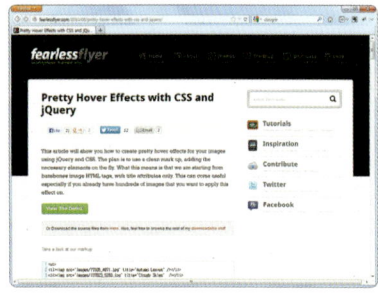 

▲ http://fearlessflyer.com/2010/06/pretty-hover-effects-with-css-and-jquery

06 | Pixastic Image Processing Library

플래시에서 많이 사용했던 http://www.greensock.com에서 제공하는 Tween 라이브러리 같은 모션 및 픽셀 조작을 통한 다양한 효과가 javaScript에는 없는지 찾아본 결과, Pixastic Image Processing Library를 발견했습니다. 이 라이브러리는 필자가 본 어떤 픽셀 효과보다 뛰어나고 다양한 기능을 가지고 있기 때문에 이 책에서 실습을 하려고 합니다. 이 라이브러리는 jQuery뿐만 아니라 javaScript 함수로 되어 있고, jQuery에서도 사용할 수 있지만 경우에 따라서는 javaScript 명령어도 필요할 수 있습니다.

Pixastic Image Processing은 〈img〉 태그를 〈canvas〉 태그로 변환하여 처리합니다. 개인적인 생각으로는 img를 복사한 후 비트맵 데이터로 바꾸어 canvas에서 작업하는 방식입니다. 매우 뛰어난 성능을 가지고 있는 이미지 처리 라이브러리입니다.

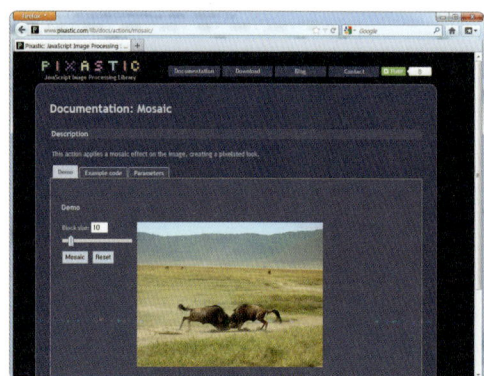 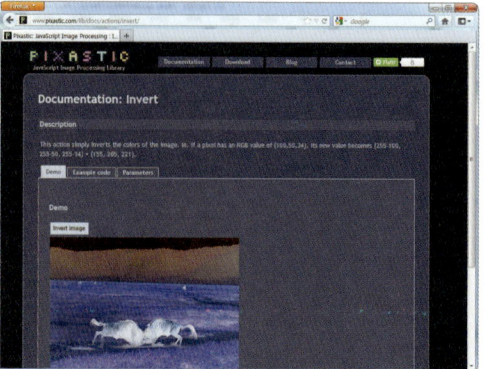

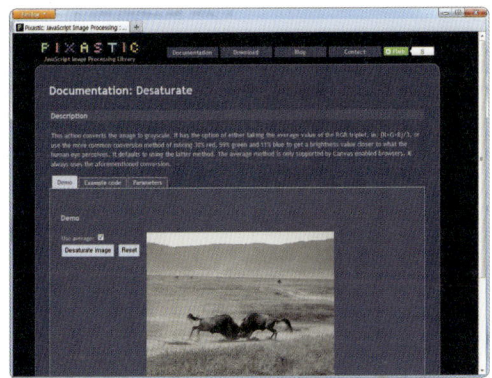 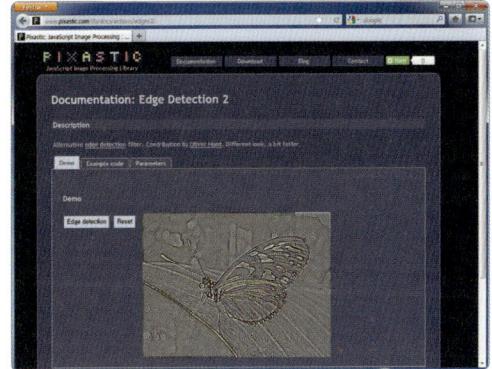

▲ http://www.pixastic.com

 Q & A

Library와 PlugIn의 차이는 무엇인가요?

Library는 PlugIn보다 조금 넓은 범위라고 할 수 있습니다. Library는 어떤 목적을 달성하기 위한 여러 가지 메서드의 집합이고, PlugIn은 하나의 기능을 위해 만들어진 독립된 함수라고 생각하시면 됩니다. 물론 플러그인은 반드시 jQuery 와 함께 사용해야 합니다.

Library 웹 사이트

▲ http://www.pixastic.com

이 웹 사이트는 다양한 필터에 대한 예제들을 소개하고 있으며, 코드로 보여줍니다. 여기서 제공되는 샘플 코드는 javaScript로 되어 있기 때문에 부분적으로 복사하여 jQuery 문법에 맞추면 됩니다.

◯ 사용법

| 다운로드 |

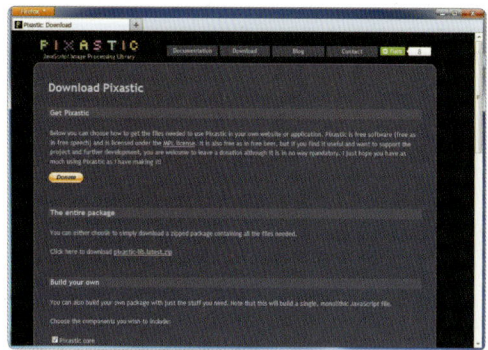

pixastic-lib.latest.zip 파일을 다운로드합니다. 이 폴더는 javaScript를 위하여 제공된 코드와 기본적인 핵심 코드가 있습니다. 아래는 다운로드한 파일의 압축을 푼 상태의 그림입니다.

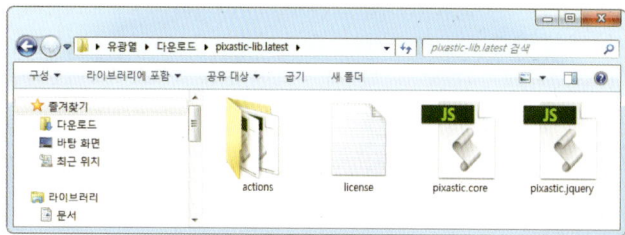

1) actions 폴더

이 폴더에는 이미지를 처리하기 위한 javaScript가 포함되어 있습니다. 포토샵에서 볼 수 있는 거의 모든 필터들이 포함되어 있다는 것을 알 수 있습니다.

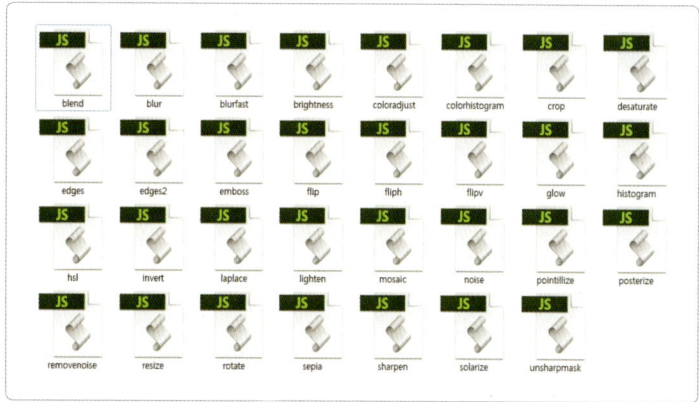

2) js 파일

pixastic.core.js - 핵심 js 코드입니다.

pixastic.jquery.js - jQuery와 함께 사용할 수 있도록 한 jQuery Plugin입니다.

다운로드한 파일로 각각의 효과를 호출하여 사용합니다. 예를 들어 desaturate 효과를 적용하고 싶다면 아래와 같은 js 파일들을 포함해야 합니다.

```
<script type="text/javascript" src="pixastic.core.js"></script>
<script type="text/javascript" src="pixastic.jquery.js"></script>
<script type="text/javascript" src="actions/desaturate.js"></script>
```

pixastic.jquery.js 파일과 각종 효과를 하나의 파일로 만들어 사용할 수도 있습니다.

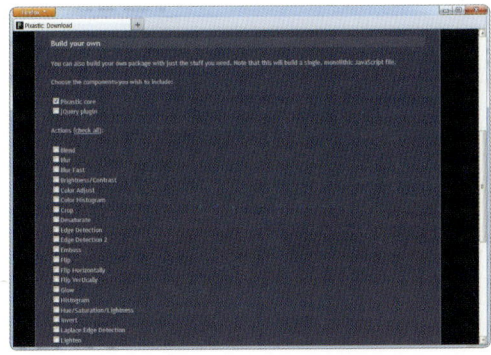

다운로드한 페이지 아래에 Build your own 이라는 메뉴가 있습니다.

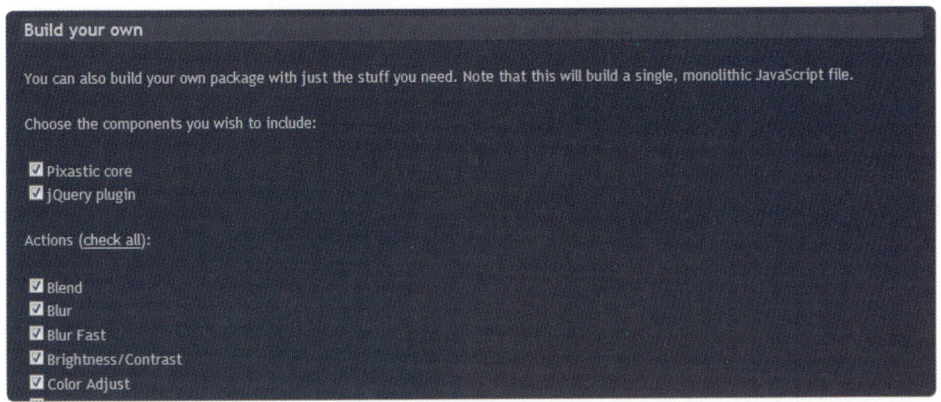

jQuery plugIn에 체크 표시를 한 후 Actions(check all)을 선택하여 모든 효과를 선택합니다. 물론 자신이 원하는 효과만 선택해도 됩니다.

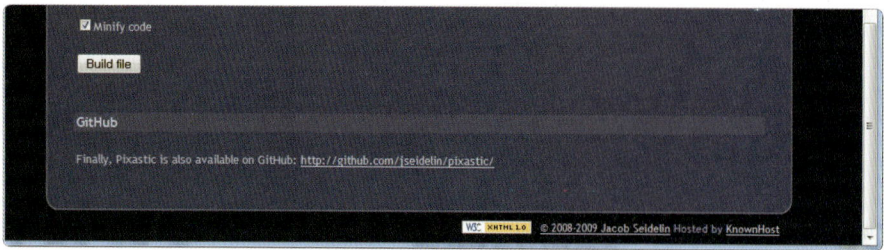

페이지의 아래쪽에는 Build file 버튼이 있습니다. 이 버튼을 클릭하면 pixastic.custom.js 파일이 생성됩니다.

pixastic.custom.js 파일은 pixastic.jquery.js 파일과 각종 효과를 하나로 만들었기 때문에 아래와 같이 포함한 후 jQuery 명령어를 통해 효과를 호출하면 더 편하게 사용할 수 있습니다.

```
<script type="text/javascript" src="pixastic.core.js"></script>
<script type="text/javascript" src="pixastic.custom.js"></script>
```

| 데모 파일 열어보기 |

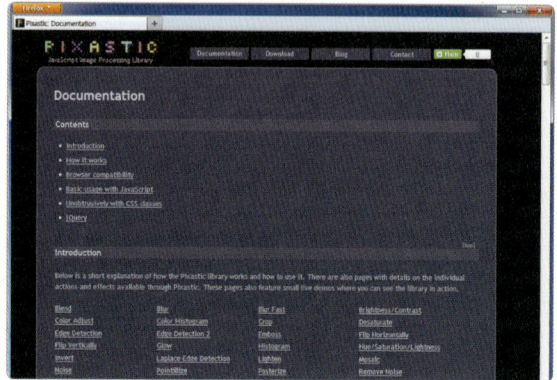

http://www.pixastic.com의 Document 메뉴에서 introduction 메뉴에 소개되는 다양한 필터 효과를 클릭하면 샘플 코드와 예제를 볼 수 있습니다. 아래 그림은 posterize 효과를 보여주는 것입니다(http://www.pixastic.com/lib/docs/actions/posterize).

▲ 효과 전

▲ 효과 후

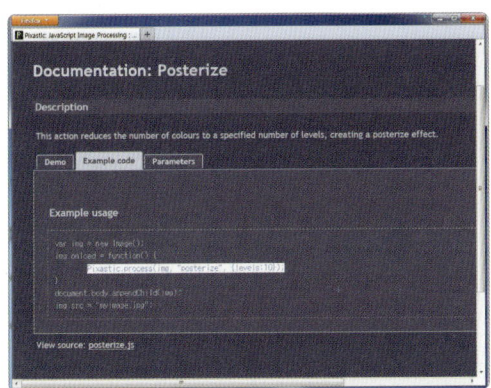

▲ 샘플 코드

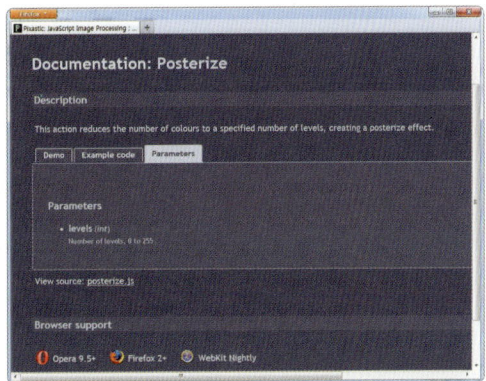

▲ 매개 변수 설명

참고로 필터가 모든 웹 브라우저를 지원하지는 않습니다. 지원할 수 있는 웹 브라우저 버전도 표시되어 있으므로 참조하시기 바랍니다.

| 설치 |

1) 관련 파일 연결하기

HTML 문서의 〈head〉 태그 내부에 아래와 같이 입력합니다.

- js 파일 연결

```
<script type="text/javascript" src="jquery-1.7.2.min.js"></script>
<script type="text/javascript" src="pixastic.core.js"></script>
<script type="text/javascript" src="pixastic.custom.js"></script>
```

첫 번째 줄은 JavaScript Library 파일입니다. jQuery를 사용하려면 반드시 포함해야 합니다. 두 번째 줄은 pixastic의 핵심 라이브러리입니다. 세 번째 줄에는 모든 효과와 jQuery plugIn 코드가 담겨 있습니다.

2) HTML 구성

Pixastic Image Processing Library은 〈img〉 요소를 〈canvas〉 요소로 변환시켜 이미지를 처리합니다. hover 효과 등으로 이미지를 구성할 때에는 〈div〉 요소로 묶어서 처리하는 것이 편리합니다. 예제를 통해 설명하겠습니다.

- Pixastic 효과 전

```
<img src="img/effect1.jpg">
```

- Pixastic 효과 후

```
<canvas id="desaturate" class=" " width="200" height="150" style=" " title=" " tabindex="-1"></canvas>
```

3) Pixastic Image Processing 작동

Pixastic 웹 페이지의 document 메뉴를 클릭하면 jQuery 환경에서의 사용법을 볼 수 있습니다.

```jquery
1   // invert the image with id="prettyface"
2   $("#prettyface").pixastic("invert");
3
4   // convert all images with class="photo" to greyscale
5   $(".photo").pixastic("desaturate");
6
7   // chained blur and a regional emboss, see image further down
8   $("#myimage").pixastic("blurfast", {amount:0.2})
9           .pixastic("emboss", {direction:"topleft",
10                      rect:{left:50,top:50,width:150,height:150}});
```

line 2 : id가 prettyface인 이미지에 invert 효과를 적용합니다.

line 5 : class가 photo인 이미지에 desaturate 효과를 적용합니다.

line 8 : id가 "myimage"인 이미지에 blurfast와 pixastic 효과를 적용합니다. 체인 형식의 표기법도 볼 수 있습니다. blurfast와 pixastic 효과에 있는 매개 변수들의 값은 각 효과 데모 페이지를 통해 확인할 수 있습니다.

Pixastic 라이브러리를 활용한 다양한 이미지 효과

 3부/imageEffect/06/ready.html   3부/imageEffect/06/index.html

◉ 미리 보기

마우스 오버를 하면 desaturate, sepia, edges2, flipv 효과를 볼 수 있습니다.

이 예제는 로컬 상태(PC에 저장)의 크롬 웹 브라우저에서는 보안상의 이유로 실행되지 않습니다. 물론 웹 환경에서는 잘 작동됩니다.

● HTML/CSS/jQuery 코드 보기

	HTML
1	`<div data-img="desaturate">`
2	`    <img src="img/effect1.jpg" id="desaturate" alt=""/>`
3	`</div>`
4	`<div data-img="sepia">`
5	`    <img src="img/effect2.jpg" id="sepia" alt=""/>`
6	`</div>`
7	`<div data-img="edges2">`
8	`    <img src="img/effect3.jpg" id="edges2" alt=""/>`
9	`</div>`
10	`<div data-img="flipv">`
11	`    <img src="img/effect1.jpg" id="flipv" alt=""/>`
12	`</div>`

line 1~12 : 이미지에 〈div〉 요소가 담긴 각 4개의 〈div〉 요소가 있습니다. div에 data-img 속성과 img의 id 값이 같은 값을 사용하고 있는 것에 주목하시면 됩니다. 이는 마우스 오버 시 〈img〉 요소가 〈canvas〉 요소로 변경되고, 마우스 아웃 시 다시 원래 이미지로 돌아가는 경우 div에 포함되어 있는 img를 기억하기 위해 같은 값을 설정한 것입니다.

	CSS
1	`div {`
2	`    display:inline;`
3	`    margin-right:10px;`
4	`    width:200px;`
5	`    height:150px;`
6	`}`

line 1~6 : 〈div〉 요소를 inline으로 변경하여 가로로 나열합니다. 마진, 가로, 세로 크기를 설정합니다.

● **jQuery**

	jQuery
1	`$("div").hover(`
2	`function(){`
3	`$(this).find("img").pixastic( $(this).find("img").attr("id"));`
4	`}, function(){`
5	`var org= $("#"+$(this).attr("data-img")).get(0);`
6	`Pixastic.revert(org);`
7	`}`
8	`);`

line 1 : div에 hover 이벤트를 설정합니다.

line 3 : div에 마우스 오버를 하면 div 안에 있는 img를 찾아 pixastic 효과를 적용합니다. 이때 적용할 효과는 이미지의 id 값을 읽어와 사용합니다.

line 5 : div에서 마우스 아웃되면 효과가 적용되기 전의 이미지로 돌아가야 하는데, 이때에는 Pixastic.revert( ) 함수를 사용하면 됩니다. 이 경우 Pixastic.revert( ) 함수에 효과가 적용되기 전의 〈img〉 요소를 전달하면 됩니다. 효과가 적용되기 전의 이미지는 〈img〉를 포함하고 있는 div의 data-img 속성에 저장되어 있으므로 이 속성을 사용하여 찾으면 됩니다.

그리고 Pixastic.revert( ) 함수는 순수한 〈img〉 요소로 전달해주어야 합니다. 이때 jQuery의 get( ) 함수를 사용하면 선택된 jQuery 집합에서 〈img〉 요소를 가져올 수 있습니다. jQuery의 get( ) 함수처럼 javaScript의 getElementById( ) 함수를 사용하여 선택하고 싶은 요소를 가져올 수도 있습니다.

```
var org= $("#desaturate").get();
또는
var org= document.getElementById("desaturate");
```

line 6 : Pixastic.revert( ) 함수는 Pixastic 효과가 적용된 이미지를 원래 상태로 되돌아가게 하는 함수입니다.

07 | Zoomooz PlugIn

Zoomooz은 웹 페이지의 요소를 확대해주는 jQuery plugin입니다. 이미지 또는 텍스트, 기타 요소들을 확대하여 마치 Prezi 스타일의 프레젠테이션을 보는 듯합니다. Skew, Sclae, Rotate 이 적용된 사례도 볼 수 있습니다.

참고 웹 사이트

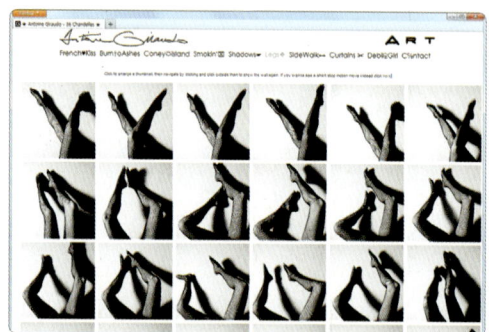
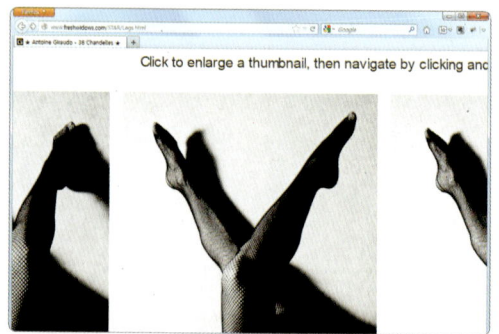

▲ http://www.freshwidows.com/STAR/Legs.html

▲ http://janne.aukia.com/zoomooz/examples/imagestack/index.html

원하는 콘텐츠를 클릭하면 그 콘텐츠를 중심으로 웹 사이트 전체가 줌/아웃 처리됩니다.

미리 보기

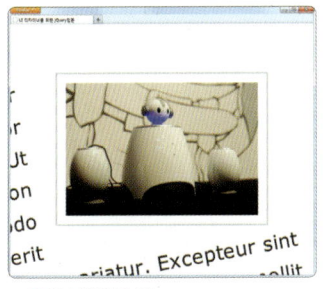
▲ ❶을 클릭했을 때

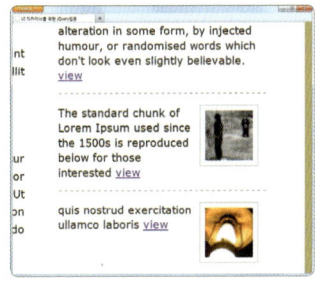
▲ ❸을 클릭했을 때

▲ ❷를 클릭했을 때

단순히 확대되는 것이 아니라 Prezi 스타일처럼 웹 사이트 전체가 확대 또는 축소됩니다.

> **Tip** **Prezi 스타일의 장점**
>
>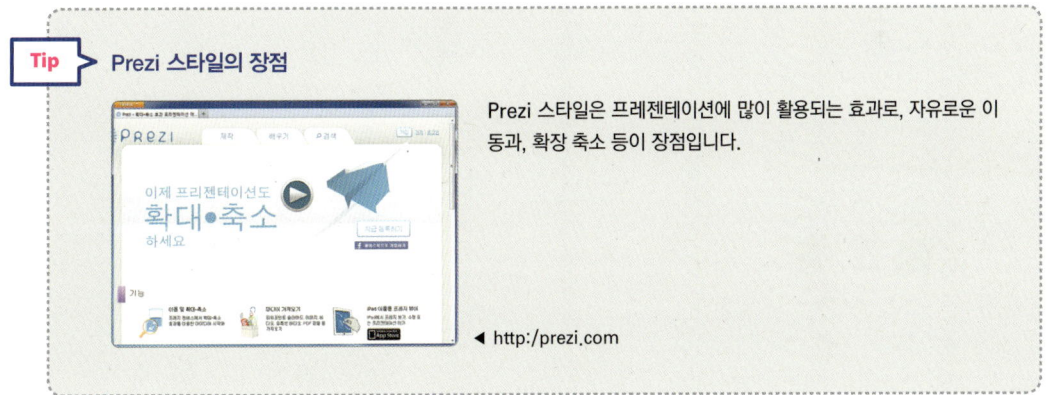
>
> Prezi 스타일은 프레젠테이션에 많이 활용되는 효과로, 자유로운 이동과, 확장 축소 등이 장점입니다.
>
> ◀ http:/prezi.com

플러그인 웹 사이트

 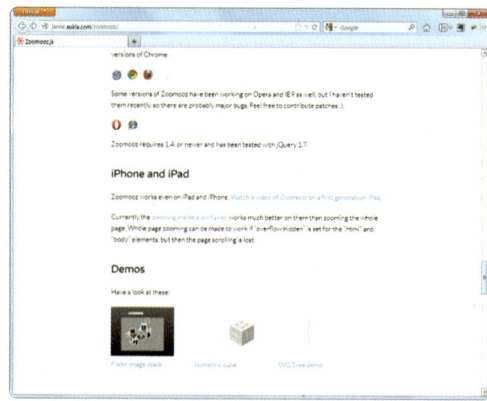

▲ http://janne.aukia.com/zoomooz

Zoomooz PlugIn 웹 사이트 역시 자세한 설명서와 데모 파일을 제공하고 있습니다.

● 사용법

| 다운로드 |

웹 사이트의 위쪽에는 다운로드할 수 있는 링크가 3개 정도 있습니다. 이 중에서 1개를 다운로드하여 사용하면 됩니다.

| 폴더 구성 |

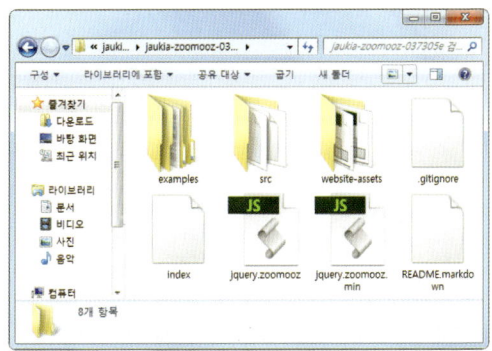

다운로드한 폴더를 열어보면 많은 파일들이 있지만 정작 필요한 파일은 'jquery.zoomooz.js' 파일 또는 압축형인 'jquery.zoomooz.min.js' 파일 1개뿐입니다. 다른 파일들은 플러그인 기능을 소개하는 데모 사이트입니다.

1) src 폴더

소스 폴더입니다. jquery.zoomooz.js를 각 기능별로 나누어 제공합니다. 이 책에서는 jquery.zoomooz.js 파일만 사용할 것이므로 참조만 하시면 됩니다.

2) website-assets 폴더

데모 웹 사이트를 구성하는 assets 파일들입니다.

3) examples 폴더

다양한 샘플 파일입니다. 이 플러그인은 기능별로 매우 자세한 샘플들을 제공합니다.

| 설치 |

설치에 대한 자세한 설명은 plugn 웹 사이트의 중간에 있는 Adding Zoomooz to your web page라는 메뉴를 참조하시면 됩니다.

1) 관련 파일 연결하기

HTML 문서의 〈head〉 태그 내부에 아래와 같이 입력합니다.

— js 파일 연결

〈script src="js/jquery.js"〉〈/script〉

〈script src="js/jquery.zoomooz.min.js"〉〈/script〉

첫 번째 줄은 javaScript library 파일로, jQuery를 사용하려면 반드시 포함해야 합니다. 두 번째 줄은 Zoomooz를 구현하는 자바스크립트 파일입니다.

 여기서 잠깐

라이브러리로 삽입되는 코드의 순서

라이브러리로 삽입되는 코드의 순서는 매우 중요합니다. 반드시 JavaScript Library 파일이 먼저 포함되고 난 후에 plugIn 파일들이 포함되어야 작동됩니다.

2) HTML 구성

HTML의 구성은 매우 간단합니다. zoom을 원하는 요소에 id나 class를 사용해 식별해주면 됩니다.

	HTML
1	`<div class="zoomTarget">`
2	요소를 클릭하면 zoom됩니다.
3	`</div>`

line 1 : zoom할 〈div〉 요소에 class="zoomTarget"를 설정하였습니다. 물론 클래스 이름은 여러분이 원하시는 것으로 바꿔도 상관없습니다.

— Zoomooz 작동

	jQuery
1	`$(".zoomTarget").zoomTo();`

역시 다른 플러그인과 마찬가지로 기본적인 작업은 매우 간단합니다. Zoomooz PlugIn에서는 zoomTarget( ); zoomTo( ); 두 가지 메서드를 사용하여 대상 요소를 줌(zoom)할 수 있는데, 다양한 옵션을 설정할 수 있는 zoomTo( )를 더 많이 사용합니다.

3) 다양한 확장 옵션

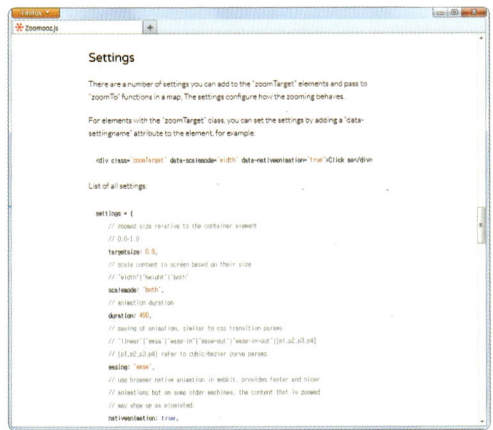

Zoomooz PlugIn 웹 사이트 중간쯤에는 Setting이라는 메뉴가 있습니다. 이곳에서는 다양한 옵션 기능들을 소개하고 있는데, 대상을 줌할 때에 확대되는 속도, 확대 비율의 크기, easing의 방법 등과 같은 다양한 옵션을 제공합니다.

```jQuery
1  $(".zoomTarget").zoomTo({
2      targetsize:0.9,
3      duration:500,
4      easing:"ease"
5  } );
```

확장 옵션을 통해 확대 비율, 확대 속도, 확대 easing 효과 등을 적용한 코드입니다.

웹 사이트에 적용해 보기

 3부/imageEffect/7/ready.html    3부/imageEffect/7/index.html

준비된 웹 페이지에 Zoomooz를 적용해보겠습니다.

● 관련 파일 연결하기

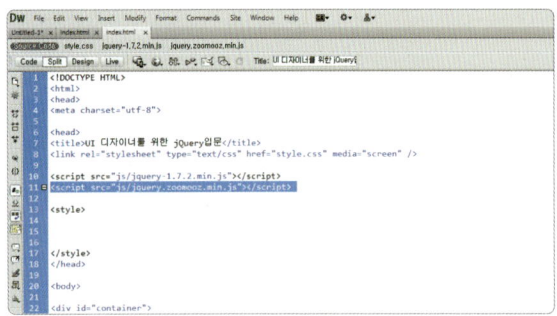

작업할 웹 페이지에는 jQuery library 파일이 준비되어 있기 때문에 Zoomooz와 관련된 js 파일만 연결해주면 됩니다.

	HTML
1	`<head>`
2	...
3	`<script src="js/jquery.zoomooz.min.js"></script>`
4	....
5	`</head>`

● 필요한 파일 이동하기

다운로드한 Zoomooz PlugIn에서 'zoomooz.min.js' 파일을 적용할 웹 페이지가 있는 폴더에 복사하여 이동시킵니다. 필자는 js 폴더를 만든 후 그곳에 'zoomooz.min.js' 파일을 담았습니다.

● HTML 구성

준비된 웹 페이지의 사각형으로 표시한 부분에 Zoomooz 기능을 추가해보겠습니다.

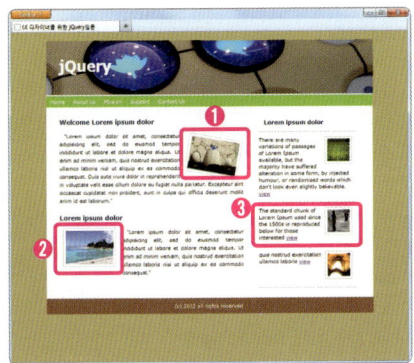

❶ Zoomooz 기능은 회전(rotate)이나 왜곡(skew)도 확대시켜줍니다. 여기서 1번 〈img〉 태그의 CSS3를 사용하여 10° 정도 회전하였습니다. 참고로 CSS3의 회전과 이동은 아래와 같으며, 'style.css' 파일에서도 볼 수 있습니다.

```
-webkit-transform: rotate(10deg)  translateX(10px); ;
-moz-transform:rotate(10deg) translateX(10px);
-ms-transform:rotoate(10deg) translateX(10px);
IE 계열에서 transition 속성은 IE 9 이상에서만 지원됩니다.
```

❷는 일반적인 〈img〉 요소입니다.

❸은 이미지 및 텍스트를 포함하고 있는 〈div〉 요소입니다.

| ready.html 수정 전 |

HTML	
line 46	`<img id = "rot" src="images/img1.jpg" width="110" height="74" border="0" alt="" class="pic_right" />`
line 51	`<img src="images/img2.jpg" width="110" height="74" border="0" alt="" class="pic_left" />`
line 64	`<div class="item">` `<p><img class="th_thum" src="images/th2.jpg" width="50" height="50" border="0" alt="" />The standard chunk of Lorem Ipsum used since the 1500s is reproduced below for those interested <a href="#">view</a><br style="clear:both" /></p></div>`

줌 기능을 원하는 요소에 class명으로 targetZooom을 추가합니다.

| ready.html 수정 후 |

HTML	
line 46	`<img id = "rot" src="images/img1.jpg" width="110" height="74" border="0" alt="" class="pic_right targetZooom" />`
line 51	`<img src="images/img2.jpg" width="110" height="74" border="0" alt="" class="pic_left targetZooom" />`
line 64	`<div class="item targetZooom">` `<p><img class="th_thum" src="images/th2.jpg" width="50" height="50" border="0" alt="" />The standard chunk of Lorem Ipsum used since the 1500s is reproduced below for those interested <a href="#">view</a><br style="clear:both" /></p></div>`

id를 사용하여 고유하게 처리해도 되고, 이름을 마음대로 고쳐도 됩니다. 단, jQuery에서는 여러분이 설정한 이름으로 처리해야 합니다.

○ Zoomooz 작동

```jquery
1  $(".targetZooom").click(function(e) {
2      $(this).zoomTo({targetsize:0.7});
3      e.stopPropagation();
4  });
5  $(window).click(function(e) {
6      $("body").zoomTo();
7      e.stopPropagation();
8  });
```

line 1~4 : 클래스 속성 값이 targetZooom을 클릭하면 클릭한 대상을 줌 처리하는 함수입니다.

line 2 : 줌 처리할 대상에 옵션을 사용하여 줌의 비율을 0.7로 조절하면 화면의 70%의 크기까지 확대됩니다.

line 3 : click 이벤트 흐름을 차단합니다. 이 코드가 없으면 이벤트는 line 5~8에 설정된 window 객체에 설정한 click에도 영향을 미치기 때문에 제대로 동작하지 않습니다. click 이벤트가 $(".targetZooom")에서만 설정되도록 하는 것입니다(이벤트 흐름에 대한 자세한 설명은 131쪽을 참조하세요).

line 5~8 : 확대된 상태에서 원래 비율로 돌아가기 위해 확대된 요소의 바깥쪽을 클릭하면 body 객체를 화면에 가득 차게 보여주기 때문에 원래 상태로 돌아가는 효과를 볼 수 있습니다.

line 8 : 이벤트 흐름을 차단합니다.

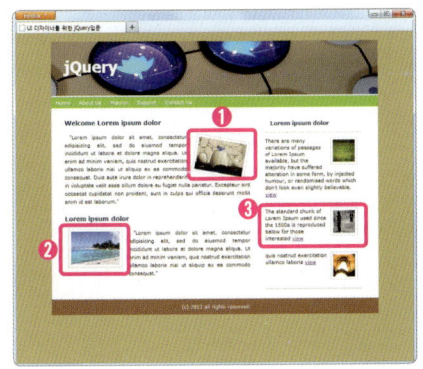

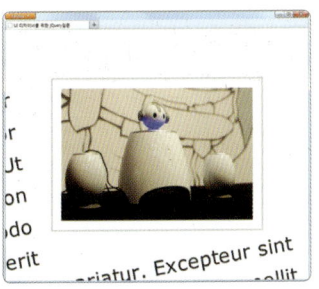

▲ ❶을 클릭했을 때

▲ ❷를 클릭했을 때

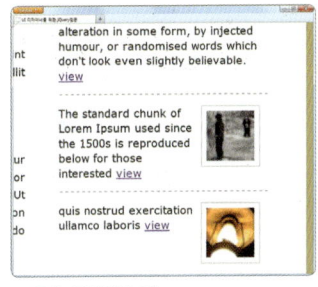

▲ ❸을 클릭했을 때

여러분의 웹 사이트에 Zoomooz를 적용하여 반응을 살펴보시기 바랍니다.

CHAPTER 04
유용한 기능

이 장에서는 요소를 드래그하거나 슬라이더를 만들어 응용하는 방법과 One Page Scroll 구현 및 layout과 관련된 플러그인 등을 소개하고 있습니다. 웹 표준에서는 불가능해보였던 작업들도 이 원리를 잘 이해하면 예전에 플래시가 구현했던 기능들을 충분히 표현할 수 있습니다. 여러분도 다양하고 유용한 기능들을 제작해 보세요.

01 | drag and drop 기능

참고 웹 사이트

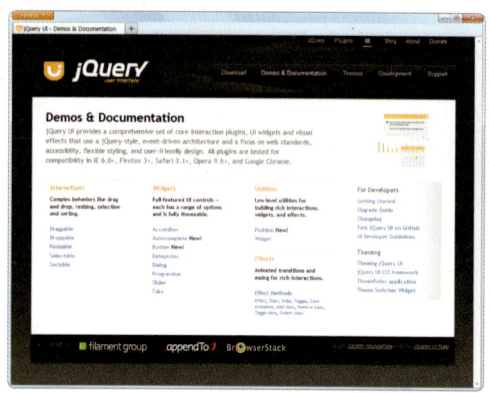

▲ http://jqueryui.com/demos

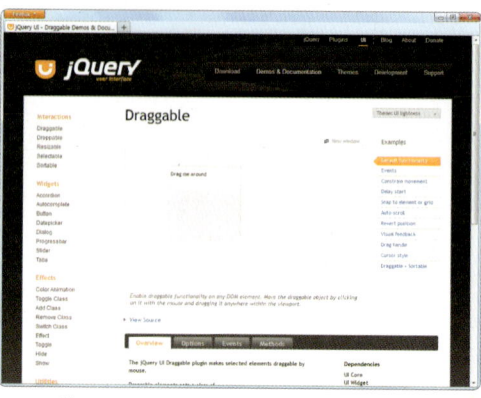

▲ http://jqueryui.com/demos/draggable

jQuery UI 웹 사이트입니다. 다양한 UI의 소개와 사용법 문서 등을 볼 수 있습니다.

미리 보기

 예제 파일   3부/utilty/01/ready.html

 완성 파일   3부/utilty/01/index.html

jQuery UI를 사용하면 아래와 같이 드래그를 이용하여 포스트잇 형식의 작업을 할 수 있습니다. 이번에는 이동, 선택한 요소의 깊이 조절, 다양한 이벤트를 제공하고 있는 jQuery UI에 대해 알아보겠습니다.

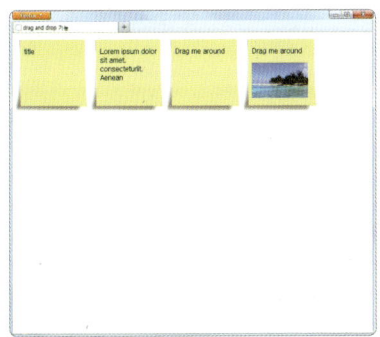 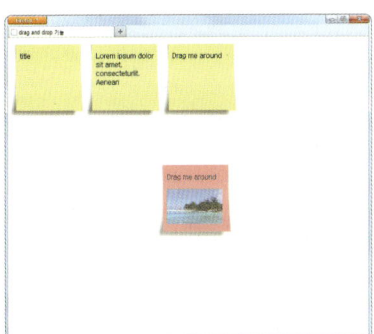

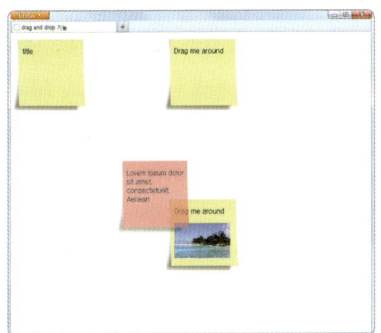 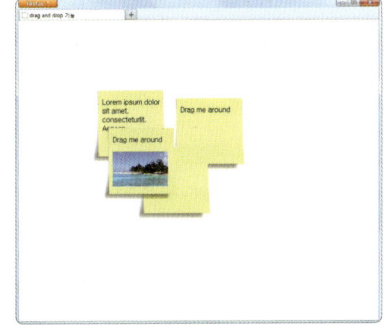

서버와 연동 작업을 하면 웹 표준에서도 포스트잇 게시판 형식으로 작업할 수 있습니다.

아이디어 구상 및 HTML 구조

드래그 앤 드롭 기능을 구현하기 위한 아이디어는 jQuery UI plugIn을 활용하는 것입니다 (jQuery UI plugIn을 다운로드하는 방법은 170쪽을 참조하세요). 여기서는 jQuery UI를 활용하는 방법을 중심으로 설명하겠습니다.

◯ drag & drop UI 다운로드하기

요소를 드래그 앤 드롭하기 위해서는 jQuery UI에서 관련 파일을 다운로드해야 합니다.

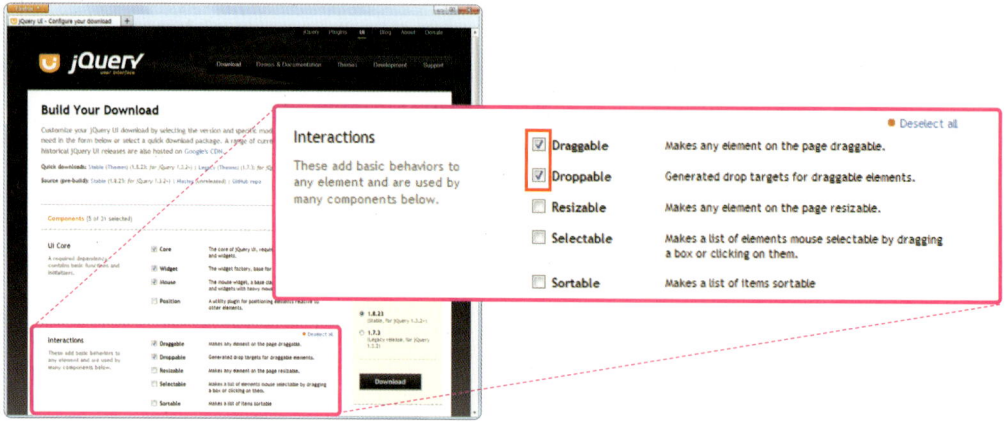

▲ http://jqueryui.com/download

jQuey UI 웹 사이트의 download 페이지에서 interaction 부분에 있는 Draggable과 Droppable에 체크 표시를 하면 관련된 핵심 파일들에도 체크 표시가 됩니다. 이렇게 체크 표시를 한 후 오른쪽에 있는 다운로드 버튼을 클릭하면 관련 파일들이 압축되어 다운로드됩니다. 이 파일에는 Draggable과 Droppable에 관련된 CSS 파일 및 jQuery 파일들이 있습니다. 각 기능마다 필요한 파일을 다운로드하거나 전체를 다 받아놓은 후에 사용해도 됩니다.

| CDN 경로 사용하기 |

여기서 소개할 예제에서는 제공된 CSS를 사용하지 않고 직접 만들어 사용하겠습니다. 이를 위해서는 jQueryui CDN 구글 서버에 연결해야 합니다.

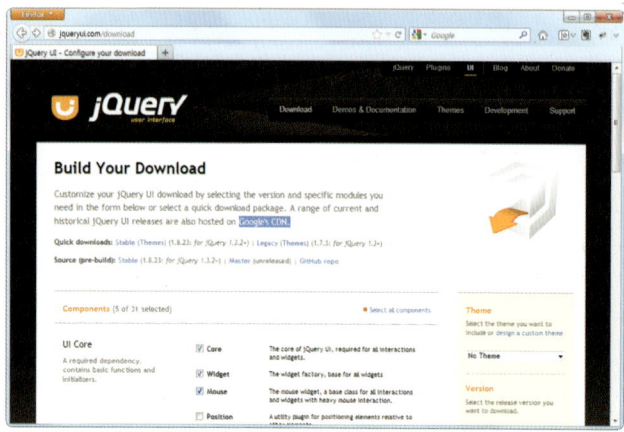

Google's CDN을 클릭하면 Google Hosted Libraries-Developer's Guide 웹 사이트가 나타납니다.

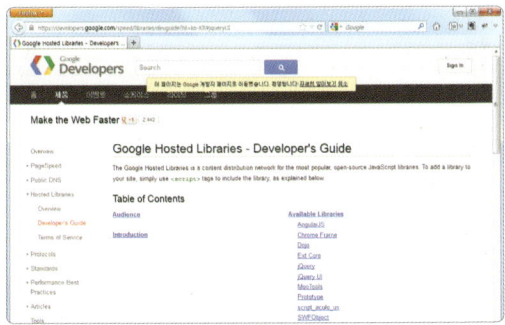

위 웹 사이트의 중간쯤에 jQuery UI의 CDN 주소가 나와 있는데, 이를 연결하여 사용해도 됩니다. 물론 다운로드한 후에 local에서 테스트해도 됩니다. 필자가 만든 예제는 파일을 다운로드한 후에 local에서 테스트하였습니다.

```
<script src="http://ajax.googleapis.com/ajax/libs/jqueryui/1.8.23/jquery-ui.min.js"></script>
```

drag & drop 샘플 확인하기

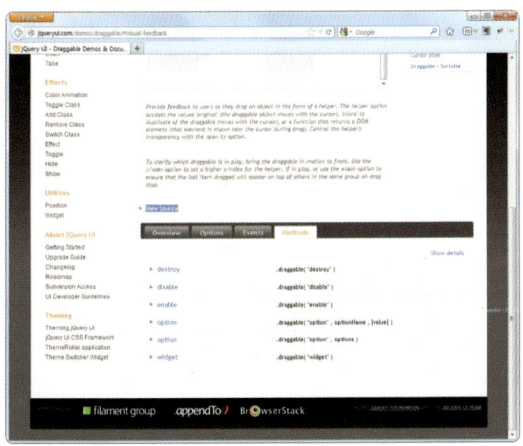

http://jqueryui.com/demos 웹 사이트에는 jQuery UI의 종류가 소개되어 있습니다. 이 중에서 원하는 〈UI〉 요소를 클릭하면 해당 요소의 샘플 예제 및 문서를 볼 수 있습니다.

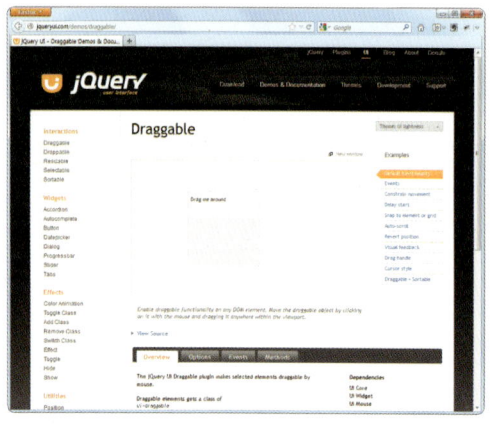 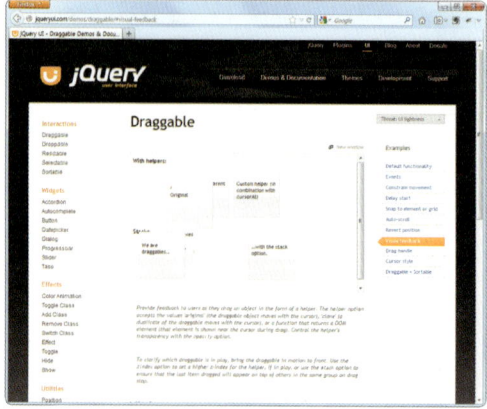

〈draggable UI〉 요소를 클릭하면 오른쪽에 Examples 메뉴에 다양한 제목의 예제들이 나타납니다. 이를 클릭하면 관련 기능들을 데모 예제로 볼 수 있습니다.

drag & drop 메서드 이벤트 찾아보기

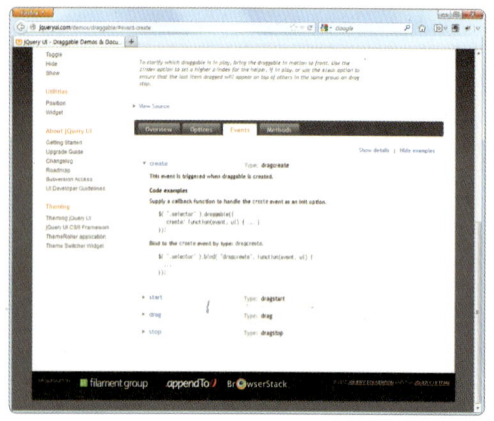 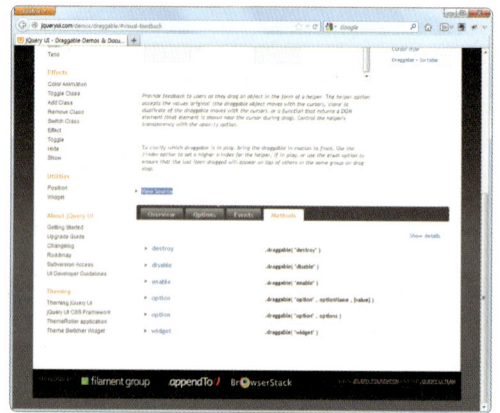

〈jQuery UI〉 요소를 사용하기 위해서는 관련된 메서드와 이벤트가 무엇인지 알아야 합니다. 이 도움말의 아래쪽에는 모든 메서드와 이벤트에 관련된 소스 코드가 함께 제공되고 있습니다. 이러한 방식으로 기능들을 살펴보고 찾아가며 공부하시면 나머지 UI들도 쉽게 사용할 수 있습니다.

예제 구현을 위한 핵심 jQuery

● 드래그 작동 메서드

draggable( ) – 이 메서드는 요소를 drag와 drop를 하게 만들어주는 기본 함수입니다. 매개 변수로 option과 메서드를 전달받을 수 있으며 다양한 확장도 가능합니다.

예

$("div").draggable( );
// <div> 요소를 드래그할 수 있는 기본 함수입니다.

$("div").draggable({ axis: "y" });
// <div> 요소를 드래그할 수는 있지만 y축 방향으로만 가능합니다.

$("div").draggable({ containment: "parent" });
// <div> 요소를 드래그할 수는 있지만 부모 요소의 범위 안에서만 가능합니다.

● drag 관련 이벤트

drag ui에는 아래 네 가지의 이벤트가 제공됩니다. 매개 변수로는 이벤트 형식과 ui 객체 정보를 제공합니다.

| dragcreate | 요소에 draggable( ) 함수를 사용하여 생성할 때에 발생하는 이벤트입니다.

	jQuery
1	`$( ".selector" ).bind( "dragcreate", function(event, ui) {`
2	`...`
3	`});`

| dragstart | 드래그가 시작될 때에 발생합니다.

	jQuery
1	`$( ".selector" ).bind( "dragstart", function(event, ui) {`
2	`...`
3	`});`

| dragstop | 드래그가 멈출 때에 발생합니다.

jQuery
1 `$( ".selector" ).bind( "dragstop", function(event, ui) {`
2 `...`
3 `});`

| drag | 드래그되는 동안 마우스가 움직일 때마다 이벤트가 발생합니다.

jQuery
1 `$( ".selector" ).bind( "drag", function(event, ui) {`
2 `...`
3 `});`

◯ 관련 옵션

관련 옵션은 드래그 기능상의 다양성을 제공합니다. 드래그 대상 간의 깊이, 드래그의 범위, 드래그 커서 모양 등 40여 가지 옵션을 제공합니다. 도움말을 반드시 참조하세요.

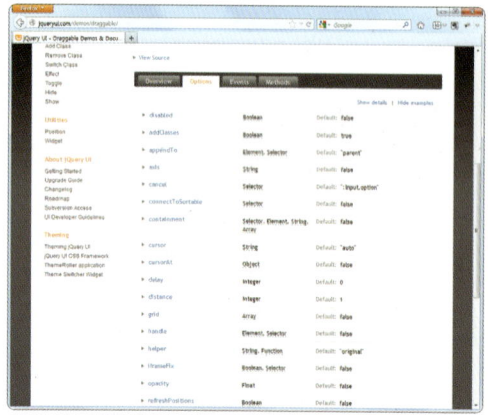

여기서 잠깐

기타 알고 있어야 할 함수
아래 함수는 모두 앞에서 설명한 기능들입니다. 여기서는 생략하겠습니다.

함수 이름	기능	쪽
addClass( )	동적으로 클래스를 적용합니다. 여기서는 요소를 드래그할 때 배경 이미지를 변경하는 클래스를 적용합니다.	120쪽
removeClass( )	동적으로 클래스를 제거합니다. 여기서는 요소의 드래그를 멈출 때 addClass에 의해 적용된 클래스를 제거하므로 배경 이미지를 원래 상태로 돌려놓습니다.	121쪽

```html
HTML
1  <div class="draggable">
2      <p>title</p>
3  </div>
4
5  <div  class="draggable">
6      <p>Lorem ipsum dolor <br /> sit amet, consecteturlit. Aenean</p>
7  </div>
8
9  <div  class="draggable">
10     <p>Drag me around</p>
11 </div>
12
13 <div id ="gg" class="draggable">
14     <p>Drag me around</p>
15     <img src="img/effect1.jpg" width="130" height="80" />
16 </div>
```

line 1~16 : 드래그 기능을 적용할 4개의 〈div〉 요소입니다. 클래스 속성명으로 draggable을 설정해 놓았으며 텍스트, 이미지 등의 콘텐츠로 채우고 있습니다.

CSS/jQuery Code 작성하기

● CSS

	CSS
1	`div.draggable {`
2	`    float:left;`
3	`    width:160px;`
4	`    height:160px;`
5	`    padding:10px 0px 0px 20px;`
6	`    background:url(post.png) no-repeat;`
7	`}`
8	
9	`div.invert {  background:url(post2.png) no-repeat;}`

line 1~7 : 드래그 대상이 되는 〈div〉 태그의 스타일 설정입니다. float:left를 사용하여 좌우로 나열한 후 가로, 세로 크기는 160px으로, 위쪽과 왼쪽에 패딩을 설정하였습니다. 그리고 배경 이미지로 'post.png' 파일을 설정하였습니다.

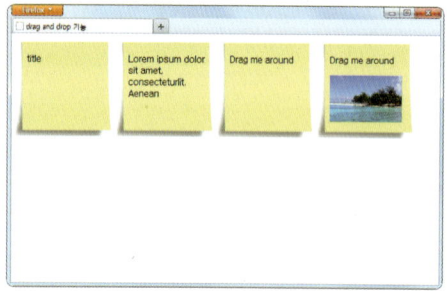

▲ CSS를 적용한 모습

line 9 : div의 invert 클래스는 드래그가 시작되면 변경될 배경 이미지입니다.

▲ 드래그가 시작되면 변경될 배경 이미지

jQuery

이제 jQuery를 사용하여 드래그를 작동시켜보겠습니다.

jQuery

```
1  $(".draggable").draggable({
2      cursor:'move',
3      stack:".draggable",
4      opacity:0.7
5  });
6
7  $( ".draggable" ).bind( "dragstart", function(event, ui) {
8      $(this).addClass("invert");
9  });
10 $( ".draggable" ).bind( "dragstop", function(event, ui) {
11     $(this).removeClass("invert")
12 });
```

line 1~5 : div class="draggable" 요소를 드래그 기본 함수에 적용합니다. line 2, 3, 4는 모두 하나의 {} 객체 안에 담겨 있는 속성들입니다.

line 2 : cursor 옵션은 드래그하는 동안 마우스 포인터의 이미지를 ✥로 변경합니다.

line 3 : stack 옵션은 드래그 대상이 되는 요소들끼리 자동으로 깊이 설정을 해줍니다. 드래그되는 요소가 항상 제일 위에 올라옵니다.

line 4 : 불투명도를 0.7로 하여 드래그하는 동안에 적용합니다.

line 7~9 : dragstart 이벤트는 드래그가 시작되면 발생합니다. invert 클래스가 적용되어 배경 이미지가 변경됩니다.

line 10~12 : dragstop 이벤트는 드래그가 멈추면 발생합니다. invert 클래스가 제거되어 원래의 배경 이미지로 돌아갑니다.

여기서 잠깐

요소에 draggable( ) 함수가 적용될 때 요소의 변화

요소가 드래그된다는 것은 위치 이동을 하게 된다는 것을 의미합니다. 웹 표준에서의 위치 이동은 position을 적용해야만 합니다. jQuery UI를 드래그하면 position이 변경하는지 살펴보면 아래와 같습니다.

요소에 draggable( ) 함수가 적용되기 전
```
<div class="draggable">
    <p>title</p>
</div>
```

요소에 draggable( ) 함수가 적용된 후
```
<div class="draggable ui-draggable" style="position: relative; ">
    <p>title</p>
</div>
```

핵심 포인트

- jQuery UI를 다운로드하거나 활용할 수 있습니다.
- addClass( )/removeClass( )로 drag 상태와 drop 상태일 때를 구분하여 클래스를 적용할 수 있습니다.
- 제한된 영역에서 드래그 앤 드롭을 구현할 수 있습니다.

02 | 슬라이더 바를 사용한 콘텐츠 보기

참고 웹 사이트

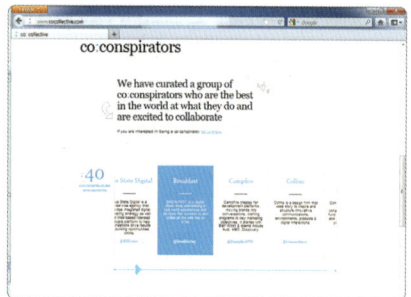 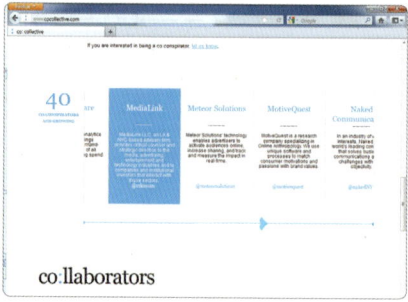

▲ http://www.cocollective.com

슬라이더 바를 사용하면 제한된 영역에서 콘텐츠의 좌우를 모두 살펴볼 수 있습니다.

미리 보기

 3부/utilty/02/ready.html　　 3부/utilty/02/index.html

웹 표준에서도 jQuery를 사용하여 디자이너가 원하는 디자인으로 슬라이더 바를 제작할 수 있습니다.

아이디어 구상 및 HTML 구조

아래 그림을 보면 아래쪽의 #scrollBar 안에 #bar가 있는 것을 알 수 있습니다. 이 #bar가 좌우로 이동할 때 #bar의 위치 값(left)을 위쪽에 있는 〈img〉 요소의 위치에 반영하면 #bar 슬라이더 이동에 따라 〈img〉 요소가 이동되어 가려진 콘텐츠도 볼 수 있게 되는 것입니다.

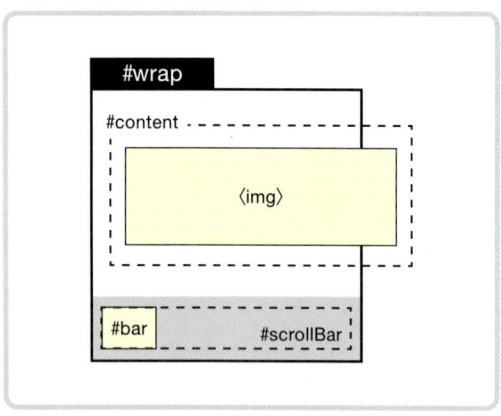

● HTML 구성

	HTML
1	`<div id = "wrap">`
2	`    <div id="content"> <img src="pg.jpg" /> </div>`
3	
4	`    <div id ="scrollBar">`
5	`        <div id="bar"></div>`
6	`    </div>`
7	
8	`</div>`

line 1 : 전체를 wrap로 감싸는 〈div〉 태그입니다. 이는 콘텐츠와 슬라이더 바를 포함합니다.

line 2 : 콘텐츠를 관리하는 〈div〉 태그로, 지금은 이미지 요소를 사용합니다.

line 4~6 : 슬라이더 바 전체의 〈div〉 태그입니다.

line 5 : 슬라이더의 바를 의미하는 것으로, 마우스로 드래그하여 이동합니다.

예제 구현을 위한 핵심 javaScript/jQuery

● javaScript – parseInt( ) 함수

jQuery의 css( ) 함수를 사용하여 아래와 같은 코드를 수행하면 요소의 왼쪽 위를 기준으로 한 위치 값을 얻어낼 수 있습니다. 이때에는 그 위치 값에 px를 붙여 반환됩니다. 요소의 left 위치가 100이라면 "100px"과 같이 반환됩니다. 이 값은 문자열이기 때문에 사칙연산을 적용할 수 없습니다.

```
$("요소").css("left");
```

javaScript의 문자열을 숫자로 변환해주는 함수로는 parseInt( )와 parseFloat( )를 들 수 있습니다. 이 함수는 숫자로 변환할 수 있는 부분까지 모두 숫자로 변환합니다. Number( ) 함수는 이럴 경우 NaN이라는 결과를 돌려주기 때문에 사용할 수 없습니다.

jQuey에는 offset( )이라는 함수를 사용하여 요소의 left, top의 위치를 순수하게 숫자로 얻어낼 수 있는 명령도 있습니다. jQuery 도움말을 찾아보세요.

◉ 이벤트

스크롤바를 이동시킬 때마다 스크롤바의 위치 정보를 이미지의 위치 정보로 변환해야 하는데, jQuery Draggable UI에서는 이렇게 이동할 때마다 계속 이벤트를 제공해주는 이벤트를 제공합니다. 이 이벤트가 바로 "drag" 이벤트입니다. 작성 요령은 아래와 같습니다.

jQuery
```
1  $( ".selector" ).bind( "drag", function(event, ui) {
2  ...
3  });
```

이 이벤트가 없는 경우에는 아래와 같이 dragstart, dragstop 이벤트와 setInterval 함수 등을 사용하여 직접 함수를 작성해야 합니다.

jQuery
```
1  var interval_ID
2  $( "#bar" ).bind( "dragstart", function(event, ui) {
3      interval_ID = setInterval("함수 호출",100)
4  });
5  $( "#bar" ).bind( "dragstop", function(event, ui) {
6      clearInterval(interval_ID);
7  });
```

◯ 범위 내에서 드래그하기

draggable UI는 드래그 범위를 지정하기 위해 containment 옵션을 제공합니다.

```
$( ".selector" ).draggable({ containment: "parent" });
```

containment에 parent를 전달하면 부모 요소의 범위가 스크롤을 이동할 수 있는 이동 범위로 한정됩니다.

CSS/jQuery Code 작성하기
◯ CSS

	CSS
1	`* {margin:0px; padding:0px;}`
2	
3	`#wrap {`
4	`    width:600px;`
5	`    overflow:hidden;`
6	`    background:#CF0;`
7	`}`
8	`#content {height:300px;}`
9	
10	`#scrollBar {`
11	`    width:600px;`
12	`    height:30px;`
13	`    background:#06C;`
14	`}`
15	`#bar{`
16	`    width:30px;`
17	`    height:30px;`
18	`    background:#FF0;`
19	`}`
20	
21	`#content {  position:relative;  };`

line 1 : 모든 요소의 마진과 패딩을 0으로 합니다.

line 3~7 : 스크롤바와 콘텐츠를 모두 함께 담는 〈div〉 요소입니다. 가로 크기는 600px이며, overflow:hidden으로 하였기 때문에 #wrap 요소를 벗어나는 콘텐츠는 보이지 않습니다.

line 8 : 콘텐츠를 담는 그릇 요소(#content)입니다. 세로 크기는 300px로 설정하였습니다. 나중에 여러분이 원하는 콘텐츠를 담으면 됩니다.

line 10~14 : 스크롤바 전체를 의미합니다. 가로 크기는 600px이며, 높이는 30px입니다.

line 15~18 : 스크롤바에서 바(bar)를 의미합니다. 가로, 세로의 크기는 30px입니다.

line 21 : #content의 left 속성을 사용하여 이동하기 위해 position 속성을 releative로 하였습니다.

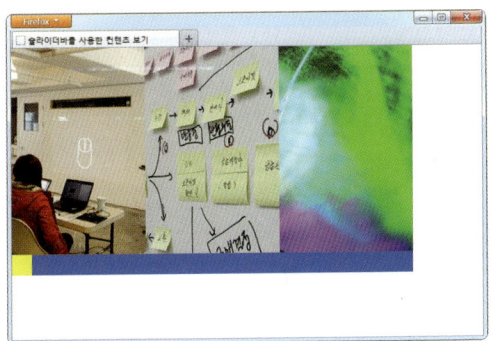

▲ CSS가 적용된 모습

#content 가로 크기가 1000px이지만, #wrap의 overflow:hidden;로 인해 #wrap보다 더 큰 영역은 보이지 않습니다.

○ jQuery

```jQuery
1  $('#bar').draggable({ axis: 'x' , containment: 'parent'});
2
3  $( "#bar" ).bind( "drag", function(event, ui) {
4      getPos()
5  });
6
7  var min = 0
```

```
8    var max = -400;
9
10   function getPos(){
11       var barLeft = $("#bar").css("left");
12       barLeft = parseInt(barLeft);
13       var pos = (barLeft * (max - min))/570 + min;
14       $("#content").css("left", pos);
15   }
```

line 1 : #bar를 드래그할 수 있도록 합니다. 하지만 x축으로만 움직일 수 있으며, 그 범위는 #bar의 부모 크기만큼만 가능합니다.

line 3~5 : "drag" 이벤트를 사용하여 드래그하는 동안 getPos( ) 함수를 호출합니다.

line 7~8 : 콘텐츠(#content)가 움직일 범위를 설정합니다. 어떻게 설정된 값인지는 곧이어 설명합니다.

line 10~15 : #bar의 left의 위치를 얻어와 #content 요소의 left 값에 적용하는 함수입니다. 여기서 주의할 점은 #bar의 범위와 #content의 이동 범위가 다르기 때문에 스크롤 범위에 대한 약간의 수식이 필요하다는 것입니다.

line 11 : #bar의 left 위치를 구합니다. 이때 반환 값에 px가 붙어 문자열로 반환됩니다. 예를 들어 #bar의 left가 50이라면 "50px"로 돌려줍니다.

line 12 : 문자열을 숫자로 변환해줍니다. 만약 "50px"이라면 숫자 50으로 만들어줍니다.

line 13 : #bar의 left 위치를 사용하여 #content의 left 위치를 구하는 공식입니다. 이 공식이 어떻게 나왔는지 살펴보겠습니다.

| 스크롤 범위 정하기 |

일단 #bar와 #content의 위치가 이동할 수 있는 범위를 생각해야 합니다.

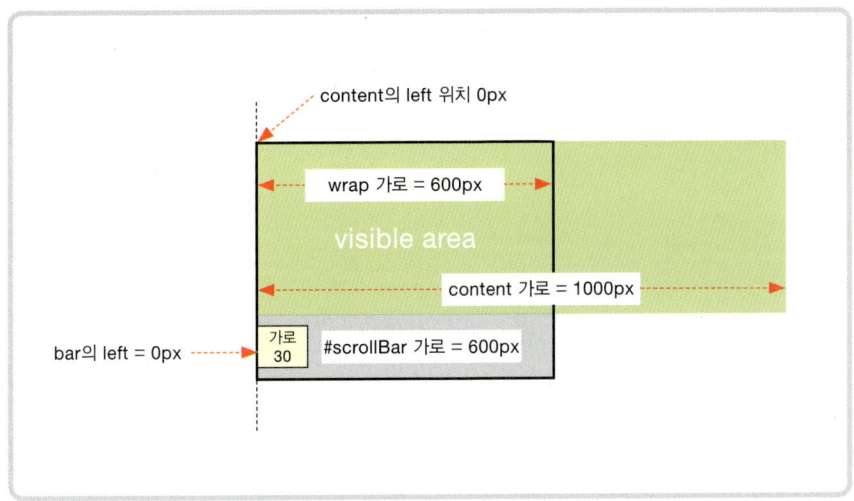

#bar의 left 위치가 0에 있을 때에 #content의 left도 0에 있습니다.

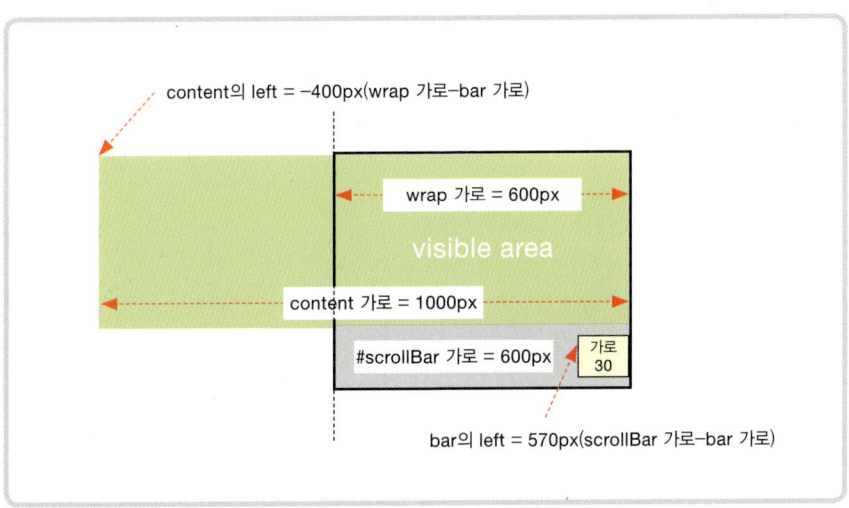

#bar의 left 위치가 570px에 있을 때에 #content의 left는 −400px에 있습니다.

이를 정리하면 #bar가 움직일 수 있는 거리는 0~570이고, #content 움직일 수 있는 거리는 0~−400입니다. 위의 정보를 사용하면 공식을 만들 수 있습니다.

CHAPTER 04 유용한 기능 **337**

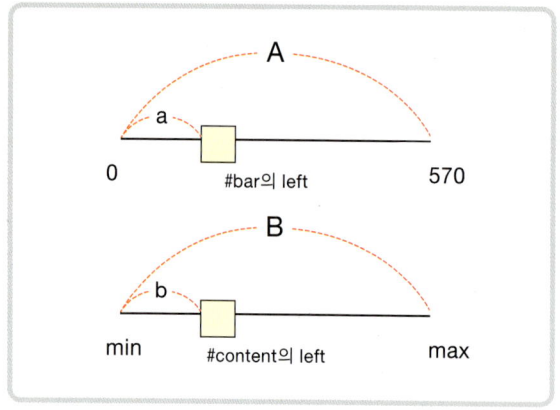

위에 있는 #bar의 left를 barLeft라고 하고, 밑에 있는 #content의 left 값을 미지수인 pos라고 하여 공식을 만들어 보겠습니다. 비례식으로 작성하면 아래와 같습니다.

A : a = B : b

이 비율을 대입시켜보면 아래와 같은 순서로 진행할 수 있습니다.

(570−0) : (barLeft − 0) = (max − min) : (pos − min)

pos를 좌변에 두고, 나머지 모두를 우변에 두는 과정입니다.

570 : barLeft = (max − min) : (pos − min)
barLeft * (max − min) = 570 * (pos − min)
pos = (barLeft * (max − min))/570 + min;

min과 max은 line 7, 8의 값이 저장됩니다.

line 14 : line 13의 pos 값을 #content의 left로 설정하면 콘텐츠가 해당 범위에서 이동하게 됩니다.

결과는 미리 보기와 같습니다.

핵심 포인트

- draggable UI drag 이벤트를 사용하여 드래드될 때마다 이벤트를 전달할 수 있습니다.
- parseInt( ) 함수를 사용하여 문자열을 숫자로 변환할 수 있습니다.
- 스크롤바의 이동 범위에 따라 콘텐츠의 이동 범위를 알아내는 수식을 작성할 수 있습니다.

03 | One Page Scroll

참고 웹 사이트

▲ http://neil.judg.es/#!prettyPhoto

▲ http://www.cstone.co.kr

최근 아이패드 및 갤럭시 탭의 영향으로 웹 사이트에서 콘텐츠를 노출할 때 One Page 방식으로 작성되는 경우를 많이 보게 됩니다. 다른 메뉴를 클릭하여 페이지를 이동하지 않고 한 페이지에 콘텐츠를 모두 담아 스크롤링을 하며 보여주고 있습니다. 이번 예제에는 스크롤 플러그인을 사용하여 구현해보겠습니다.

미리 보기

 예제 파일   3부/utilty/03/ready.html

 완성 파일   3부/utilty/03/index.html

  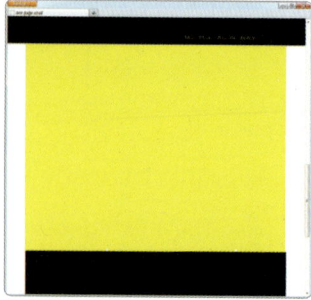

컬러로 콘텐츠를 구분하여 해당 메뉴를 클릭하면 자연스럽게 스크롤링되는 페이지를 간단하게 구현해보겠습니다.

플러그인 웹 사이트

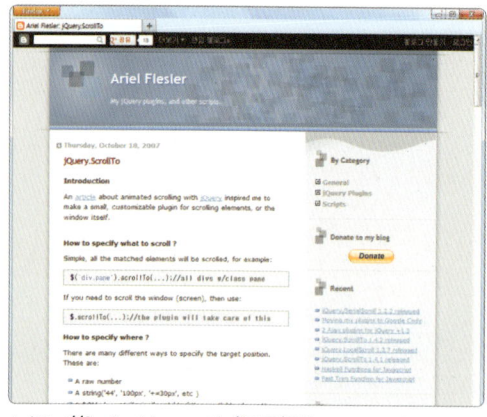 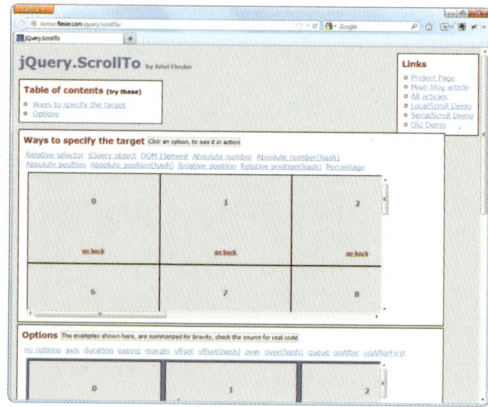

▲ http://flesler.blogspot.kr/2007/10/jqueryscrollto.html

대부분의 스크롤링 페이지는 이 플러그인을 사용하여 구현한 것입니다. 그만큼 안정적으로 크로스 브라우징이 잘되는 플러그인입니다. 이 플러그인의 소개 페이지에서는 스크롤에 관련된 다양한 데모 예제를 볼 수 있습니다.

● 사용법

| 다운로드 |

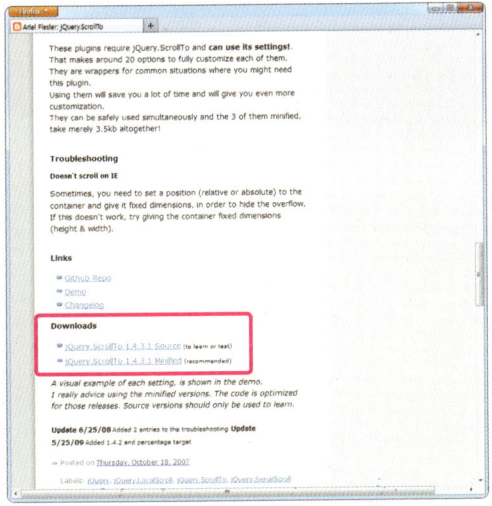

웹 사이트의 아래쪽에 다운로드할 수 있는 링크가 있습니다.

● 설치

| 관련 파일 연결하기 |

HTML 문서에서 〈head〉 태그 내부에 아래와 같이 입력합니다.

- js 파일 연결

〈script src="js/jquery.js"〉〈/script〉
〈script src="js/jquery.scrollTo-min.js"〉〈/script〉

첫 번째 줄은 jQuery Library 파일입니다. jQuery를 사용하려면 반드시 포함해야 합니다. 두 번째 줄은 scrollTo를 구현하는 js 파일입니다.

● 사용법

사용법은 매우 간단합니다.

```
$.scrollTo(...); // 윈도우 스크롤을 조절할 수 있습니다.
```

```
$('div.pane').scrollTo(...) // div.pane에 스크롤을 조절할 수 있습니다.
```

● 목적지를 설정하기 위한 다양한 방법

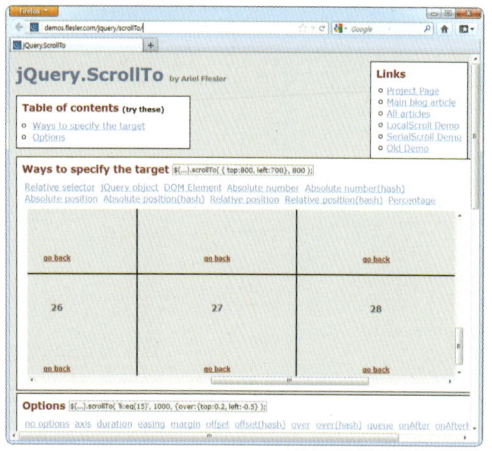

▲ http://demos.flesler.com/jquery/scrollTo

데모 페이지에서는 목적지를 설정하는 다양한 방법을 소개하고 있습니다.

$(...).scrollTo({ top:800, left:700}, 800);

// 숫자를 지정하는 방식입니다.

$(...).scrollTo({top:'110px', left:'290px'}, 800);

// 문자 형식으로 지정하는 방식입니다.

$(...).scrollTo({top:'-=100px', left:'+=100'}, 800);

// 상대적인 위치 방식으로 지정하는 방식입니다.

$(...).scrollTo('50%', 800);

// %를 사용하여 지정합니다. 만약 -50%이면 위에서 50%, 왼쪽에서 50% 위치로 이동합니다.

$(...).scrollTo($('div li:eq(14)'), 800)

// 선택자를 사용하여 이동할 수도 있습니다. div의 자손 중 14번째 li 항목이 보이는 곳으로 이동한다는 뜻입니다.

웹 사이트에 적용해보기

 3부/utilty/03/ready.html   3부/utilty/03/index.html

준비된 웹 페이지에 scrollTo( ) plugIn를 적용해보겠습니다.

● 관련 파일 연결하기

```
1  <!doctype html>
2  <html>
3  <head>
4  <meta charset="utf-8">
5
6  <title> one page scroll </title>
7
8  <script src="js/jquery-1.7.2.min.js"></script>
9  <script src="js/jquery-ui.min.js"></script>
10 <script src="js/jquery.scrollTo-min.js"></script>
11
```

작업할 웹 페이지에는 jQuery library 파일이 준비되어 있기 때문에 scrollTo와 관련된 js 파일만 연결해주면 됩니다.

	HTML
1	`<head>`
2	...
3	`<script src="js/jquery.scrollTo-min.js"></script>`
4	....
5	`</head>`

● HTML/CSS 구성

준비된 웹 페이지의 HTML과 CSS를 살펴보겠습니다. '3부/utilty/3/ready.html'을 열어봅니다.

	HTML
1	`<div id="navigation">`
2	`<ul>`
3	`<li><a href="#red">RED</a> </li>`
4	`<li><a href="#blue">BLUE</a> </li>`
5	`<li><a href="#yellow">YELLOW</a> </li>`
6	`<li><a href="#black">BLACK</a> </li>`
7	`</ul>`
8	`</div>`

9	
10	`<div id="wrap">`
11	`    <div id="red"></div>`
12	`    <div id="blue"></div>`
13	`    <div id="yellow"></div>`
14	`    <div id="black"></div>`
15	`</div>`

line 1~8 : 내비게이션 구성입니다. 4개의 〈a〉 태그를 포함하는 〈ul〉 태그 구성입니다.

line 10~15 : 각각의 콘텐츠를 의미하는 4개의 〈div〉 요소입니다. #wrap는 콘텐츠 전체를 감싸고 있는 〈div〉 요소입니다.

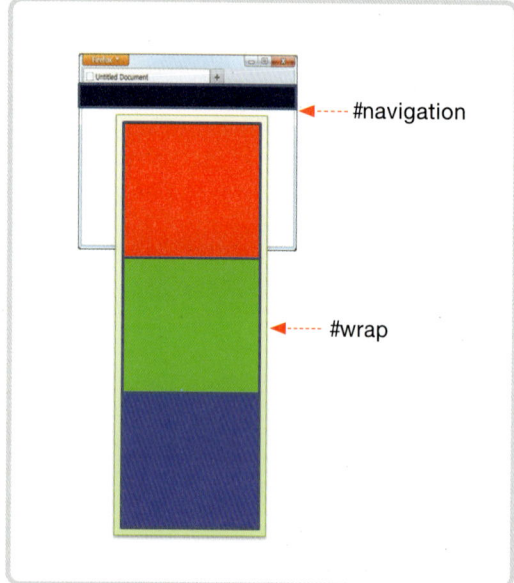

▲ 페이지 구성 모습

	CSS
1	`*{margin:0px; padding:0px;}`
2	
3	`#navigation{`
4	`    position:fixed;`
5	`    top:0px;`
6	`    left:0px;`
7	`    height:80px;`
8	`    width:100%;`
9	`    background:#000;`
10	`    text-align:center;`
11	`    font-size:14px;`
12	`}`
13	`#navigation ul {list-style:none; margin-top:50px; margin-left:400px;}`
14	
15	`#navigation li {display:inline; margin-right:10px;}`
16	`#navigation li a { text-decoration:none; color:#FFF;}`
17	`#navigation li a:hover {color:#0F0;}`
18	
19	`#wrap {width:800px;margin:0 auto;margin-top:80px;    }`
20	`#red{background:red; height:700px;}`
21	`#blue{background:blue; height:700px;}`
22	`#yellow{background:yellow; height:700px;}`
23	`#black{background:black; height:700px;}`

line 1 : 패딩과 마진을 0으로 합니다.

line 3~12 : 내비게이션을 위쪽에 고정시켜 콘텐츠가 올라가도 내비게이션은 계속 그 자리를 유지합니다.

line 4 : position 값을 fixed로 하여 내비게이션을 고정시킵니다.

line 5~6 : top과 left를 0으로 합니다.

line 7 : 높이를 80px로 합니다. 아래쪽의 콘텐츠의 시작은 위에서부터 80px 떨어진 곳에서 시작해야 합니다.

line 8 : 웹 페이지의 가로 전체를 채우기 위해 100%로 설정합니다.

line 9~11 : 배경과 정렬 폰트 크기를 설정합니다.

line 13 : 내비게이션의 목록 스타일을 없애고, 마진을 사용하여 왼쪽으로 이동시킵니다.

line 15 : li 항목들은 display:inline을 사용하여 가로 형식으로 배치하고, 오른쪽 여백을 10px로 설정합니다.

line 16 : li 항목에 있는 〈a〉 태그의 밑줄을 없애고, 컬러는 흰색으로 설정합니다.

line 17 : li 항목에 있는 〈a〉 태그가 hover 상태일 때 컬러를 그린색으로 설정합니다.

line 19 : 콘텐츠 전체를 감싸는 〈div〉 요소로, 가로 크기를 800px로 하고 가운데 정렬을 합니다. 또한 margin-top:80px을 사용하여 상단에서 80px만큼 떨어져 있습니다.

line 20~23 : 각 콘텐츠를 의미하는 〈div〉 요소입니다. 높이를 700px로 설정합니다.

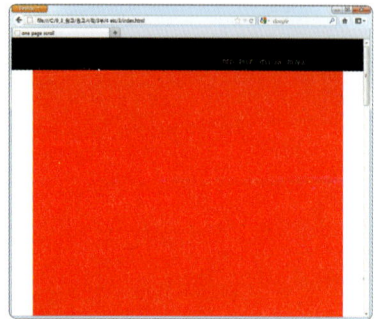

▲ HTML/CSS가 적용된 모습

jQuery 적용하여 페이지 스크롤하기

```
jQuery
1   var scrollSpeed = 1000;
2
3   function pageScroll(obj) {
4
5       if(!obj){
6           $.scrollTo({ top:0, left:0 }, scrollSpeed, {easing:"easeInOutQuint"});
7       }else {
8           var topPos =$(obj).offset().top - 80;
9           $.scrollTo({top:topPos, left:0}, scrollSpeed, {easing:"easeInOutQuint"});
```

```
10          }
11     };
12
13     $("ul li a").click( function() {
14          var goPage = $(this).attr("href");
15          pageScroll(goPage);
16          return false;
17     })
```

line 1 : scrollSpeed 변수에 1000을 저장합니다. 이는 scroll 속도를 의미합니다.

line 3~11 : pageScroll( ) 함수는 내비게이션에서 클릭한 〈a〉 태그의 타깃 경로인 href를 매개 변수로 전달받아 그 타깃까지 스크롤해주는 함수입니다.

line 5 : 매개 변수가 전달되지 않으면 line 6이 실행되고, 전달되면 그 값의 top의 위치를 알아낸 후 그 위치까지 scrollTo를 사용하여 윈도우의 스크롤을 이동시켜줍니다. easing을 사용하면 다양한 움직임을 줄 수 있습니다.

line 6 : 윈도우의 스크롤을 top:0, left:0로 이동시킵니다.

line 8 : 전달된 매개 변수의 obj는 #red, #blue, #yellow, #black 중 1개가 될 것입니다. 이렇게 전달된 요소를 scrollTo( ) 함수에 전달하면 그 요소가 있는 곳까지 웹 브라우저의 스크롤이 이동되어 해당 요소는 화면의 맨 위로 올라오는 효과를 보게 됩니다. 예를 들어 매개 변수로 "#red"가 전달되면 $.scrollTo($("#red"), 1000)이 됩니다. 이 코드는 #red가 화면의 상단 처음부터 보이는 곳까지 스크롤을 이동시켜줍니다.

그런데 여기서 위쪽의 내비게이션은 고정형으로 요소들이 상단의 맨 위로 올라가면 내용이 가려지는 상황이기 때문에 내비게이션의 높이(80px)만큼 위치 이동을 조절해주어야 합니다. 이때에는 요소의 위치를 정확하게 알아야 하는데, 이 경우에 사용되는 함수가 offset( ) 함수입니다.

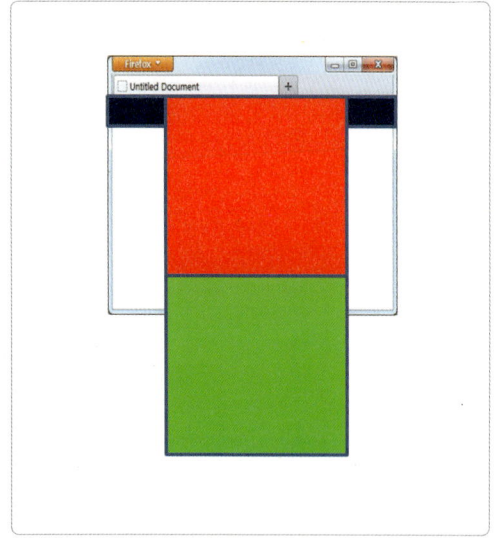
▲ 콘텐츠의 top이 0

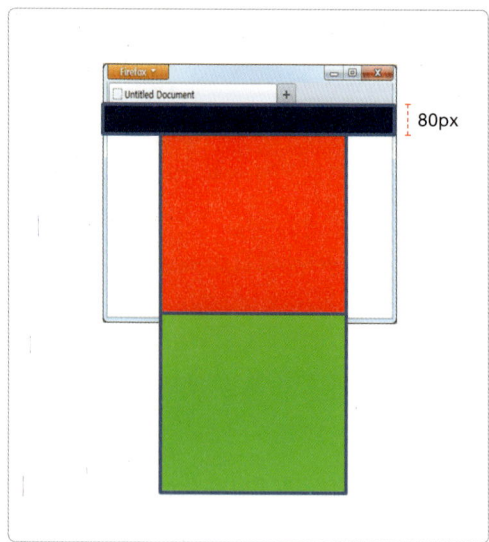
▲ 콘텐츠의 top -80부터 시작

offfset( ) 함수는 요소의 top과 left의 값을 반환해줍니다. 따라서 요소의 top 위치를 알고 싶다면 $("요소").offset( ).top이라고 표현하면 됩니다. 여기에 80을 뺀 값을 scrollTo( )에 전달하면 요소는 상단에서 80만큼 아래에 위치하게 됩니다. 그리고 scrollTo( ) 함수에 구체적인 위치 값(left, top)으로 지정하고자 한다면 객체 방식인 { }를 사용하여 {top:값, left:값}으로 하면 됩니다.

line 9 : line 8에서 얻은 위치를 scrollTo( )을 사용하여 스크롤을 이동시킵니다.
line 13~14 : 내비게이션에 a 링크를 클릭하면 href 속성을 읽어 goPage에 저장합니다.
line 15 : goPage 변수를 매개 변수로 사용하여 pageScroll( ) 함수를 호출합니다.
line 16 : 〈a〉 태그의 href로 이동하는 것을 방지합니다.

핵심 포인트

scrollTo plugIn을 사용하여 One Page Scroll을 구현할 수 있습니다. scrollTo 활용은 매우 넓게 활용될 수 있습니다. 관련 웹 사이트를 방문하여 다양한 데모 예제를 공부해보시기 바랍니다.

04 | toolTip 도움말 효과 만들기

 예제 파일 3부/utilty/04/ready.html

 완성 파일 3부/utilty/04/index.html

 동영상 강좌

toolTip 도움말 효과 만들기

toolTip은 제한된 공간에서 사용자에게 부가적 정보를 제공해주는 방법으로 많이 사용되고 있습니다. 마우스의 좌표를 알아내는 방법과 append( ), css( ) 등을 사용하여 구현하였습니다. 동영상을 참조하여 학습하시기 바랍니다(◎ 동영상 강좌/⑥toolTip 제작.avi).

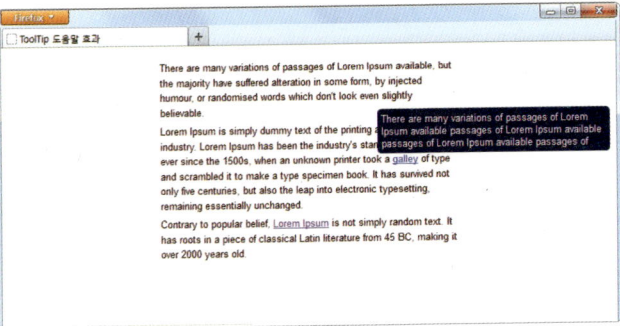

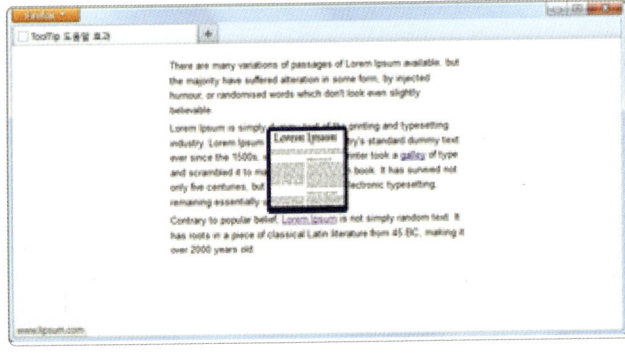

CHAPTER 04 유용한 기능 **349**

인덱스

A
addClass( )	120
Ajax	73
animate( )	149
Animation Queues	154
append( )	106
array	37
attr( )	180
Attribute	86

B
break	50

C
callback 함수	70
children( )	100
clearInterval	54
clearTimeout	54
comment	33
console.log( )	31
continue	50
CSS	118
css( )	118

D
delay	158
detach( )	117
DOM	60
DOM Tree	62
drag	320

E
each	269
easing	166
eq( )	103
event	125

F
fadeIn( )	139
fadeOut( )	140
fadeTo( )	143
fadeToggle( )	142
filter( )	103
find( )	100
first( )	103
for	49
function	39

H
height( )	191
hide( )	134
hover	128
html( )	112

I
if	47
if_else	47

J
javaScript	32
javaScript 이벤트 처리 방식	125
jQuery 이벤트 처리 방식	127
jQuery plugIn	170
jQuery UI	160

L
last( )	103
lightBox	207

M
Math.ceil( )	58
Math.floor( )	58
Math.random( )	56
Math.round( )	58

N
next( )	101
nth-child( )	97

O
Object	37

P
pageY	248

parent( )	102
ParseFloat( )	59
ParseInt( )	59
Pixastic Image Processing	300
prepend( )	109
prev( )	101

R

remove( )	115
removeClass( )	120
return	42

S

scrollTo( )	342
Selectors	82
setInterval	54
setTimeout	54
show( )	135
siblings( )	102
slideDown( )	145
slideToggle( )	149
slideUp( )	145
substr	252

T

text( )	113
toggle( )	138

Z

Zoomooz PlugIn	310

기타

$	77
:contains( )	93
:empty	93
:eq(index)	89
:even	91
:first	90
:first-child	95
:gt(index)	89
:has( )	93
:last	90
:last-child	95
:lt(index)	90
:not( )	91
:odd	91
:only-child	98
:parent	93
==	238

ㄱ

객체	37

ㅁ

문서 준비 이벤트	78
문자열 연산	51

ㅂ

반복문	48
배열	35
변수	33

ㅅ

속성 노드	61

ㅇ

애니메이션 정지	155
애니메이션 지연	158
애니메이션 큐	154
연산자	51
요소 노드	61
이벤트	125
이벤트 등록	125
이벤트 제거	125
이벤트 흐름	130
이벤트 차단	131

ㅈ

조건문	47
주석	33

ㅌ

타이머	54
텍스트 노드	61

ㅎ

함수	39

감상평

HTML과 CSS만으로는 뭔가 부족하다?

놀라운 스킬로 무장하고 있는 jQuery에 대한 지적 갈증을 해소시켜 주는 완소책! javaScript를 하나도 모르는 내가 과연 jQuery를 이해할 수 있을까하는 두려움으로 베타테스터를 시작했지만 풍부한 예시 자료들과 친절하고 자세한 설명 덕분에 jQuery의 개념이 머릿속에 쏙쏙 들어오는 것을 느꼈다. 이전에 플래시 ActionScript 3.0을 공부한 사람이라면 더욱 많은 도움이 될 것이다. 이 밖에도 실무에 적용할 수 있는 알짜배기 스킬들을 접한다면 막강한 능력을 갖춘 디자이너가 될 것이라고 확신한다.

허희순 _ UX Designer | hspinkcat@gmail.com

어떤 레벨을 가진 사람이라도 곁에 두고 오래 볼 수 있는 jQuery 레퍼런스 책!

jQuery는 라이브러리 웹 사이트 등을 비롯한 여러 웹 사이트를 통해 독학을 했지만 응용을 하기가 어려워 평소 궁금한 것이 많았다. 그러던 중 우연한 기회에 베타테스터에 참가하면서 이 책을 접하게 되었는데, 기본에서부터 응용까지 모든 것을 한번에 해결할 수 있어서 너무 만족스러웠다. 이 책으로 공부하면 초보자도 jQuery의 기본기를 탄탄하게 쌓을 수 있고, jQuery를 접해본 사람들이라면 스킬을 더욱 강화시킬 수 있으리라 생각한다.

서소현 _ 플래시 개발자 | swbk@naver.com

jQuery에 대한 두려움을 한방에 날려준 책!

jQuery에 능숙하지 않았던 나로서는 평소 jQuery에 대한 막연한 두려움을 가지고 있었다. 이번 베타테스터는 나에게 jQuery를 처음부터 정리할 수 있는 좋은 기회였다. 숙련자뿐만 아니라 처음 제이쿼리를 접하시는 분들도 친절한 설명과 풍부한 예제를 통해 jQuery를 부담 없이 배울 수 있을 것이라 생각한다. 이 책으로 공부하는 사람들이 하루빨리 jQuery를 정복할 수 있게 되기를 바란다.

유현아 _ 웹 퍼블리셔 | hyeona0909@gmail.com

| 강의 교안 PPT 파일 제공 |

[바로바로 할 수 있는 jQuery 입문] 서적을 교재로 선정하시는 교수님, 강사님께 강의 교안 PPT 파일을 제공해드립니다.

- 신청 방법 : 제우미디어 홈 페이지([독자 참여] – [질문과 답변]) 또는 이메일(book@jeumedia.com)을 통해 문의바랍니다.
* 신청 시에는 〈교수님(강사님) 성함/학교/학과명/연락처/이메일 주소〉를 남겨주시기 바랍니다.